La Constitution commentée

Article par article

Simon-Louis Formery
Président de chambre à la Cour administrative d'appel de Paris

24e édition • 2021

hachette
SUPÉRIEUR

LES FONDAMENTAUX

LA BIBLIOTHÈQUE DE L'ÉTUDIANT

Collection créée par Caroline Benoist-Lucy

Dans la même collection :

Droit, Politique

7 *Les institutions de la Vᵉ République* (Ph. Ardant, S.-L. Formery)
9 *La fiscalité en France* (P. Beltrame)
12 *Introduction à la science politique* (J.-M. Denquin)
17 *La Constitution commentée, article par article* (S.-L. Formery)
19 *Les collectivités territoriales en France* (E. Vital-Durand)
22 *Contentieux administratif* (D. Turpin)
34 *Philosophie politique / 1. Individu et société* (M. Terestchenko)
35 *Philosophie politique / 2. Éthique, science et droit* (M. Terestchenko)
46 *Droit administratif* (J.-C. Ricci , F. Lombard)
47 *Mémento de la jurisprudence du droit administratif* (J.-C. Ricci)
57 *Introduction au droit de l'Union européenne* (J. Dutheil de la Rochère)
75 *Mémento des institutions politiques françaises* (E. Vital-Durand)
86 *Droits fondamentaux et libertés publiques* (J.-M. Pontier)
121 *Droit des sociétés* (F. Lenglart, P. Tcherkessoff)
129 *Droit du travail* (M. Le Bihan-Guénolé)
132 *Droit pénal général* (P. Canin)
137 *Droit des entreprises en difficulté* (J. Bonnard)
144 *Droit commercial* (P. Canin)
148 *Droit civil : Les obligations* (P. Canin)
156 *Droit civil : Les biens* (R. Desgorces)
173 *Mémento de Droit des sociétés : le juge et la société* (J.-L. Navarro)
178 *Jurisprudence de la CEDH* (Y. Lécuyer)
180 *La QPC* (M. Verpeaux)
182 *Les 7 principes du droit pénal* (Y. Jeanclos)
190 *La preuve au cœur de la justice pénale* (Y. Jeanclos)

PAPIER À BASE DE FIBRES CERTIFIÉES

hachette s'engage pour l'environnement en réduisant l'empreinte carbone de ses livres. Celle de cet exemplaire est de : 700 g éq. CO_2 Rendez-vous sur www.hachette-durable.fr

www.parascolaire.hachette-education.com

ISBN 978-2-01-711788-9

Table des matières

La Constitution du 4 octobre 1958 5

Titre premier – DE LA SOUVERAINETÉ 15
Titre II – LE PRÉSIDENT DE LA RÉPUBLIQUE 21
Titre III – LE GOUVERNEMENT 59
Titre IV – LE PARLEMENT 64
Titre V – DES RAPPORTS ENTRE LE PARLEMENT ET LE GOUVERNEMENT 78
Titre VI – DES TRAITÉS ET ACCORDS INTERNATIONAUX 118
Titre VII – LE CONSEIL CONSTITUTIONNEL 127
Titre VIII – DE L'AUTORITÉ JUDICIAIRE 140
Titre IX – LA HAUTE COUR 146
Titre X – DE LA RESPONSABILITÉ PÉNALE DES MEMBRES DU GOUVERNEMENT 149
Titre XI – LE CONSEIL ÉCONOMIQUE, SOCIAL ET ENVIRONNEMENTAL 152
Titre XI BIS – LE DÉFENSEUR DES DROITS 155
Titre XII – DES COLLECTIVITÉS TERRITORIALES 156
Titre XIII – DISPOSITIONS TRANSITOIRES RELATIVES À LA NOUVELLE-CALÉDONIE 169
Titre XIV – DE LA FRANCOPHONIE ET DES ACCORDS D'ASSOCIATION 171
Titre XV – DE L'UNION EUROPÉENNE 172
Titre XVI – DE LA RÉVISION 181
Titre XVII – DISPOSITIONS TRANSITOIRES (titre abrogé) 188

Conseils bibliographiques 190

Index 191

La Constitution du 4 octobre 1958

Désigné par le chef de l'État (René Coty) pour former le dernier gouvernement de la IVe République, le général de Gaulle est investi comme président du Conseil par l'Assemblée nationale le 1er juin 1958. La loi constitutionnelle du 3 juin, adoptée dans le respect de la procédure de révision prévue à l'article 90 de la Constitution de 1946, confie au gouvernement le soin de rédiger une nouvelle constitution, qui devra être approuvée par référendum.
Bien que certains aient pu voir dans cette « révision-abrogation » et dans les pouvoirs attribués au général de Gaulle des analogies avec la loi constitutionnelle du 10 juillet 1940, du fait notamment de la pression des circonstances, la loi du 3 juin 1958 définit certaines limites à la « dictature constituante » du général de Gaulle :

1°/ Le nouveau régime doit respecter les caractéristiques suivantes :

- le suffrage universel, seule source du pouvoir ;
- la séparation effective des pouvoirs exécutif et législatif ;
- la responsabilité du gouvernement devant le Parlement ;
- l'indépendance de l'autorité judiciaire ;
- l'organisation des rapports avec les peuples associés.

2°/ La procédure d'élaboration offre des garanties :

- le texte rédigé par le groupe de travail réuni autour de Michel Debré est successivement soumis au Comité interministériel, où siègent les ministres d'État représentant les grands partis, au Comité consultatif constitutionnel, dont les deux tiers des membres sont désignés par les commissions parlementaires, puis au Conseil d'État, avant d'être fixé définitivement par le Conseil des ministres ;
- le projet de Constitution ainsi élaboré est présenté au peuple français par le général de Gaulle, le 4 septembre 1958, place de la République (le jour et l'endroit symbolisant, selon André Malraux, « le rendez-vous de la République et de l'Histoire ») ;
- la nouvelle Constitution, soumise au référendum le 28 septembre, est approuvée par les Français à une majorité de près de 80 %.

La Constitution de la Ve République est promulguée le 4 octobre 1958.

Le gouvernement de la République, conformément à la loi constitutionnelle du 3 juin 1958, a proposé,
Le peuple français a adopté,
Le président de la République promulgue la loi constitutionnelle dont la teneur suit :

PRÉAMBULE. — Le peuple français proclame solennellement son attachement aux Droits de l'homme et aux principes de la souveraineté nationale tels qu'ils ont été définis par la Déclaration de 1789, confirmée et complétée par le Préambule de la Constitution de 1946, ainsi qu'aux droits et devoirs définis dans la Charte de l'environnement de 2004.

En vertu de ces principes et de celui de la libre détermination des peuples, la République offre aux territoires d'outre-mer qui manifestent la volonté d'y adhérer des institutions nouvelles fondées sur l'idéal commun de liberté, d'égalité et de fraternité et conçues en vue de leur évolution démocratique.

Les constituants de 1958, essentiellement soucieux de fonder un régime politique efficace, se sont davantage préoccupés de restaurer l'autorité de l'État et du gouvernement que d'énoncer les droits de l'homme et du citoyen, tels qu'ils pouvaient être définis en 1958. Aussi la Constitution ne comporte-t-elle pas de déclaration de droits. Il est vrai qu'en 1946, le Préambule de la Constitution énumérait des **principes politiques, économiques et sociaux « *particulièrement nécessaires à notre temps* »**, consacrant l'actualisation de la charte fondamentale que constituent les Droits de 1789.

C'est pourquoi, après avoir rappelé l'attachement du peuple français aux droits de l'homme, le Préambule se borne à **faire référence** à la Déclaration de 1789 et aux compléments qui lui ont été apportés en 1946.

Certains droits ou libertés sont affirmés dans d'autres passages du texte constitutionnel : l'égalité devant la loi, la laïcité et la liberté de conscience (**art. premier**), le droit de suffrage et l'égalité d'accès aux mandats électifs (**art. 3**), la liberté d'expression et d'action des partis (**art. 4**), la liberté individuelle et l'interdiction de la détention arbitraire (**art. 66**), la libre administration des collectivités territoriales (**art. 72**).

Les principes et les droits contenus dans le corps de la Constitution, auxquels s'ajoutent ceux qui résultent de la ***Déclaration des droits de l'homme et du citoyen du 26 août 1789*** et du ***Préambule de la Constitution du 27 octobre 1946***, constituent depuis 1971, un corpus de règles susceptibles d'être appliquées par le Conseil constitutionnel dans le cadre de son contrôle de la constitutionnalité des lois et des traités (v. **art. 54 et 61**).

En effet, par son importante ***décision du 16 juillet 1971 relative à la liberté d'association***, le Conseil constitutionnel, pour faire échec à une disposition législative qui lui était soumise et qui, à ses yeux, mettait en cause le principe en vertu duquel « *les associations se constituent librement et peuvent être rendues publiques sous la seule réserve du dépôt d'une déclaration préalable* », a jugé « *qu'au nombre des principes fondamentaux reconnus par les lois de la République et solennel-*

lement réaffirmés par le préambule de la Constitution il y a lieu de ranger le principe de la liberté d'association ; que ce principe est à la base des dispositions générales de la loi du 1er juillet 1901 relative au contrat d'association ».

C'est la référence, dans le Préambule de 1958, au Préambule de 1946, et, au premier alinéa de ce dernier, « *aux* ***principes fondamentaux reconnus par les lois de la République*** », qui permet au Conseil constitutionnel de déterminer ces principes et de fonder, par suite, le contrôle qu'il exerce, au regard de ces principes, sur les lois qui lui sont déférées.

Cet ensemble de règles est dénommé « ***bloc de constitutionnalité*** » (par symétrie avec le « bloc de légalité », dont le Conseil d'État assure le respect) et forme la Constitution au sens large. Depuis la loi constitutionnelle du 1er mars 2005, le Préambule a été complété par la référence à « ***la Charte de l'environnement de 2004*** », qui est désormais « adossée à la Constitution », selon l'expression de son promoteur, le Président J. Chirac, et fait partie au même titre du bloc de constitutionnalité. La même révision a modifié l'**article 34** pour confier au législateur « la préservation de l'environnement ».

Dans une décision du 19 juin 2008 rendue sur la loi relative aux organismes génétiquement modifiés, le Conseil constitutionnel a précisé que l'article 5 (le principe de précaution) de la Charte de l'environnement a « ***valeur constitutionnelle, comme l'ensemble des droits et devoirs définis dans la Charte de l'environnement*** », et que, dès lors, il lui incombe, lorsqu'il est saisi en application de l'article 61 de la Constitution, « *de s'assurer que le législateur n'a pas méconnu le principe de précaution et a pris des mesures propres à garantir son respect par les autres autorités publiques* ». En l'espèce, le Conseil estime « *que, par l'ensemble de ces dispositions, le législateur a pris des mesures propres à garantir le respect, par les autorités publiques, du principe de précaution à l'égard des organismes génétiquement modifiés* ».

Un comité de réflexion sur le Préambule de la Constitution, placé sous la présidence de Mme Simone Veil, et chargé d'étudier si et dans quelle mesure les droits fondamentaux reconnus par la Constitution devaient être complétés par des principes nouveaux, a rendu son rapport en décembre 2008, préconisant un seul ajout (à l'article 1er de la Constitution) : celui du principe de l'**égale dignité de chacun**.

Déclaration des droits de l'homme et du citoyen du 26 août 1789

Les représentants du peuple français, constitués en Assemblée nationale, considérant que l'ignorance, l'oubli ou le mépris des droits de l'Homme sont les seules causes des malheurs publics et de la corruption des gouvernements, ont résolu d'exposer, dans une Déclaration solennelle, les droits naturels, inaliénables et sacrés de l'Homme, afin que cette Déclaration, constamment présente à tous les membres du corps social, leur rappelle sans cesse leurs droits et leurs devoirs ; afin que les actes du pouvoir législatif et ceux du pouvoir exécutif, pouvant être à chaque instant comparés avec le but de toute institution politique, en soient plus respectés ; afin que les réclamations des citoyens, fondées désormais sur des pratiques simples et incontestables, tournent toujours au maintien de la Constitution, et au bonheur de tous.

En conséquence, l'Assemblée nationale reconnaît et déclare, en présence et sous les auspices de l'Être suprême, les droits suivants de l'Homme et du Citoyen.

ART. PREMIER. – Les hommes naissent et demeurent libres et égaux en droits. Les distinctions sociales ne peuvent être fondées que sur l'utilité commune.

ART. II. – Le but de toute association politique est la conservation des droits naturels et imprescriptibles de l'homme. Ces droits sont la liberté, la propriété, la sûreté et la résistance à l'oppression.

ART. III. – Le principe de toute souveraineté réside essentiellement dans la Nation. Nul corps, nul individu ne peut exercer d'autorité qui n'en émane expressément.

ART. IV. – La liberté consiste à pouvoir faire tout ce qui ne nuit pas à autrui : ainsi l'exercice des droits naturels de chaque homme n'a de bornes que celles qui assurent aux autres membres de la société la jouissance de ces mêmes droits. Ces bornes ne peuvent être déterminées que par la loi.

ART. V. – La loi n'a le droit de défendre que les actions nuisibles à la société. Tout ce qui n'est pas défendu par la loi ne peut être empêché, et nul ne peut être contraint à faire ce qu'elle n'ordonne pas.

ART. VI. – La loi est l'expression de la volonté générale. Tous les citoyens ont droit de concourir personnellement, ou par leurs représentants, à sa formation. Elle doit être la même pour tous, soit qu'elle protège, soit qu'elle punisse. Tous les citoyens étant égaux à ses yeux, sont également admissibles à toutes dignités, places et emplois publics, selon leur capacité, et sans autre distinction que celle de leurs vertus et de leurs talents.

ART. VII. – Nul homme ne peut être accusé, arrêté, ni détenu que dans les cas déterminés par la loi, et selon les formes qu'elle a prescrites. Ceux qui sollicitent, expédient, exécutent ou font exécuter des ordres arbitraires, doivent être punis ; mais tout citoyen appelé ou saisi en vertu de la loi doit obéir à l'instant : il se rend coupable par la résistance.

ART. VIII. – La loi ne doit établir que des peines strictement et évidemment nécessaires, et nul ne peut être puni qu'en vertu d'une loi établie et promulguée antérieurement au délit, et légalement appliquée.

ART. IX. – Tout homme étant présumé innocent jusqu'à ce qu'il ait été déclaré coupable, s'il est jugé indispensable de l'arrêter, toute rigueur qui ne serait pas nécessaire pour s'assurer de sa personne doit être sévèrement réprimée par la loi.

ART. X. – Nul ne doit être inquiété pour ses opinions, mêmes religieuses, pourvu que leur manifestation ne trouble pas l'ordre public établi par la loi.

ART. XI. – La libre communication des pensées et des opinions est un des droits les plus précieux de l'homme : tout citoyen peut donc parler, écrire, imprimer librement, sauf à répondre de l'abus de cette liberté, dans les cas déterminés par la loi.

ART. XII. – La garantie des droits de l'homme et du citoyen nécessite une force publique : cette force est donc instituée pour l'avantage de tous, et non pour l'utilité particulière de ceux auxquels elle est confiée.

ART. XIII. – Pour l'entretien de la force publique, et pour les dépenses d'administration, une contribution commune est indispensable. Elle doit être également répartie entre tous les citoyens, en raison de leurs facultés.

ART. XIV. – Tous les citoyens ont le droit de constater, par eux-mêmes ou par leurs représentants, la nécessité de la contribution publique, de la consentir librement, d'en suivre l'emploi, et d'en déterminer la quotité, l'assiette, le recouvrement et la durée.

ART. XV. – La société a le droit de demander compte à tout agent public de son administration.

ART. XVI. – Toute société dans laquelle la garantie des droits n'est pas assurée, ni la séparation des pouvoirs déterminée, n'a point de Constitution.

ART. XVII. – La propriété étant un droit inviolable et sacré, nul ne peut en être privé, si ce n'est lorsque la nécessité publique, légalement constatée, l'exige évidemment, et sous la condition d'une juste et préalable indemnité.

Préambule de la Constitution du 27 octobre 1946

Au lendemain de la victoire remportée par les peuples libres sur les régimes qui ont tenté d'asservir et de dégrader la personne humaine, le peuple français proclame à nouveau que tout être humain, sans distinction de race, de religion ni de croyance, possède des droits inaliénables et sacrés. Il réaffirme solennellement les droits et les libertés de l'homme et du citoyen consacrés par la Déclaration des droits de 1789 et les principes fondamentaux reconnus par les lois de la République.

Il proclame, en outre, comme particulièrement nécessaires à notre temps, les principes politiques, économiques et sociaux ci-après :

La loi garantit à la femme, dans tous les domaines, des droits égaux à ceux de l'homme.

Tout homme persécuté en raison de son action en faveur de la liberté a droit d'asile sur les territoires de la République.

Chacun a le devoir de travailler et le droit d'obtenir un emploi. Nul ne peut être lésé, dans son travail ou son emploi, en raison de ses origines, de ses opinions ou de ses croyances.

Tout homme peut défendre ses droits et ses intérêts par l'action syndicale et adhérer au syndicat de son choix.

Le droit de grève s'exerce dans le cadre des lois qui le réglementent.

Tout travailleur participe, par l'intermédiaire de ses délégués, à la détermination collective des conditions de travail ainsi qu'à la gestion des entreprises.

Tout bien, toute entreprise, dont l'exploitation a ou acquiert les caractères d'un service public national ou d'un monopole de fait, doit devenir la propriété de la collectivité.

La Nation assure à l'individu et à la famille les conditions nécessaires à leur développement.

Elle garantit à tous, notamment à l'enfant, à la mère et aux vieux travailleurs, la protection de la santé, la sécurité matérielle, le repos et les loisirs. Tout être humain qui, en raison de son âge, de son état physique ou mental, de la situation économique, se trouve dans l'incapacité de travailler a le droit d'obtenir de la collectivité des moyens convenables d'existence.

La Nation proclame la solidarité et l'égalité de tous les Français devant les charges qui résultent des calamités nationales.

La Nation garantit l'égal accès de l'enfant et de l'adulte à l'instruction, à la formation professionnelle et à la culture. L'organisation de l'enseignement public gratuit et laïque à tous les degrés est un devoir de l'État.

La République française, fidèle à ses traditions, se conforme aux règles du droit public international. Elle n'entreprendra aucune guerre dans des vues de conquête et n'emploiera jamais ses forces contre la liberté d'aucun peuple.

Sous réserve de réciprocité, la France consent aux limitations de souveraineté nécessaires à l'organisation et à la défense de la paix.

La France forme avec les peuples d'outre-mer une Union fondée sur l'égalité de droits et de devoirs, sans distinction de race ni de religion.

L'Union française est composée de nations et de peuples qui mettent en commun ou coordonnent leurs ressources et leurs efforts pour développer leurs civilisations respectives, accroître leur bien-être et assurer leur sécurité.

Fidèle à sa mission traditionnelle, la France entend conduire les peuples dont elle a pris la charge à la liberté de s'administrer eux-mêmes et de gérer démocratiquement leurs propres affaires ; écartant tout système de colonisation fondé sur l'arbitraire, elle garantit à tous l'égal accès aux fonctions publiques et l'exercice individuel ou collectif des droits et libertés proclamés ou confirmés ci-dessus.

Charte de l'environnement de 2004

Le peuple français,
Considérant,
Que les ressources et les équilibres naturels ont conditionné l'émergence de l'humanité ;
Que l'avenir et l'existence même de l'humanité sont indissociables de son milieu naturel ;
Que l'environnement est le patrimoine commun des êtres humains ;
Que l'homme exerce une influence croissante sur les conditions de la vie et sur sa propre évolution ;
Que la diversité biologique, l'épanouissement de la personne et le progrès des sociétés humaines sont affectés par certains modes de consommation ou de production et par l'exploitation excessive des ressources naturelles ;
Que la préservation de l'environnement doit être recherchée au même titre que les autres intérêts fondamentaux de la Nation ;
Qu'afin d'assurer un développement durable, les choix destinés à répondre aux besoins du présent ne doivent pas compromettre la capacité des générations futures et des autres peuples à satisfaire leurs propres besoins ;
Proclame :

ART. 1er. – Chacun a le droit de vivre dans un environnement équilibré et respectueux de la santé.

ART. 2. – Toute personne a le devoir de prendre part à la préservation et à l'amélioration de l'environnement.

ART. 3. – Toute personne doit, dans les conditions définies par la loi, prévenir les atteintes qu'elle est susceptible de porter à l'environnement ou, à défaut, en limiter les conséquences.

ART. 4. – Toute personne doit contribuer à la réparation des dommages qu'elle cause à l'environnement, dans les conditions définies par la loi.

ART. 5. – Lorsque la réalisation d'un dommage, bien qu'incertaine en l'état des connaissances scientifiques, pourrait affecter de manière grave et irréversible l'environnement, les autorités publiques veillent, par application du principe de précaution et dans leurs domaines d'attributions, à la mise en œuvre de procédures d'évaluation des risques et à l'adoption de mesures provisoires et proportionnées afin de parer à la réalisation du dommage.

ART. 6. – Les politiques publiques doivent promouvoir un développement durable. À cet effet, elles concilient la protection et la mise en valeur de l'environnement, le développement économique et le progrès social.

ART. 7. – Toute personne a le droit, dans les conditions et les limites définies par la loi, d'accéder aux informations relatives à l'environnement détenues par les autorités publiques et de participer à l'élaboration des décisions publiques ayant une incidence sur l'environnement.

ART. 8. – L'éducation et la formation à l'environnement doivent contribuer à l'exercice des droits et devoirs définis par la présente Charte.

ART. 9. – La recherche et l'innovation doivent apporter leur concours à la préservation et à la mise en valeur de l'environnement.

ART. 10. – La présente Charte inspire l'action européenne et internationale de la France.

ARTICLE PREMIER. – **La France est une République indivisible, laïque, démocratique et sociale. Elle assure l'égalité devant la loi de tous les citoyens sans distinction d'origine, de race ou de religion. Elle respecte toutes les croyances. Son organisation est décentralisée.**
La loi favorise l'égal accès des femmes et des hommes aux mandats électoraux et fonctions électives, ainsi qu'aux responsabilités professionnelles et sociales.

Jusqu'en 1995 (v. **article 89**), l'article premier traitait des liens entre la République et la Communauté, qui regroupait, en 1958, autour du président français, la France et les pays de l'ancien « Empire français ». La Communauté a disparu en 1960, lorsque les États d'Afrique ont accédé à l'indépendance. **Figurent aujourd'hui à l'article premier les principes essentiels de la République :**

▶ **Une République indivisible.** La République *« une et indivisible »*, comme l'assemblée issue des États généraux, fut une référence constante des constitutions révolutionnaires, puis des régimes de 1848 et 1946. Elle est devenue en 1958 « *une République indivisible* ».

Ce principe traditionnel de l'indivisibilité trouve son application dans les dispositions relatives à l'organisation territoriale (v. **art. 72 et ss.**), ainsi que dans l'**article 53**, sur les modifications qui peuvent affecter le territoire.
C'est au nom du principe de l'***unité de la République*** que le président de la République s'est opposé, en juillet 2001, à ce que les départements français d'Amérique rejoignent, en tant que tels, l'association des États de la Caraïbe.
Cependant, ces principes doivent être conciliés avec la présence de la France outre-mer, comme l'avait fait la révision du 28 mars 2003 (v. **art. 72-1 à 74-1**).

▶ **Une République laïque.** La laïcité de la République, qui a été consacrée par la loi de séparation des Églises et de l'État (9 décembre 1905), est aujourd'hui à rapprocher de l'« *égalité de tous les citoyens sans distinction de religion* » et du respect de « *toutes les croyances* », s'assimilant à la liberté de conscience.
Ce principe demeure d'actualité avec la question du « foulard islamique » et les implications de la laïcité sur le droit positif.

> Après le Conseil d'État, qui avait considéré (20 octobre 1999, *Ait Ahmad*) que « *l'exercice de la liberté d'expression et de manifestation de croyances religieuses ne fait pas obstacle à la faculté pour les chefs d'établissement* [...] *d'exiger des élèves le port de tenues compatibles avec le bon déroulement des cours* », la **loi du 15 mars 2004** (article L. 141-5-1 du Code de l'éducation) prévoit désormais que « *dans les écoles, les collèges et les lycées publics, le port de signes ou tenues par lesquels les élèves manifestent ostensiblement une appartenance religieuse est interdit.* »
> Sous un autre angle, sans référence explicite à la religion, la **loi du 11 octobre 2010** interdit la dissimulation du visage dans l'espace public. Mais cette interdiction ne s'applique pas si la tenue est prescrite ou autorisée par des dispositions législatives ou réglementaires, ou si elle est justifiée par des raisons de santé, comme lorsque le port d'un masque est obligatoire (v. **art. 36**).

Selon le Conseil constitutionnel (décision du 19 novembre 2004), les dispositions de l'article 1er « *interdisent à quiconque de se prévaloir de ses croyances religieuses pour s'affranchir des règles communes régissant les relations entre collectivités publiques et particuliers* ». Il se réfère à la jurisprudence de la CEDH, qui « *laisse aux États une large marge d'appréciation pour définir les mesures les plus appropriées, compte tenu de leurs traditions nationales, afin de concilier la liberté de culte avec le principe de laïcité* ».
Un projet de loi *confortant le respect des principes de la République*, qui tend à renforcer la laïcité, a été déposé en décembre 2020 et est en cours de discussion parlementaire.

▶ **Une République démocratique.** Le caractère démocratique de la République, qui remonte à la Constitution de l'an I, n'est entré réellement dans les faits qu'avec l'avènement du suffrage universel en 1848, ce suffrage restant uniquement masculin jusqu'en 1944 (v. **art. 3**). Il s'exprime également par la référence à la définition donnée par Abraham Lincoln de la démocratie : « *gouvernement du peuple, par le peuple et pour le peuple* » (**art. 2**). L'application du principe démocratique est précisée à l'**article 3** de la Constitution.

▶ **Une République sociale.** La composante sociale, longtemps refusée pour sa connotation révolutionnaire, a été consacrée en 1946 ; l'idéologie républicaine issue de la guerre conduit les constituants à proclamer, dans le Préambule de la Constitution de 1946, des principes politiques, économiques et sociaux « *particulièrement nécessaires à notre temps* » (v. **Préambule**).

▶ **Une organisation décentralisée.** Le principe selon lequel l'organisation de la République est décentralisée a été introduit à l'article premier par la révision constitutionnelle du 28 mars 2003. Désormais, les principes traditionnels d'indivisibilité de la République et d'égalité devant la loi, qui se traduisaient par une certaine uniformité dans l'organisation administrative de la France, doivent être conciliés avec le principe de décentralisation, qui permet une plus grande diversité (voir les **articles 72 et suivants**).

LA « PARITÉ » HOMMES-FEMMES

Pour favoriser la place des femmes dans la vie politique, le législateur avait instauré, en 1982, un « quota » minimal de 25 % de femmes sur les listes pour les élections municipales. Cette mesure a été jugée contraire à la Constitution par le Conseil constitutionnel (décision du 18 novembre 1982), car elle méconnaissait le principe d'égalité, qui s'applique tant aux électeurs qu'aux candidats.

La ***loi constitutionnelle du 8 juillet 1999*** a posé le principe de l'égal accès et renvoyé à la loi le soin de déterminer les moyens de le mettre en œuvre.
La loi du 6 juin 2000 prévoit une stricte égalité (à un candidat près) pour les **élections au scrutin de liste** (municipales, régionales, européennes ; une partie des sénatoriales – v. **art. 24**) ; concernant les **élections législatives**, la loi introduit une pénalisation financière, par une réduction de l'aide prévue dans le cadre de la loi de 1988 sur le financement des partis (v. **art. 4**), réduction proportionnelle à l'écart entre les pourcentages d'hommes et de femmes candidats.

Alors que, dans l'Assemblée élue en 2012, la répartition par sexe était encore très déséquilibrée : 422 hommes pour 155 femmes (27 %), on note une évolution sensible dans l'Assemblée élue en 2017, avec 351 hommes pour 226 femmes (39 %).

Dans sa décision du 16 mai 2013, le Conseil constitutionnel a jugé conforme à la constitution l'instauration d'un mode de scrutin « majoritaire binominal à deux tours » sans panachage ni vote préférentiel, le législateur ayant prévu que les électeurs de chaque canton du département « élisent au conseil départemental deux membres de sexe différent, qui se présentent en binôme de candidats dont les noms sont ordonnés dans l'ordre alphabétique sur tout bulletin de vote imprimé à l'occasion de l'élection ».
Ce nouveau dispositif, qui vise à réaliser l'égalité stricte entre femmes et hommes lors d'un scrutin majoritaire, a été appliqué pour la première fois aux « élections départementales » de 2015. En juin 2021, on ne relève, pourtant, qu'une quinzaine de femmes parmi les présidents des nouveaux conseils départementaux.
La loi constitutionnelle du 23 juillet 2008 a étendu le principe d'égal accès, qui était jusque là limité au domaine électoral, aux « responsabilités professionnelles et sociales ».

Dans le cadre de la révision constitutionnelle engagée en 2018 et toujours en suspens (v. **art. 89**), l'Assemblée nationale a adopté un amendement substituant, à la deuxième phrase du premier alinéa de l'article 1er, « ***sans distinction*** […] ***de sexe*** » à l'actuel « ***sans distinction*** […] ***de race*** », ce dernier terme étant jugé « *scientifiquement infondé et juridiquement inopérant* ».

Pour faire suite aux propositions de la Convention citoyenne pour le climat (v. **art. 69**), le président de la République a indiqué qu'il retenait l'une d'entre elles, consistant à modifier l'article premier de la Constitution, par référendum, pour y ajouter que la République « *garantit la préservation de l'environnement et de la diversité biologique et lutte contre le dérèglement climatique* ». Après l'avis peu encourageant du Conseil d'État et les modifications adoptées par le Sénat, ce projet risque d'être abandonné.

Titre premier
DE LA SOUVERAINETÉ

ARTICLE 2. – La langue de la République est le français.
L'emblème national est le drapeau tricolore, bleu, blanc, rouge.
L'hymne national est « la Marseillaise ».
La devise de la République est : « Liberté, Égalité, Fraternité. »
Son principe est : gouvernement du peuple, par le peuple et pour le peuple.

▶ **Le français, langue de la République.** L'alinéa relatif à la langue française a été ajouté par la loi constitutionnelle du 25 juin 1992, relative au traité de Maastricht. La loi du 4 août 1994 assure la mise en œuvre de cette règle constitutionnelle.

Cette disposition n'a pas qu'un caractère symbolique : le Conseil constitutionnel a jugé inconstitutionnelle, dans sa décision du 15 juin 1999, une clause de la Charte européenne des langues régionales (voir **art. 75-1**), reconnaissant le droit de pratiquer une langue autre que le français dans la vie publique, c'est-à-dire dans les relations avec la justice et les autorités administratives. En effet, selon le Conseil, en vertu de cette disposition, « *l'usage du français s'impose aux personnes morales de droit public…* ». Il en résulte que l'auteur d'une demande adressée à l'administration est tenu de la rédiger en français (Conseil d'État, 22 novembre 2000, *Association Greenpeace France*). La règle a aussi ses effets en matière d'enseignement : le Conseil constitutionnel a ainsi jugé (décision du 27 décembre 2001) que « *l'usage d'une langue autre que le français ne peut être imposé aux élèves des établissements de l'enseignement public* ». Pourtant, au printemps 2021, le gouvernement a lancé une nouvelle carte nationale d'identité bilingue français-anglais au nom des exigences d'une Union européenne qui a pourtant vu le Royaume-Uni la quitter. La constitutionnalité de ce dispositif a été discutée.

▶ **Le drapeau tricolore.** Les trois couleurs du drapeau français figurent aujourd'hui dans la Constitution. On attribue leur origine à la cocarde tricolore accrochée par Louis XVI à son chapeau, qui alliait le bleu et le rouge de la ville de Paris à la couleur blanche, emblème de la royauté. Le drapeau tricolore, institué en 1790, disparut en 1814 pour être rétabli en 1830. La couleur du drapeau redevint un enjeu aux débuts de la IIIe République, du fait de l'attachement symbolique du comte de Chambord au « drapeau blanc d'Henri IV ».

▶ **« La Marseillaise », hymne national.** « La Marseillaise » est consacrée par la Constitution comme hymne national. Ce chant de guerre, écrit par Rouget de Lisle pour l'armée du Rhin, fut décrété chant national par la Convention en 1795. Ce n'est qu'en 1879, après de multiples vicissitudes, que la Marseillaise retrouva définitivement ce caractère.

Depuis la loi du 18 mars 2003, complétée par le décret du 21 juillet 2010, l'outrage public à l'hymne national ou au drapeau tricolore est sévèrement réprimé (7 500 € d'amende).

▶ **La devise de la République.** La devise de la République, qui remonte également à la Révolution, a aussi connu une éclipse dans l'histoire constitutionnelle française, celle du régime de Vichy, qui lui préféra la formule : « Travail, Famille, Patrie ».

On peut s'étonner qu'au même titre que l'hymne national et le drapeau, la mention de la ***Fête nationale*** ne figure pas dans la Constitution. La loi du 6 juillet 1880 prévoyait que « *la République* *adopte la date du 14 juillet comme jour de Fête nationale annuelle* ». Cette loi a malencontreusement été abrogée et le 14-Juillet n'est plus, juridiquement, qu'une simple « fête légale », citée par l'article L. 222-1 du code du travail.

ARTICLE 3. – La souveraineté nationale appartient au peuple, qui l'exerce par ses représentants et par la voie du référendum.

Aucune section du peuple ni aucun individu ne peut s'en attribuer l'exercice.

Le suffrage peut être direct ou indirect dans les conditions prévues par la Constitution. II est toujours universel, égal et secret.

Sont électeurs, dans les conditions déterminées par la loi, tous les nationaux français majeurs des deux sexes, jouissant de leurs droits civils et politiques.

L'article 3 est important à trois titres : il définit la souveraineté et ses conditions d'exercice ; il fixe les principes d'expression du suffrage universel ; il consacre le principe de la « parité » hommes-femmes dans les élections.

LA SOUVERAINETÉ

➜ Souveraineté nationale et souveraineté populaire

Autant le suffrage universel est apparu, dès le milieu du XIXe siècle, comme une nécessité pour l'**élection des députés**, autant son usage pour désigner le chef de l'exécutif (comme en 1848) ou pour trancher une question institutionnelle (plébiscites des deux Empires) était considéré comme suspect : la crainte du despotisme a justifié longtemps, aux yeux de la classe politique, l'éviction du peuple de la plupart des choix politiques, exercés avec la meilleure conscience par les parlementaires (jusqu'en 1962, la seule élection politique au suffrage universel direct était celle des députés).

Ce choix politique et institutionnel résultait de la théorie de la souveraineté nationale, qui s'exprimait uniquement à travers le régime représentatif. Dans ce système (on a pu parler d'« hypertrophie du système représentatif »), les représentants (les parlementaires) s'attribuent, au nom de la Nation, la souveraineté. Cela explique notamment la suprématie reconnue à la loi, « *expression de la volonté générale* » (selon la formule consacrée par la Déclaration de 1789), en fait norme suprême édictée par le Parlement.

La domination de cette théorie a longtemps supplanté le concept de **souveraineté populaire**, issu de la pensée rousseauiste et cher aux constituants de 1793, selon lequel il convient, le plus souvent possible, de donner la parole au peuple, selon des procédés de démocratie directe. La IIIe République avait particulièrement marqué cette éviction du peuple, et c'est en 1946, au moment où celui-ci retrouve la parole pour l'approbation de la nouvelle Constitution, que naît cette formule ambiguë qui sera reprise en 1958 : « *La souveraineté nationale appartient au peuple.* »

➜ Le compromis de 1958

L'article 3 de la Constitution de 1958 donne un sens plus précis au compromis qui est ainsi réalisé entre le régime représentatif et quelques éléments de démocratie directe : l'exercice de la souveraineté est confié, d'une part, aux représentants, de l'autre, au peuple lui-même par la voie du référendum.

On a pu voir dans cet article la réconciliation de deux traditions : un régime parlementaire qui s'affranchit du monopole confié aux représentants tout en donnant une part non négligeable (v. **art. 11**) à l'expression directe du peuple.

Cette volonté d'équilibre est confirmée par le deuxième alinéa de l'article 3, selon lequel l'exercice de la souveraineté ne peut être attribué à « *aucune section du peuple ni aucun individu* ». Ce dernier aspect doit être examiné à la lumière de la révision constitutionnelle du 6 novembre 1962, elle-même acquise par référendum, qui fait du président de la République l'élu du suffrage universel direct. La désignation populaire du président renforce l'intervention directe du peuple ; en même temps, elle fait du président un représentant de la Nation au sens de l'article 3.

LE SUFFRAGE

➜ « Universel »

Le suffrage universel, mis en œuvre dès l'installation de la République pour l'élection de la Convention (août-septembre 1792) et pour l'approbation de la Constitution de l'an I (juillet-août 1793), n'entre réellement en application qu'en 1848 : les élections à la Constituante du 23 avril 1848, qui connaissent une participation considérable, consacrent l'installation définitive du suffrage universel. C'est parce que l'Assemblée avait porté atteinte à cet acquis démocratique (loi électorale du 31 mai 1850) que Louis-Napoléon Bonaparte put en tirer argument pour justifier son coup d'État du 2 décembre 1851.

Il faut toutefois préciser que l'universalité du suffrage a pris un sens différent depuis cette époque. Le droit de vote fut réservé aux hommes jusqu'à l'ordonnance du 21 avril 1944 (c'est le Sénat de la IIIe République qui s'opposa au vote des femmes, malgré l'intervention d'une telle réforme dans la plupart des démocraties dès la fin de la Première Guerre mondiale). La IIIe République avait aussi retiré le droit de vote aux militaires (ce qui valut à l'Armée son surnom de « grande muette »). La population admise à voter s'est encore accrue lorsque la majorité a été abaissée à dix-huit ans, par la loi du 7 juillet 1974.

➜ « Égal »

L'égalité du suffrage, que l'on résume parfois par la formule ***« un homme, une voix »***, a toujours été globalement respectée dans les périodes de suffrage universel. En revanche, ce principe a été mis à mal lorsqu'étaient exclus les « citoyens passifs » (Constitution de 1791), ou ceux qui ne payaient pas le cens (1795, 1814) ; la loi du « double vote » (29 juin 1820) donna même une seconde voix aux électeurs les plus imposés. Plus près de nous, on vit apparaître à la fin des années 1930 des velléités d'introduire le vote familial, c'est-à-dire de doter les pères de famille d'une voix supplémentaire (projet de constitution du maréchal Pétain).

L'égalité du suffrage semble aujourd'hui acquise. Toutefois, l'effectivité du principe peut prêter à discussion. En effet, les modalités d'expression du vote peuvent affecter le principe d'égalité ; notamment, le scrutin uninominal majoritaire, qui nécessite le découpage du territoire en circonscriptions, implique presque automatiquement une atteinte à l'égalité.

Le Conseil constitutionnel a été amené à préciser la portée du principe : dans une décision du 8 août 1985, il a jugé que les découpages électoraux devaient être réalisés « *sur des bases essentiellement démographiques* » ; l'année suivante (décision des 1er et 2 juillet 1986), il a accepté le principe d'un **écart démographique de 20 % au maximum** d'une circonscription à une autre. Il a encore rappelé ces principes dans sa décision du 9 janvier 2009, précédant le « découpage » actuellement en vigueur, opéré par l'ordonnance du 29 juillet 2009.
Pour la première fois, le projet de délimitation des circonscriptions a été soumis pour avis à une commission indépendante dont la composition a été fixée par la loi du 13 janvier 2009 (v. **art. 25**).

➜ « Secret »

Le suffrage universel, dans son sens moderne, implique le vote secret. Cette exigence est relativement récente puisque la présence de l'**isoloir** dans les bureaux de vote n'a été rendue obligatoire qu'en 1913. Auparavant, la sincérité du scrutin était plus douteuse : il faut rappeler que les plébiscites napoléoniens étaient ratifiés par des signatures sur des registres. Aujourd'hui, le vote secret est toujours respecté. On peut noter qu'il comporte tout de même une exception : le **vote par procuration** déroge en effet au principe du vote secret, et également au caractère personnel du vote.

➜ « Direct ou indirect »

Les institutions représentatives élues au suffrage universel peuvent, dans les conditions prévues par la Constitution, l'être de manière directe ou indirecte. Cela est conforme à la théorie de la souveraineté nationale, dans laquelle la représentation peut s'effectuer selon des modalités diverses pourvu que la Nation soit à la source du pouvoir.
Pourtant, la tradition démocratique impose que l'Assemblée nationale (la « chambre basse » du régime parlementaire) soit élue au suffrage direct, alors qu'elle s'accommode de la désignation indirecte des sénateurs (v. **art. 24**). Cette différence d'expression du suffrage est telle que l'élection directe du président de la République par le peuple depuis 1962 a eu une influence notable sur l'équilibre des institutions (v. **art. 6**).
Au plan local, les assemblées délibérantes sont élues directement (conseils municipaux, départementaux et régionaux), alors que l'exécutif de ces collectivités (maire, président du conseil départemental ou régional) est désigné par l'assemblée correspondante, donc seulement de façon indirecte par le peuple.

➜ « Réservé aux nationaux… »

La qualité d'électeur n'est accordée qu'aux citoyens français.
La condition de nationalité est essentielle à l'exercice du droit de vote et a été exigée par toutes les constitutions (à l'exception de celle de 1793).

De longue date, les partis de gauche ont proposé d'étendre le droit de vote aux étrangers pour les élections locales. Ce thème est revenu dans l'actualité en 2012 : promesse n° 50 du programme du candidat Hollande, une telle réforme n'a pas été menée à bien, car elle impliquait une révision de la Constitution, et, partant, une majorité des trois cinquièmes au Congrès, que le président Hollande n'a jamais pu réunir (v. **art. 89**).
En revanche, en application du traité de Maastricht (7 février 1992), « *tout citoyen de l'Union* [...] *a le droit de vote et d'éligibilité aux élections municipales dans l'État membre où il réside, dans les mêmes conditions que les ressortissants de cet État* ». Cette stipulation, jugée contraire à la Constitution par le Conseil constitutionnel (décision du 9 avril 1992), a provoqué une révision de celle-ci (25 juin 1992), laquelle n'a pas affecté l'article 3, mais a donné lieu à un nouvel article, l'**article 88-3**.

➜ « ... jouissant de leurs droits civils et politiques »

Cette condition a pour effet de priver du droit de vote les personnes **qui ne jouissent pas de la capacité civile** (les majeurs placés sous tutelle) ou ont fait l'objet de certaines **condamnations pénales ou d'ordre commercial** (faillites).

Bien qu'elle ne soit pas mentionnée par le texte constitutionnel, une condition importante est posée pour l'exercice du droit de vote : **l'inscription sur les listes électorales.**
Depuis la loi du 10 novembre 1997 (adoptée à l'unanimité), les jeunes atteignant l'âge de dix-huit ans sont, en principe, **inscrits d'office** sur la liste électorale (**article L. 11-1** du code électoral). Ce dispositif apparaît désormais fiable, et les futurs électeurs peuvent même vérifier sur Internet qu'ils sont bien inscrits sur la liste électorale.

La Constitution ne dit rien de la **fréquence du recours à l'électeur**, si ce n'est l'**article 6**, qui fixe à cinq ans le mandat du président de la République, l'**article 25** renvoyant à la loi organique le soin de fixer la durée des pouvoirs de chaque assemblée. C'est pourtant un enjeu important pour la démocratie, et le Conseil constitutionnel, dans sa décision du 9 mai 2001 relative à la prorogation des pouvoirs de l'Assemblée élue en 1997, consacre « *le principe, résultant de l'article 3 de la Constitution, selon lequel les citoyens doivent exercer leur droit de suffrage* ***selon une périodicité raisonnable*** ».

Ce principe a été confirmé par la suite par le Conseil constitutionnel (loi sur la concomitance des renouvellements des conseils généraux et des conseils régionaux, 11 février 2010).

ARTICLE 4. – Les partis et groupements politiques concourent à l'expression du suffrage. Ils se forment et exercent leur activité librement. Ils doivent respecter les principes de la souveraineté nationale et de la démocratie.

Ils contribuent à la mise en œuvre du principe énoncé au second alinéa de l'article premier dans les conditions déterminées par la loi.

La loi garantit les expressions pluralistes des opinions et la participation équitable des partis et groupements politiques à la vie démocratique de la Nation.

La reconnaissance constitutionnelle des partis politiques est une innovation de 1958. Elle fut de nature à rassurer ceux qui craignaient que les gaullistes, détracteurs du « régime des partis », ne fussent tentés d'en entraver l'action.

▶ Cependant, la Constitution ne leur accorde qu'un rôle minimal, limité à l'**expression du suffrage**, c'est-à-dire un **rôle essentiellement électoral,** contrairement à des pays comme l'Italie, où les partis doivent, selon la Constitution, « *contribuer démocratiquement à déterminer la politique nationale* ».
En effet, la conception française de la souveraineté nationale, qui prohibe « *tout mandat impératif* » (v. **art. 27**), limite naturellement la place des partis dans la représentation. On retrouve néanmoins les partis, ou leur transposition parlementaire, dans les groupes constitués à l'Assemblée nationale et au Sénat, dont le rôle officiel et les compétences sont prévus par le règlement de ces assemblées.

▶ Les partis bénéficient d'un **statut juridique** très souple, puisqu'ils constituent de simples **associations** de la loi de 1901.

Pour mettre fin au financement illégal des partis politiques et à la corruption qui pouvait en découler, un financement public, attribué aux groupements politiques en fonction de leur représentation parlementaire et des résultats des élections (en nombre d'électeurs), a été institué par la **loi du 11 mars 1988**, complétée par la **loi du 15 janvier 1990** relative au plafonnement des dépenses électorales, puis par la **loi du 19 janvier 1995** interdisant les financements émanant des entreprises.

▶ L'**activité des partis** n'est limitée que par le respect des « *principes de la souveraineté nationale et de la démocratie* ».

Ce respect est assuré notamment par la **loi du 10 janvier 1936**, qui interdit la constitution de groupes de combat et de milices privées.
Cette loi, adoptée en vue de disposer d'armes juridiques à l'encontre des « ligues » d'extrême droite, a été complétée par les **lois du 1er juillet 1972** (contre le racisme) **et du 9 septembre 1986** (contre le terrorisme). Elle est aujourd'hui codifiée à l'article L. 212-1 du Code de la sécurité intérieure. Elle prévoit la **dissolution par décret** en conseil des ministres de toute association ou groupement de fait présentant le caractère d'un groupe de combat, appelant à des manifestations armées, tendant à attenter à la forme républicaine du gouvernement ou provoquant à la haine raciale.
Ces derniers temps, des associations ou groupements de fait ont été dissous, dans la mouvance de l'ultra-droite, comme Génération identitaire (mars 2021). De même, plusieurs associations islamistes radicales ont été dissoutes, comme le CCIF (novembre 2020).

▶ Les partis se voient reconnaître une responsabilité particulière dans la recherche d'une plus grande **égalité entre les hommes et les femmes**, depuis la loi constitutionnelle du 8 juillet 1999, qui a ajouté le second alinéa de l'article 4 : ils sont en effet directement concernés par la présentation de listes « *paritaires* » pour les élections à la proportionnelle, et davantage encore pour les élections au scrutin uninominal, puisque le financement public est réduit en proportion du non-respect de la parité (v. **art. premier**).

▶ Le dernier alinéa de l'article, relatif au pluralisme des opinions et à la participation des partis à la démocratie, a été ajouté par la loi constitutionnelle du 23 juillet 2008.

Titre II
LE PRÉSIDENT DE LA RÉPUBLIQUE

ARTICLE 5. – Le président de la République veille au respect de la Constitution. Il assure, par son arbitrage, le fonctionnement régulier des pouvoirs publics ainsi que la continuité de l'État.

Il est le garant de l'indépendance nationale, de l'intégrité du territoire et du respect des traités.

Présenté juste après la souveraineté, le président occupe la première place dans la Constitution. Déjà à ce titre, il apparaît bien comme la « clef de voûte des institutions » (Michel Debré). Cependant, les termes de la Constitution ont pu entretenir une certaine confusion sur les interprétations du rôle du président. Les missions essentielles qui lui sont confiées s'articulent autour de trois thèmes.

LE PRÉSIDENT, GARDIEN DE LA CONSTITUTION

Le président de la République veille au respect de la Constitution. Cette mission générale se distingue parfois mal de la fonction d'arbitrage, et il est difficile de recenser les compétences précises données au président à cette fin.

▶ **Les pouvoirs conférés au chef de l'État vis-à-vis du Conseil constitutionnel** contribuent certainement à assurer ce respect. D'abord, le président de la République nomme trois membres du Conseil et désigne le président de l'institution, qu'il choisit librement parmi les membres qui la composent (v. **art. 56**). Ensuite, le président a la possibilité de déférer au Conseil, en vertu des **articles 54 et 61**, les engagements internationaux ou les lois qu'il estime contraires à la Constitution. Ces dispositions lui confèrent un rôle actif et efficace, bien qu'indirect (ce n'est pas lui qui tranche), pour sauvegarder la Constitution.

Le président a, à plusieurs reprises (v. **art. 54**), soumis au Conseil des engagements internationaux qui posaient des questions de principe. S'agissant des lois, le président de « cohabitation » n'a pas utilisé cette procédure pour se poser en gardien de la Constitution (contre les atteintes que pouvaient lui porter le gouvernement et la majorité parlementaire), sans doute parce que la saisine par l'opposition parlementaire apparaissait plus opportune.

▶ C'est parfois en tant que gardien de la Constitution que **le président intervient dans la vie institutionnelle** (v. **art. 9, 29, 68**). Le président doit aussi exercer les pouvoirs qui lui sont confiés à l'**article 16** dans le but d'un retour à l'ordre public constitutionnel.

▶ Le rôle déterminant accordé au président dans le **processus de révision de la Constitution** (v. **art. 89**) contribue au respect de celle-ci (v. **art. 53-1**).

L'ARBITRAGE PRÉSIDENTIEL

La notion d'arbitrage est sans doute celle qui a été le plus commentée, tant son sens est ambigu. Issu de la pensée gaullienne (dès le discours de Bayeux : le chef de l'État devra « servir d'arbitre au-dessus des contingences politiques »), le terme a peu à peu révélé sa véritable portée.

▶ **À l'origine, il est compris dans le sens d'un « arbitrage neutre »**. Le président, représentant le pouvoir d'État, est investi de compétences propres, qui lui permettent de trancher ou de faire trancher (par le peuple) les conflits qui opposent les acteurs du jeu institutionnel (Georges Vedel a évoqué l'arbitre « au sens sportif » pour qualifier cette conception). Le président ne fait pas partie du jeu politique. Cette vision du chef de l'État est celle donnée par Michel Debré : « Le président de la République n'a pas d'autre pouvoir que celui de solliciter un autre pouvoir, [...] mais cette possibilité de solliciter est fondamentale » (discours devant le Conseil d'État, 27 août 1958).

▶ Rapidement, il est apparu que **le général de Gaulle voyait davantage sa fonction comme un « arbitrage actif »** : les pouvoirs conférés au chef de l'État doivent être utilisés pour servir le pays et le guider.

> Cette conception atteint son apogée dans la conférence de presse du général de Gaulle du 31 janvier 1964 (Marcel Prélot a alors qualifié le régime de « monocratie plébiscitaire ») : « Le président, qui, suivant notre Constitution, est l'homme de la Nation, mis en place par elle-même pour répondre de son destin ; [...] le président, qui arrête les décisions prises dans les Conseils, promulgue les lois, négocie et signe les traités, décrète ou non les mesures qui lui sont proposées, est le chef des Armées, nomme aux emplois publics ; le président, qui, en cas de péril, doit prendre sur lui de faire tout ce qu'il faut ; le président est évidemment seul à détenir et à déléguer l'autorité de l'État. [...] S'il doit être évidemment entendu que l'autorité indivisible de l'État est confiée tout entière au président par le peuple qui l'a élu, qu'il n'en existe aucune autre, ni ministérielle, ni civile, ni militaire, ni judiciaire, qui ne soit conférée et maintenue par lui, enfin qu'il lui appartient d'ajuster le domaine suprême qui lui est propre avec ceux dont il attribue la gestion à d'autres... »

▶ Outre la volonté des présidents eux-mêmes, **plusieurs facteurs expliquent que l'arbitrage ait pris un sens actif** : l'élection du président au suffrage universel direct (v. **art. 6**) et l'avènement d'une majorité fidèle ont conduit à transformer le régime ; la présidence majoritaire dispose de l'autorité sur le Premier ministre et sur l'Assemblée nationale. Dans cette configuration (constante de 1962 à 1986), le chef de l'État apparaît comme le véritable chef du gouvernement (v. **art. 20**) et ne peut se limiter au rôle d'arbitre neutre.
La « cohabitation » redonne un certain sens à la notion d'arbitrage : même si le président n'est neutre ni dans ses convictions, ni dans ses motivations, il est contraint de se replier sur ses compétences constitutionnelles, qui relèvent, pour partie, de l'arbitrage.

▶ **On peut rattacher à l'arbitrage certains pouvoirs propres** (v. **art. 19**), lorsque le président « sollicite » le peuple (**art. 11 et 12**), le Parlement (**art. 8, 18**, mais également **10**) ou le Conseil constitutionnel (**art. 54, 56 et 61**).

On notera que, dans un arrêt du 10 octobre 2001 rendu sur le **statut pénal du chef de l'État** (v. **art. 68**), la Cour de cassation se fonde implicitement sur l'article 5 pour justifier l'immunité pénale dont bénéficie le président ; elle estime ainsi « *qu'étant élu directement par le peuple pour assurer, notamment, le fonctionnement régulier des pouvoirs publics ainsi que la continuité de l'État, le président de la République ne peut, pendant la durée de son mandat, être entendu comme témoin assisté, ni être mis en examen, cité ou renvoyé pour une infraction quelconque devant une juridiction pénale de droit commun* ».

Les attributions exceptionnelles confiées au chef de l'État par l'**article 16** relèvent aussi bien du souci d'assurer la « *continuité de l'État* » que des garanties qui suivent.

LA GARANTIE DE L'INDÉPENDANCE NATIONALE, DE L'INTÉGRITÉ DU TERRITOIRE ET DU RESPECT DES TRAITÉS

Le second alinéa de l'article 5, malgré ses termes assez généraux, revêt une importance considérable. C'est sur son fondement que le président de la République s'est attribué un rôle éminent en matière de défense et de politique étrangère. C'est en effet à la lumière de sa mission générale de garant de l'indépendance nationale et du respect des traités qu'il faut envisager les compétences du président, qui accrédite les ambassadeurs (v. **art. 14**) et qui ratifie les traités (v. **art. 52**). De même, la garantie de l'intégrité du territoire (dont l'inspiration se trouve sans aucun doute dans l'évocation de la défaite de 1940) justifie les pouvoirs du chef des armées (v. **art. 15**), ainsi que le régime d'exception de l'**article 16** (v. cet article).
Si tous les présidents ont nié que la politique extérieure et la défense aient pu constituer un « domaine réservé » au chef de l'État (expression de Jacques Chaban-Delmas), ils n'ont pas manqué, dans les faits, d'y affirmer leur prééminence.

Selon le général de Gaulle : « Dans les domaines essentiels de la politique extérieure et de la sécurité nationale, il [le président] est tenu à une action directe, puisqu'en vertu de la Constitution il négocie et conclut les traités, puisqu'il est le chef des armées, puisqu'il préside à la défense » (21 septembre 1962). Également, le Président Mitterrand déclarait qu'il lui revenait de « veiller à la continuité de la politique extérieure et de la politique de défense » (29 mars 1993).

La pandémie de covid-19 a conduit à s'interroger sur le respect de l'indépendance nationale et des traités : elle a mis en évidence la vulnérabilité de la France et sa dépendance, comme en témoignent les ruptures d'approvisionnement en produits essentiels à la vie du pays, le dessaisissement des achats de vaccins au profit de l'Union européenne, qui n'est pourtant pas compétente en la matière en vertu des traités, et le retard pris pour maîtriser les frontières.

ARTICLE 6. – Le président de la République est élu pour cinq ans au suffrage universel direct.
Nul ne peut exercer plus de deux mandats consécutifs.
Les modalités d'application du présent article sont fixées par une loi organique.

Cet article, dont la rédaction est issue des révisions constitutionnelles du 6 novembre 1962, du 2 octobre 2000 et du 23 juillet 2008, instaure la **désignation directe** du président par le peuple (depuis 1962), fixe à ***cinq ans*** la durée de son mandat (depuis 2000) et limite à ***deux*** le nombre de ***mandats*** (depuis 2008).

L'ÉLECTION AU SUFFRAGE UNIVERSEL DIRECT

Sous les IIIe et IVe Républiques, le chef de l'État était élu par la réunion des deux assemblées. Cette compétence dévolue aux seuls parlementaires était issue du célèbre « amendement Wallon » (30 janvier 1875) et allait être déterminante pour l'évolution du régime parlementaire. Le président de la République, n'ayant pas d'autre légitimité qu'indirecte, ne pouvait sortir qu'affaibli d'un conflit avec les députés, issus directement, quant à eux, du suffrage universel (comme cela s'est produit dès la crise du 16 mai 1877).

Le rééquilibrage des institutions passait par l'élargissement du collège électoral du président : une telle réforme, formulée dès l'entre-deux-guerres, ne sera pas retenue par les constituants de 1946, peu enclins à faire renaître l'institution présidentielle. Il en est bien différemment en 1958, où cette renaissance semble essentielle au général de Gaulle.

Dans sa rédaction initiale, l'article 6 réalisait déjà une évolution sensible : le président était désigné par un collège électoral d'environ 80 000 élus ; les parlementaires étaient noyés dans la masse des conseillers généraux et, surtout, des représentants des conseils municipaux (y compris les maires des communes les plus petites). Ce collège eut à élire le premier président en décembre 1958.

Déjà en 1946, lorsque le général de Gaulle avait exposé à Bayeux les grandes lignes de son programme constitutionnel, Léon Blum (dans un article publié dans *Le Populaire*) avait pressenti qu'un tel régime impliquait nécessairement l'élection au suffrage universel direct du chef de l'État. On ne sait si les projets du général de Gaulle étaient fixés de si longue date (il le laisse entendre dans ses *Mémoires d'espoir*), ou si ce sont les événements qui l'ont convaincu d'engager la réforme : il échappe à un attentat (au Petit-Clamart) le 22 août 1962, et la perspective de sa succession ne peut manquer de frapper les esprits. En effet, jusqu'alors, le général de Gaulle ne s'était guère soucié de sa propre désignation (comme l'écrit René de Lacharrière, « désigné d'avance par la force des choses, il s'estimait surtout investi par sa mission historique ») ; la perspective de se voir remplacé par un homme issu du « régime des partis » ou par une personnalité effacée (selon la procédure initiale de l'article 6, l'élection d'Antoine Pinay apparaissait probable) ne devait guère l'enchanter ; enfin, la fin de la décolonisation limitait le suffrage universel aux seuls Français de métropole.

La révision ne pouvait être approuvée par le Parlement ; c'est pourquoi elle fut directement soumise au référendum de l'**article 11**, ce qui déclencha une importante crise institutionnelle. La réforme fut adoptée par 62 % des suffrages et introduite dans la Constitution le 6 novembre 1962.

Cette révision de 1962, la plus importante intervenue sous la Ve République, a eu des effets notables sur le régime, au point que certains ont voulu y voir une « nouvelle Constitution ».

En vérité, si l'année 1962 représente un tournant dans l'histoire de la Ve République, ce n'est pas seulement dû à la révision. La fin de la guerre d'Algérie posait le problème de la poursuite de la concentration du pouvoir au profit du président, admise jusque-là sans grande réticence. La chute du gouvernement et la dissolution permettait une nouvelle donne politique. Mais l'ensemble de ces facteurs provoque des bouleversements. Le président de la République, qu'il le veuille ou non, doit quitter son rôle de chef d'État impartial, de président « de tous les Français » ; il est contraint de descendre dans l'arène politique et devient le chef d'une majorité. Cela présente des avantages, puisqu'il pourra souvent agir en chef suprême du gouvernement et de la majorité parlementaire ; cela ne va pas toujours sans regrets pour le président (et notamment le général de Gaulle), qui doit renoncer à être l'homme du rassemblement pour devenir celui d'une majorité.
Le tournant de 1962 va également donner sa physionomie définitive à la présidence. Alors que le rôle du président aurait pu s'effacer au départ du général de Gaulle, la révision instaure durablement une présidence forte, voire dominatrice ; les élections présidentielles successives n'ont révélé aucun candidat sérieux prônant le retour à la présidence classique mais effacée, caractéristique du régime parlementaire.

LE SEPTENNAT (1958-2000)

Le choix d'un mandat de sept ans pour le chef de l'État résulte des circonstances particulières des débuts de la IIIe République. Il a été effectué par la loi dite « ***du septennat*** » (20 novembre 1873), par laquelle, après la chute de Thiers, le pouvoir exécutif fut confié pour sept ans au maréchal de Mac-Mahon. Cette durée apparaissait raisonnable aux monarchistes pour permettre la restauration qu'ils appelaient de leur vœux. Elle fut institutionnalisée par l'***amendement Wallon*** (30 janvier 1875), qui créa le septennat impersonnel.
Le septennat ne devait pas être remis en cause durant les IIIe et IVe Républiques, car il constituait un gage de permanence et de stabilité pour le chef de l'État et ne posait guère de problèmes de légitimité, compte tenu de la marginalisation de l'institution présidentielle.
Les fondateurs de la Ve République s'accommodèrent de cette durée, le général de Gaulle s'efforçant, en cours de mandat, d'assurer sa légitimité par des consultations populaires intermédiaires (v. **art. 11**).

L'AVÈNEMENT DU QUINQUENNAT (2000)

Cependant, il apparut rapidement que le président, devenu la pièce maîtresse du régime et bénéficiant depuis 1962 de la légitimité issue du suffrage universel, était élu pour un temps singulièrement long, par rapport à ses homologues étrangers. Ceux-ci, qu'ils émanent d'une élection présidentielle directe ou indirecte (États-Unis) ou des élections législatives (Angleterre, Allemagne), doivent nécessairement se représenter devant les électeurs tous les quatre ou cinq ans.
Dès 1973, le Président Pompidou tenta de modifier la Constitution pour réduire la durée du mandat à cinq ans, estimant que « la règle du septennat ne correspond plus au rôle que

le président joue dans la définition des orientations générales de la politique nationale ». La révision, votée par les deux assemblées, ne fut pas présentée au Congrès (v. **art. 89**). La question s'est posée d'une manière plus concrète **en 1986**, lorsque les élections législatives ont amené à l'Assemblée nationale une majorité hostile au président élu en 1981 pour sept ans. Cette configuration nouvelle suscita des réactions diverses : certains estimèrent que le président devait démissionner (Raymond Barre écrivit : « un président qui a la confiance du pays ne perd pas les élections législatives »), d'autres acceptèrent l'expérience de la « cohabitation ». Depuis lors, une part importante des hommes politiques sont devenus partisans du quinquennat, en vue d'éviter les conséquences fâcheuses du décalage des mandats, la situation s'étant reproduite en 1993, puis en 1997.

> Les promoteurs de la réforme de 2000 souhaitaient, pour éviter la cohabitation, l'instauration d'une « présidence de législature » (le président et les députés étant élus simultanément pour cinq ans). Les inconvénients de la coïncidence des mandats avaient pourtant été dénoncés par le général de Gaulle : « Parce que la France est ce qu'elle est, il ne faut pas que le président soit élu simultanément avec les députés, ce qui mêlerait sa désignation à la lutte directe des partis, altérerait le caractère [...] de sa fonction de chef de l'État » (31 janvier 1964), ainsi que par Georges Pompidou, pour qui elle « remettrait en cause l'esprit même des institutions et l'équilibre des pouvoirs publics » (10 septembre 1973).

La **loi constitutionnelle du 2 octobre 2000** a réduit de sept à cinq ans la durée du mandat présidentiel. Cette réforme s'est appliquée pour la première fois en 2002, avec la réélection de Jacques Chirac. Ses conséquences se dessinent peu à peu : si les rapports entre les pouvoirs n'ont guère été affectés sous le second mandat de J. Chirac, à partir du mandat de N. Sarkozy, on note une plus grande personnalisation de la fonction, qui laisse moins d'espace au Premier ministre et le marginalise nécessairement. Par ailleurs, si la responsabilité reste rare, la dissolution improbable et la révision constitutionnelle impraticable, cela est davantage dû aux rapports de force et aux expériences récentes qu'à l'institution du quinquennat. Enfin, ce qui apparaît certain, c'est que la concordance des mandats et le fait majoritaire réduisent singulièrement les perspectives d'alternance et condamnent l'opposition à l'impuissance. Ainsi, le système apparaît bloqué pour cinq ans : avec un seul Premier ministre sous le mandat Sarkozy, et, depuis, les seules évolutions que l'on peut noter au long d'un quinquennat concernent les changements fréquents des ministres (v. **art. 8**) et les dissensions internes à la majorité (« frondeurs » sous le mandat Hollande, « marcheurs » désabusés aujourd'hui).

LA LIMITATION À DEUX MANDATS

Il s'agit, aux termes de la réforme voulue par N. Sarkozy, d'inciter le président « à agir plutôt qu'à durer ». Cette nouvelle disposition, introduite par la révision du 23 juillet 2008, est en fait une conséquence logique de l'instauration du quinquennat : on avait voulu éviter que le président reste quatorze ans (comme F. Mitterrand, qui fut le seul à atteindre cette durée), il fallait par conséquent interdire un troisième mandat de cinq ans. Cette règle existe depuis 1951 aux États-Unis (deux fois quatre ans). Elle est de nature à favoriser l'alternance.

On notera qu'à la différence des États-Unis, où depuis le XXIIe amendement, « nul ne peut être élu plus de deux fois aux fonctions de président » (disposition maintenue en dépit des critiques de Bill Clinton), le système français ne fait pas obstacle à un troisième mandat non consécutif.
L'inconvénient d'une telle limitation est de priver le pays d'une personnalité qui serait appréciée des électeurs au point de pouvoir être élue à trois reprises consécutives. C'est également celui de limiter le choix, pourtant en principe souverain, du suffrage universel. Par ailleurs, les expériences passées (coup d'État de Louis-Napoléon Bonaparte) ou étrangères (V. Poutine devenant Premier ministre à l'issue de son second mandat comme président) montrent que des règles trop rigides risquent parfois d'encourager des stratégies de contournement.

ARTICLE 7. – Le président de la République est élu à la majorité absolue des suffrages exprimés. Si celle-ci n'est pas obtenue au premier tour de scrutin, il est procédé, le quatorzième jour suivant, à un second tour. Seuls peuvent s'y présenter les deux candidats qui, le cas échéant après retrait de candidats plus favorisés, se trouvent alors avoir recueilli le plus grand nombre de suffrages au premier tour.
Le scrutin est ouvert sur convocation du gouvernement.
L'élection du nouveau président a lieu vingt jours au moins et trente-cinq jours au plus avant l'expiration des pouvoirs du président en exercice.
En cas de vacance de la présidence de la République pour quelque cause que ce soit, ou d'empêchement constaté par le Conseil constitutionnel saisi par le gouvernement et statuant à la majorité absolue de ses membres, les fonctions du président de la République, à l'exception de celles prévues aux articles 11 et 12 ci-dessous, sont provisoirement exercées par le président du Sénat et, si celui-ci est à son tour empêché d'exercer ces fonctions, par le gouvernement.
En cas de vacance ou lorsque l'empêchement est déclaré définitif par le Conseil constitutionnel, le scrutin pour l'élection du nouveau président a lieu, sauf cas de force majeure constaté par le Conseil constitutionnel, vingt jours au moins et trente-cinq jours au plus après l'ouverture de la vacance ou la déclaration du caractère définitif de l'empêchement.
Si, dans les sept jours précédant la date limite du dépôt des présentations de candidatures, une des personnes ayant, moins de trente jours avant cette date, annoncé publiquement sa décision d'être candidate, décède ou se trouve empêchée, le Conseil constitutionnel peut décider de reporter l'élection.
Si, avant le premier tour, un des candidats décède ou se trouve empêché, le Conseil constitutionnel prononce le report de l'élection.
En cas de décès ou d'empêchement de l'un des deux candidats les plus favorisés au premier tour avant les retraits éventuels, le Conseil constitutionnel déclare qu'il doit être procédé de nouveau à l'ensemble des opérations électorales ; il en est de

• • •

même en cas de décès ou d'empêchement de l'un des deux candidats restés en présence en vue du second tour.

Dans tous les cas, le Conseil constitutionnel est saisi dans les conditions fixées au deuxième alinéa de l'article 61 ci-dessous ou dans celles déterminées pour la présentation d'un candidat par la loi organique prévue à l'article 6 ci-dessus.

Le Conseil constitutionnel peut proroger les délais prévus aux troisième et cinquième alinéas sans que le scrutin puisse avoir lieu plus de trente-cinq jours après la date de la décision du Conseil constitutionnel. Si l'application des dispositions du présent alinéa a eu pour effet de reporter l'élection à une date postérieure à l'expiration des pouvoirs du président en exercice, celui-ci demeure en fonction jusqu'à la proclamation de son successeur.

Il ne peut être fait application ni des articles 49 et 50 ni de l'article 89 de la Constitution durant la vacance de la présidence de la République ou durant la période qui s'écoule entre la déclaration du caractère définitif de l'empêchement du président de la République et l'élection de son successeur.

La rédaction actuelle de l'article 7 résulte des deux révisions constitutionnelles du 6 novembre 1962 et du 18 juin 1976. La première a surtout affecté l'**article 6** (v. cet article), en introduisant l'élection du président au suffrage universel direct. La seconde, moins ambitieuse, avait pour objet de prévoir l'éventualité du décès d'un candidat au cours de la campagne électorale.

LES PRINCIPALES RÈGLES APPLICABLES À L'ÉLECTION

Le président de la République est élu au suffrage universel direct, pour un mandat de cinq ans (v. commentaire sous l'**art. 6**).

Il doit recueillir la majorité absolue des suffrages exprimés, ce qui peut entraîner deux tours de scrutin :

- Au premier tour, si l'un des candidats obtient la majorité absolue, il est élu ; dans le cas contraire, un second tour a lieu deux semaines plus tard.
- Au second tour, seuls les deux candidats les mieux placés restent en lice : est élu celui qui recueille la pluralité des suffrages.

L'INTÉRIM DE LA PRÉSIDENCE

Lorsque la présidence de la République est en situation de « vacance » ou d'empêchement, le texte constitutionnel prévoit les conditions dans lesquelles l'intérim est assuré.

➜ Les situations provoquant l'intérim

La Constitution distingue la ***vacance*** « *pour quelque cause que ce soit* » et l'***empêchement*** (qui doit avoir été constaté par le Conseil constitutionnel) :

▶ Les cas de **vacance** les plus évidents sont la **démission** (comme celle du général de Gaulle, le 28 avril 1969) et le **décès** en fonction (Georges Pompidou est décédé le 2 avril 1974) ; la **destitution du président** prévue à **l'article 68** (comme sa condamnation pour haute trahison dans le système antérieur à 2007) entraînerait également une vacance des fonctions.

▶ Les situations qui pourraient justifier que l'**empêchement**, temporaire ou définitif, du président soit constaté sont plus hypothétiques ; elles sont soumises à l'appréciation du Conseil constitutionnel ; le professeur Prélot évoquait les cas suivants : la maladie, le scandale, le départ à l'étranger, la captivité. En serait-il également ainsi dans le cas de poursuites engagées dans le cadre de la procédure de destitution (v. **art. 68**) ?

➜ L'exercice de l'intérim

L'intérim est normalement assuré par le président du Sénat. Si celui-ci était à son tour empêché de le faire, le gouvernement exercerait collégialement la fonction.
Alain Poher, président du Sénat, a assuré par deux fois l'intérim de la présidence : du 28 avril au 20 juin 1969, puis du 3 avril au 27 mai 1974.

➜ Les pouvoirs du président par intérim

Lorsqu'il est amené à assurer l'intérim, le président du Sénat n'est pas pour autant investi de tous les pouvoirs dont dispose en temps normal le chef de l'État. Les procédures prévues aux **articles 11** et **12** ne peuvent être mises en œuvre : ainsi, le recours au peuple ne lui est pas ouvert, qu'il s'agisse du référendum ou de la dissolution de l'Assemblée nationale. En outre (et ceci résulte de la révision de 1962), il est impossible à l'Assemblée d'engager la responsabilité du gouvernement **(art. 49 et 50)** et aucune procédure de révision constitutionnelle **(art. 89)** ne peut avoir lieu. Cela traduit la volonté d'imposer au président intérimaire un *statu quo* constitutionnel, parlementaire et gouvernemental (il lui est néanmoins possible de nommer un nouveau gouvernement, si le précédent décidait de démissionner).
Dans la pratique, tous ces garde-fous peuvent paraître inutiles, dès lors que l'article 7 prévoit qu'une nouvelle élection doit intervenir dans un délai maximum de trente-cinq jours. C'est seulement en cas de force majeure, ou dans l'hypothèse d'un empêchement temporaire, que la situation d'intérim pourrait s'éterniser.
Il faut noter qu'en cas de crise, et si les conditions en sont réunies, rien ne s'oppose à ce que le président par intérim fasse usage des pouvoirs de l'**article 16**.
En 1969, le Président Poher, tout en défendant une conception arbitrale de la fonction présidentielle, a pourtant décidé de se porter candidat à la succession du général de Gaulle, alors même qu'il assurait l'intérim. Le 15 juin 1969, Alain Poher, ne recueillant que 41,8 % des voix, est finalement battu par Georges Pompidou.

LES ATTRIBUTIONS CONFIÉES AU CONSEIL CONSTITUTIONNEL

Le Conseil constitutionnel se voit attribuer un rôle important dans le processus conduisant à l'élection du président de la République.

▶ Tout d'abord, **il constate « l'empêchement » du président de la République**. Cet empêchement peut être temporaire ou définitif (seule cette dernière situation provoque une nouvelle élection). Cette prérogative ne peut s'exercer que sur saisine du gouvernement et requiert une majorité qualifiée.
Il n'existe pas de définition précise de l'empêchement (v. *supra*). La Constitution ne fait pas le lien avec la procédure de destitution instituée depuis 2007 (v. **art. 68**). Le Conseil a, par ailleurs, constaté la vacance de la présidence en 1969 et 1974, sans que la Constitution ne l'y invite expressément.

▶ Le Conseil constitutionnel, qui avait signalé (dans une déclaration du 24 mai 1974, v. **art. 58**) qu'un « *problème d'appréciation particulièrement délicat* » pourrait se poser **en cas de décès d'un candidat**, se trouve investi de l'essentiel des décisions dans cette éventualité, prise en considération depuis la révision constitutionnelle du 18 juin 1976.
Trois cas de figure sont envisagés par la Constitution : si le décès (ou l'empêchement) a lieu entre les deux tours, l'**ensemble des opérations** est à recommencer ; si le décès frappe un candidat avant le premier tour, l'élection ***doit*** être reportée ; l'élection ***peut*** être reportée lorsqu'une personnalité, ayant annoncé publiquement son intention de se porter candidat, décède dans les sept jours précédant la date limite de dépôt des candidatures.

▶ La Constitution reconnaît également une certaine latitude d'action au Conseil constitutionnel : en cas de force majeure, il peut décider de proroger les délais d'ouverture du scrutin.

▶ Enfin, le Conseil constitutionnel est **juge de l'élection**, en vertu de l'**article 58** (v. cet article).

ARTICLE 8. – Le président de la République nomme le Premier ministre. Il met fin à ses fonctions sur la présentation par celui-ci de la démission du gouvernement. Sur la proposition du Premier ministre, il nomme les autres membres du gouvernement et met fin à leurs fonctions.

La nomination du Premier ministre constitue un pouvoir propre du président (v. **art. 19**), et une attribution essentielle pour ce dernier, qu'il agisse comme **arbitre** ou comme **chef de l'exécutif** (v. **art. 5**).

LA NOMINATION DU PREMIER MINISTRE

Il est traditionnel, dans le régime parlementaire, que le chef de l'État nomme le Premier ministre. Sous les IIIe et IVe Républiques, le président du Conseil était déjà désigné par le président de la République, mais cette désignation était précédée d'un véritable « rituel » de consultations (présidents des assemblées et des principales formations politiques…), qui laissait penser que le choix exercé était enserré dans de strictes limites politiques. La nomination du chef du gouvernement devait d'ailleurs être revêtue du contreseing de son prédécesseur.

Depuis 1958, le président a en principe une compétence très large pour choisir le Premier ministre. Si cette nomination doit tenir compte de la responsabilité du gouvernement devant le Parlement (v. **art. 20 et 49**), il n'y a plus de contrôle *a priori* de la part des parlementaires. C'est au président qu'il appartient de prendre l'initiative.

Dans la pratique suivie depuis 1958, deux cas de figure se sont présentés :

- Lorsque le président, dont le rôle dépasse celui d'un arbitre neutre qui se bornerait à entériner les choix des autres acteurs politiques, **dispose d'une majorité qui lui est favorable à l'Assemblée nationale,** le choix qu'il effectue apparaît proche de celui d'un dirigeant qui désignerait son « bras droit » : le Premier ministre doit d'abord avoir toute la confiance du président ; il doit également avoir les qualités lui permettant de diriger l'équipe gouvernementale et la majorité parlementaire.
- L'autre type de situation s'est produit en 1986, 1993 et 1997 : le président, à la suite d'**élections législatives qui ne lui sont pas favorables**, doit entériner le choix fait par les électeurs.

C'est ainsi qu'en 1986, M. Mitterrand a désigné Jacques Chirac, qui apparaissait comme le leader de la nouvelle majorité. En 1997, la nomination de Lionel Jospin s'imposait également. En 1993, le Président Mitterrand, en nommant Édouard Balladur comme Premier ministre à l'issue des élections législatives, a tenu à marquer qu'il opérait un choix personnel, même si ce choix lui était assez largement dicté par l'écrasante majorité qui venait d'être élue (près de 490 députés sur 577) : « Balladur, c'est moi qui l'ai choisi » (conférence de presse du 14 juillet 1993).

LE DÉPART DU PREMIER MINISTRE

Contrairement à une confusion souvent faite entre le texte constitutionnel et la pratique politique, le président de la République ne dispose pas constitutionnellement du pouvoir de révoquer le Premier ministre.

Cependant, dans les faits, il a été fréquemment, depuis 1958, en mesure de demander au Premier ministre de lui présenter sa démission au moment où il l'a jugé opportun. Il ne s'agit pas d'un pouvoir coutumier, car il dépend des circonstances. En effet, le départ du Premier ministre, comme sa nomination, doit être envisagé en relation avec sa responsabilité devant le Parlement (v. **art. 20**). Lorsque le Premier ministre est le chef d'une majorité en désaccord avec le président (situation de « cohabitation » réalisée en 1986, en 1993, puis en 1997), le Parlement pourrait, en fait, imposer son maintien. Le Premier ministre devient, selon l'expression de Jacques Chaban-Delmas, « indéboulonnable ».

La Ve République a longtemps connu la situation de « fait majoritaire », dans laquelle le président dispose à l'Assemblée nationale d'une majorité fidèle. Dans ces circonstances, il lui est possible de « révoquer » le Premier ministre, encore que souvent le terme soit peu approprié, compte tenu de la proximité des deux hommes. La pratique a montré que parfois le chef de l'État et le Premier ministre s'étaient accordés sur le futur départ de ce dernier : ainsi, le

14 avril 1962, Michel Debré présenta sa démission « ***comme il était convenu*** » ; le départ de Pierre Mauroy (17 juillet 1984) fait également référence à un accord avec le président.
Mais souvent, le Premier ministre démissionnaire fait explicitement état de **la demande du président**, comme Georges Pompidou le 10 juillet 1968, Jacques Chaban-Delmas le 5 juillet 1972 et Michel Rocard le 15 mai 1991.
Au contraire, le 25 août 1976, Jacques Chirac quitte son poste **de sa propre initiative**, considérant qu'il ne peut « continuer à accomplir sa tâche ». Ce départ illustre bien le fait qu'en cas de conflit entre les deux hommes, c'est nécessairement, eu égard à la primauté présidentielle, le Premier ministre qui doit s'incliner. Celui qui tenterait de se maintenir en dépit de la volonté présidentielle serait un « triste sire » (Jacques Chaban-Delmas).
Certains Premiers ministres ont dû remettre leur démission pour **tenir compte de l'alternance issue des élections**, présidentielles ou législatives : Raymond Barre (1981), Laurent Fabius (1986), Jacques Chirac (1988), Pierre Bérégovoy (1993), Édouard Balladur (1995), Alain Juppé (1997), Lionel Jospin (2002), Dominique de Villepin (2007), François Fillon (2012), Bernard Cazeneuve (2017).
C'est à la suite des élections municipales de mars et juin 2020 qu'É. Philippe a démissionné de ses fonctions de Premier ministre, le 3 juillet 2020, pour reprendre celles de maire du Havre.
Il faut rappeler que, comme l'indique l'article 8, la démission du Premier ministre entraîne le départ de l'ensemble du gouvernement.

LA NOMINATION ET LE DÉPART DES MINISTRES

La nomination des ministres relève du président de la République sur proposition du Premier ministre. Elle requiert le contreseing de ce dernier, puisqu'elle implique, à l'évidence, un accord entre les deux hommes.

→ Le choix des ministres

Au-delà du consensus nécessaire, l'article 8 ne donne guère d'explications sur le véritable auteur des choix effectués. La pratique révèle, à cet égard, des différences notables selon les personnalités des présidents et des Premiers ministres.
On a longtemps considéré que, dans les domaines où le président dispose d'un pouvoir personnel (politique étrangère, défense), il exerce un choix plus attentif, alors que, pour le reste, le Premier ministre propose assez librement la composition de l'équipe gouvernementale. Cependant, par une certaine dérive, le président s'est intéressé de plus en plus près à la composition du gouvernement, au point que, sous le second septennat de F. Mitterrand, le Premier ministre a paru largement guidé dans ses propositions par l'existence de ministres « institutionnels », qui étaient d'ailleurs des proches du président.
En situation de cohabitation, l'influence du président est nécessairement plus réduite. Si, en 1986, il avait été noté que les ministres choisis pour la défense et les affaires étrangères l'étaient parmi les « techniciens » (v. **art. 15**) afin d'éviter de confier ces portefeuilles à des opposants farouches du président, ce ne semble pas avoir été le cas en 1993 et en 1997.

On notera l'annonce inédite du gouvernement nommé en juin 2005 : un Premier ministre, Dominique de Villepin, accompagné d'un ministre d'État, ministre de l'Intérieur, Nicolas Sarkozy.

➜ L'origine des ministres

L'avènement de la Ve République a mis fin aux usages du régime parlementaire : les ministres ne sont plus choisis prioritairement parmi les élus de la majorité parlementaire ; le général de Gaulle appela à ses côtés des hauts fonctionnaires, des ministres « techniciens », censés éloigner le pouvoir du régime des partis. Mais ce choix devait se heurter peu à peu à la logique du fait majoritaire, qui implique que les hommes politiques **soient également des élus**. C'est le général de Gaulle lui-même qui poussa ses ministres à briguer le mandat de député.

L'évolution du régime a amené le retour des ministres politiques. En 1981, la composition du gouvernement de Pierre Mauroy tient compte de manière très précise des différentes composantes de la majorité (communistes, représentants des courants du parti socialiste). Il est aujourd'hui difficile de distinguer les techniciens des politiques.

Dans les années récentes, sont également apparus des ministres issus de la « société civile ». Mais ce phénomène, à finalité surtout médiatique, n'a pas toujours été un succès. Il connaît un regain d'actualité en 2017, avec le gouvernement nommé par le président Macron, qui est réputé constitué en dehors de l'*establishment* politique antérieur.

➜ Le départ des ministres

Les ministres sont conduits à quitter leur poste lorsque le Premier ministre cesse d'exercer ses fonctions. Cependant, certains ministres ont conservé les mêmes attributions pendant une longue période, en dépit de changements de gouvernement (comme Maurice Couve de Murville aux Affaires étrangères [1958-1968], ou Jack Lang à la Culture [1981-1986 et 1988-1993]). Mais, d'une manière plus caractéristique de la prééminence présidentielle, certains ministres doivent quitter le gouvernement par décision du président. Ainsi est consacrée leur responsabilité devant le chef de l'État. On peut citer les cas d'Antoine Pinay (en désaccord sur la politique économique) et de Jacques Soustelle (partisan de l'Algérie française) en 1960, et de Jean-Jacques Servan-Schreiber (hostile aux essais nucléaires) en 1974.

Des démissions individuelles se sont produites fréquemment, consacrant un désaccord de fond vis-à-vis de la politique menée par le gouvernement. On peut citer le départ des ministres MRP en 1962, au lendemain des déclarations du général de Gaulle sur l'Europe (le « volapük intégré »). Jean-Pierre Chevènement a quitté la Défense en 1991, pour tirer les conséquences de son opposition à la guerre du Golfe, puis l'Intérieur, en 2000, du fait de son désaccord avec la politique menée par le gouvernement en Corse.

Plus récemment, sous la présidence de F. Hollande, le gouvernement Valls a connu une hémorragie de ministres, avec le départ d'A. Montebourg, B. Hamon et A. Filippetti en 2014, C. Taubira et E. Macron en 2016.

La présidence d'E. Macron n'est pas épargnée, deux ministres d'État ayant « claqué la porte » du gouvernement dès 2018 : Nicolas Hulot et Gérard Collomb. Une dizaine d'autres ministres (de Rugy, Delevoye, Buzyn…) sont partis en 2019.

Enfin, certains ministres ont été amenés à démissionner lorsqu'ils étaient impliqués dans des affaires judiciaires, comme Bernard Tapie en 1992 (renommé ministre à la suite d'un non-lieu). Plusieurs ministres du gouvernement d'É. Balladur ont démissionné en 1994, pour se ranger à la « doctrine Balladur », selon laquelle un ministre mis en examen doit démissionner. Cette pratique, si elle a pour mérite de soulager le gouvernement et de faciliter la défense du ministre au plan pénal, est néanmoins contestable ; en effet, elle aboutit à laisser à un juge le soin de décider de la composition du gouvernement ; elle est également contradictoire avec la présomption d'innocence et peut donner le sentiment que le ministre subit une première sanction politique avant d'encourir, éventuellement, une sanction pénale (v. **art. 68-1 et ss.**). La démission de Dominique Strauss-Kahn, en novembre 1999, avant même sa mise en examen, a bien illustré cette difficulté.

Cette « doctrine » n'était, en principe, plus appliquée, au nom de la présomption d'innocence, et, en 2010, Éric Woerth avait pu se maintenir quelques mois au gouvernement malgré des accusations liées à l'affaire Bettencourt. Le ministre du Budget, Jérôme Cahuzac, a dû démissionner, le 19 mars 2013, lorsque l'existence d'un compte en Suisse a été révélée. Plus tard, ce fût au tour de Thomas Thévenoud, conduit à démissionner le 4 septembre 2014, soit neuf jours après sa nomination, pour « un problème de conformité avec le fisc ».
En 2017, François Bayrou, nouveau ministre de la Justice du gouvernement d'Édouard Philippe, doit quitter ses fonctions au bout d'un mois, pour une suspicion d'emploi fictif. Cet anathème a d'ailleurs, à la même période, affecté la carrière d'une série d'hommes politiques réputés intègres.

→ Le nombre des ministres

Le projet de révision constitutionnelle préparé en 2008 prévoyait initialement de limiter le nombre des ministres. L'article 8 de la Constitution devait être complété par un alinéa ainsi rédigé : « ***Une loi organique fixe le nombre maximum des ministres et celui des autres membres du gouvernement*** ». Il s'agissait d'introduire en France un dispositif comparable à celui que connaît la Belgique, l'un des seuls pays dont la Constitution comporte des règles précises sur la composition du gouvernement, l'effectif maximal du conseil des ministres, auquel ne participent pas les secrétaires d'État, étant fixé à quinze. Les parlementaires ont supprimé cette disposition, afin de laisser au président de la République et au Premier ministre une souplesse dans la définition de la structure gouvernementale, souplesse d'ailleurs impliquée par le deuxième alinéa de l'article 8.

ARTICLE 9. – Le président de la République préside le Conseil des ministres.

S'il est de tradition, en France, que le chef de l'État préside la réunion collégiale des ministres, cette attribution recouvre, selon les régimes et l'équilibre des forces politiques, des réalités différentes.
La présidence du Conseil des ministres peut revêtir un caractère purement protocolaire et formel ; il en fut ainsi sous la IIIe République. Aujourd'hui, la prééminence du président de la République dans les institutions lui confère un rôle primordial au sein du Conseil des ministres.

LA RÉUNION COLLÉGIALE DU GOUVERNEMENT

Le Conseil des ministres est la seule instance qui réunit le président de la République et l'ensemble des ministres. Alors que les Républiques précédentes avaient connu la pratique des « conseils de cabinet », réunissant le gouvernement hors de la présence du chef de l'État, cet usage a disparu, même si l'on en retrouve une forme dans les « réunions de ministres » organisées à l'Hôtel Matignon pendant les périodes de cohabitation.

Le Conseil des ministres est le lieu où s'exprime la collégialité gouvernementale. Les ministres y sont rappelés à leur position de membre d'une équipe ; ils y sont informés de la situation internationale (qui fait régulièrement l'objet d'une communication du ministre des Affaires étrangères), des principaux problèmes politiques de l'heure, des orientations du gouvernement et des éventuelles directives du président ou du Premier ministre. Le Conseil voit passer, dans leur dernier état, l'ensemble des grandes décisions qui intéressent la politique gouvernementale : les projets de lois (et d'ordonnances), les décrets et les nominations les plus importants (v. **art. 13**).

Même si les débats sont peu nombreux, du fait que les textes ne parviennent au Conseil des ministres que lorsque tous les arbitrages ont été rendus, ils peuvent donner lieu à de véritables discussions, dont on trouve la trace (parfois déformée) dans les indiscrétions publiées par les ministres.

Le Conseil des ministres joue un rôle institutionnel dans plusieurs procédures : l'état de siège est décrété en Conseil des ministres (v. **art. 36**) ; l'engagement de la responsabilité du gouvernement ne peut intervenir qu'après délibération du Conseil (v. **art. 49**).

LE RÔLE DU PRÉSIDENT DE LA RÉPUBLIQUE

La **présidence** du Conseil des ministres est toujours assurée par le président de la République, sauf dans les cas très exceptionnels où le Premier ministre est amené à le suppléer dans cette tâche (v. **art. 21**).

L'**ordre du jour** est arrêté par le président : cette compétence, plus coutumière que textuelle, lui confère un rôle essentiel dans la direction de l'action gouvernementale.

> Elle a donné lieu, le 13 février 2001, à une application spectaculaire lorsque le Président Chirac a décidé de retirer de l'ordre du jour du Conseil des ministres le projet de loi sur la Corse, en se fondant sur son rôle de gardien de la Constitution (v. **art. 5**) et en arguant des difficultés constitutionnelles relevées par le Conseil d'État (dont l'avis était pourtant, en principe, secret).

Le président rencontre le Premier ministre avant la séance du Conseil ; celle-ci est parfois suivie d'un conseil restreint, comprenant les ministres intéressés par la situation internationale.

Le rôle du président dans les débats dépend évidemment de la configuration politique : lorsque le président dispose d'un gouvernement qui lui est dévoué, il lui revient de conduire les discussions et de donner les orientations qui lui paraissent nécessaires ; dans le cas contraire, son attitude est plus réservée et il se borne à émettre des réserves ou des remarques.

L'ORGANISATION DU TRAVAIL DU CONSEIL

Le Conseil se réunit normalement une fois par semaine (généralement le mercredi matin), au Palais de l'Élysée. Ses travaux sont préparés par le **Secrétariat général du gouvernement**, qui coordonne les projets de textes ou de décisions élaborés par les différents services ministériels.
L'ordre du jour du Conseil des ministres comprend traditionnellement trois parties : les **textes** (projets de loi, décrets) figurent en partie A, les **nominations** en partie B, les **communications** en partie C. C'est le secrétaire général du gouvernement qui vient présenter l'ordre du jour du Conseil au chef de l'État ; il assiste aux séances du Conseil.
La teneur des délibérations du Conseil des ministres n'est connue que par le biais du **communiqué** rédigé par le porte-parole du gouvernement et transmis à la presse. En période de cohabitation, il est fréquent que la présidence de la République rende également public un communiqué, traduisant les positions du chef de l'État et ses éventuelles « réserves ».

ARTICLE 10. – Le président de la République promulgue les lois dans les quinze jours qui suivent la transmission au gouvernement de la loi définitivement adoptée.
Il peut, avant l'expiration de ce délai, demander au Parlement une nouvelle délibération de la loi ou de certains de ses articles. Cette nouvelle délibération ne peut être refusée.

LA PROMULGATION DES LOIS

La promulgation est l'acte par lequel le président **donne une valeur juridique et authentifie le texte législatif** adopté par le Parlement. La loi est applicable après publication au *Journal officiel.*

> Le Conseil d'État a précisé que l'acte de promulgation, par lequel le président de la République atteste, en apposant sa signature, l'existence de la loi et donne l'ordre aux autorités publiques d'observer et de faire observer cette loi, n'est pas détachable de la procédure législative. Il échappe, pour ce motif, à la compétence de la juridiction administrative (*Fédération démocratique du travail*, 27 oct. 2015).

Il est aujourd'hui acquis que le chef de l'État est **tenu** de promulguer la loi. Il ne dispose pas d'une compétence discrétionnaire, qui lui permettrait en fait d'exercer un « droit de veto » sur le travail parlementaire, à la manière du président américain.

> Cette interprétation, essentielle dans les périodes de cohabitation, a été rappelée par le Président Mitterrand en 1993 : « Lorsque le Parlement vote une loi, je deviens un notaire et quand, dans le délai qui m'est imparti, je dois signer, je signe, sans quoi je serais en situation de **forfaiture**. »

La Constitution ouvre cependant au président deux possibilités pour différer la promulgation d'une loi : la première est celle que prévoit le deuxième alinéa de l'**article 10** (v. *infra*) ; la seconde s'applique lorsque le président de la République, estimant que la loi comporte des dispositions non conformes à la Constitution, saisit le Conseil constitutionnel (v. **art. 61**), exerçant ainsi son rôle de gardien de la Constitution (v. **art. 5**).

LA DEMANDE DE NOUVELLE DÉLIBÉRATION

Cette attribution traditionnelle du chef de l'État, que l'on a pu qualifier de « veto législatif temporaire » (Marcel Prélot), a rarement été mise en œuvre.

- En 1983, la procédure de l'article 10 alinéa 2 a permis d'enterrer en fait une loi portant sur l'Exposition universelle de 1989, qui était déjà dépassée dès son adoption, la France ayant renoncé à l'organisation de l'exposition.
- En 1985, c'est à la suite d'une décision du Conseil constitutionnel, déclarant non conformes à la Constitution certaines dispositions de la loi sur la Nouvelle-Calédonie, que F. Mitterrand demanda une nouvelle délibération au Parlement.
- En 2003, le Conseil constitutionnel ayant invalidé (décision du 3 avril) une importante disposition de la loi de réforme des modes de scrutin pour violation de l'**article 39** de la Constitution, ce texte a fait l'objet d'une nouvelle délibération.
- En 2006, au contraire, le président de la République a refusé de soumettre la loi instituant un « contrat première embauche » à une nouvelle délibération ; le texte a néanmoins été « remplacé » peu après (v. **art. 39**).

Ce pouvoir du président est peu usité, celui-ci disposant d'autres armes pour influer sur le travail législatif.

ARTICLE 11. - Le président de la République, sur proposition du gouvernement pendant la durée des sessions ou sur proposition conjointe des deux assemblées, publiées au *Journal officiel*, peut soumettre au référendum tout projet de loi portant sur l'organisation des pouvoirs publics, sur des réformes relatives à la politique économique, sociale ou environnementale de la Nation et aux services publics qui y concourent, ou tendant à autoriser la ratification d'un traité qui, sans être contraire à la Constitution, aurait des incidences sur le fonctionnement des institutions.

Lorsque le référendum est organisé sur proposition du gouvernement, celui ci fait, devant chaque assemblée, une déclaration qui est suivie d'un débat.

Un référendum portant sur un objet mentionné au premier alinéa peut être organisé à l'initiative d'un cinquième des membres du Parlement, soutenue par un dixième des électeurs inscrits sur les listes électorales. Cette initiative prend la forme d'une proposition de loi et ne peut avoir pour objet l'abrogation d'une disposition législative promulguée depuis moins d'un an.

Les conditions de sa présentation et celles dans lesquelles le Conseil constitutionnel contrôle le respect des dispositions de l'alinéa précédent sont déterminées par une loi organique.

Si la proposition de loi n'a pas été examinée par les deux assemblées dans un délai fixé par la loi organique, le président de la République la soumet au référendum.

Lorsque la proposition de loi n'est pas adoptée par le peuple français, aucune nouvelle proposition de référendum portant sur le même sujet ne peut être présentée avant l'expiration d'un délai de deux ans suivant la date du scrutin.

Lorsque le référendum a conclu à l'adoption du projet ou de la proposition de loi, le président de la République promulgue la loi dans les quinze jours qui suivent la proclamation des résultats de la consultation.

L'introduction du référendum dans la Constitution constitue l'une des innovations majeures du régime fondé en 1958.

Inventé par les constituants de 1793, transformé, sous la forme du plébiscite, par les régimes impériaux, le référendum a longtemps été considéré comme l'instrument du despotisme et de la manipulation démagogique du peuple au profit d'un pouvoir usurpé. Inconnu sous la IIIe République, réhabilité en 1946 (mais seulement pour l'approbation de la nouvelle Constitution), le pouvoir donné au peuple de s'exprimer directement est conçu depuis 1958 comme l'un des modes d'expression de la souveraineté (v. **art. 3**).

Cependant, si le référendum est une institution essentielle sous la Ve République, il est soumis à une **procédure rigoureuse** et cantonné à un **domaine** qui, bien qu'élargi à plusieurs reprises, demeure **restreint**.

LA PROCÉDURE RÉFÉRENDAIRE

Le référendum à l'initiative du président de la République. Il est seul **habilité** à soumettre un texte à l'approbation du peuple. C'est un verrou d'importance, puisqu'il s'agit d'une compétence propre, exercée sans contreseing (v. **art. 19**). Mais le pouvoir du président est conditionné par l'existence d'une **proposition du gouvernement ou des deux assemblées**.

La pratique référendaire suivie depuis 1958, à l'initiative du seul président, n'a pas posé de difficulté ; c'est le gouvernement, fidèle au chef de l'État, qui a proposé les différents référendums (d'ailleurs en inversant l'ordre des termes constitutionnels, puisque la décision de saisir le peuple émanait en réalité du président, qui en fit souvent l'annonce le premier). Mais la procédure ne pourrait être mise en œuvre si le président et le Premier ministre étaient en désaccord sur le texte du référendum ou sur l'opportunité de l'organiser.

Il faut noter qu'en cas de vacance ou d'empêchement du président de la République, aucun référendum ne peut être organisé (v. **art. 7**).

Le **référendum d'initiative partagée** a été introduit par la révision constitutionnelle du 23 juillet 2008. Il repose en fait sur une double initiative, puisque la proposition doit émaner d'un cinquième des membres du Parlement (c'est-à-dire au moins **185 députés et sénateurs**), puis recueillir la signature d'un dixième de l'ensemble des électeurs inscrits, soit, en 2020, 4 717 396 signatures. Ce double verrou apparaît particulièrement contraignant, et la procédure longue et complexe (la loi organique du 6 décembre 2013 fixe à neuf mois la période de recueil des soutiens).

L'exigence d'un tel filtre semble déjà traduire les craintes que le référendum inspire dans notre pays :

> Dans sa décision du 5 décembre 2013, le Conseil constitutionnel a précisé les implications de la réforme de 2008 : « le constituant a entendu, dans les conditions prévues par une loi organique, rendre possible, à l'initiative d'un cinquième des membres du Parlement, l'organisation d'un référendum sur une proposition de loi déclarée conforme à la Constitution par le Conseil constitutionnel et soutenue par un dixième des électeurs ; qu'ainsi, il a réservé aux membres du Parlement le pouvoir d'initiative d'une telle proposition de loi ; qu'il a reconnu à tous les électeurs inscrits sur les listes électorales le droit d'apporter leur soutien à cette proposition ; qu'il a entendu que le président de la République soumette au référendum la proposition de loi si elle n'a pas été examinée par l'Assemblée nationale et le Sénat dans un délai fixé par la loi organique ; qu'il a également entendu que le Conseil constitutionnel, d'une part, contrôle la conformité à la Constitution de la proposition de loi et, d'autre part, veille au respect des conditions prévues par le troisième alinéa de l'article 11 de la Constitution pour l'organisation d'un tel référendum ».
> La procédure est engagée, pour la première fois, le 10 avril 2019, quand 248 parlementaires de l'opposition (le seuil étant fixé à 1/5e des membres du Parlement, soit 185 députés ou sénateurs) ont présenté une « *proposition de loi visant à affirmer le caractère de service public national de l'exploitation des aérodromes de Paris* » et l'ont adressée, par l'intermédiaire du président de l'Assemblée nationale, au Conseil constitutionnel. Celui-ci a constaté officiellement, le 26 mars 2020, l'échec du projet de référendum, qui n'a pas obtenu, en neuf mois, le soutien de 10 % des électeurs exigé pour être validé : « *Le nombre de soutiens [...] à recueillir était de 4 717 396, mais seuls 1 093 030 signatures ont été enregistrées et validées.* » En dépit de cet échec, le report *sine die* de la privatisation d'ADP pourrait aboutir au résultat souhaité par les initiateurs de ce référendum.
> Alors que l'une des principales revendications des « Gilets jaunes » portait sur la création d'un « référendum d'initiative citoyenne » (RIC sur les banderoles) au large domaine, cette option a été écartée par Emmanuel Macron, le 25 avril 2019, estimant que ce RIC pouvait « *remettre en cause la démocratie représentative* ». Il a cependant souhaité rendre cette procédure plus accessible et, dans un projet de loi constitutionnelle du 29 août 2019, il a proposé d'abaisser ces seuils à **un dixième des parlementaires et un million d'électeurs**.

LE DOMAINE DU RÉFÉRENDUM

La compétence législative attribuée au peuple par l'article 11 est limitée à trois domaines : l'**organisation des pouvoirs publics**, l'**autorisation de ratification de certains traités** et les « ***réformes relatives à la politique économique, sociale ou environnementale de la Nation et aux services publics qui y concourent*** ».

➜ Le référendum en matière de traités

En vertu de l'article 11, peut être soumis au référendum « *tout projet de loi tendant à autoriser la ratification d'un traité qui, sans être contraire à la Constitution, aurait des incidences sur le fonctionnement des institutions* ».

Comme le prévoient les **articles 52 et 53**, les traités sont ratifiés par le président de la République, après l'intervention, pour certains d'entre eux, d'une autorisation parlementaire. L'article 11 permet de substituer le peuple au Parlement pour accorder cette autorisation.

La catégorie des traités envisagés par l'article 11 n'est pas évidente à déterminer. Elle ne comprend pas les traités contraires à la Constitution, qui ne peuvent jamais être ratifiés sans modification de la Constitution (v. **art. 54**) : ce point a servi d'argument pour s'opposer à une révision de la Constitution par l'article 11 (v. *infra*). Faute d'une définition plus précise des traités ayant des « *incidences sur le fonctionnement des institutions* », on peut citer les traités relatifs à l'organisation internationale, comme ceux ayant donné lieu aux référendums de 1972 et 1992 et, dernièrement, à celui de 2005, repoussé par une majorité d'électeurs (v. *infra*).

➜ L'organisation des pouvoirs publics

C'est sur ce fondement qu'ont été organisés cinq des huit référendums intervenus depuis 1958 dans le cadre de l'article 11.

La notion reste ambiguë : très large si l'on se réfère aux lois constitutionnelles de 1875, dont l'une portait sur « *l'organisation des pouvoirs publics* » (25 février 1875), elle est plus étroite si elle doit se limiter (comme l'ont soutenu les opposants à la révision de 1962) au domaine de la loi ordinaire.

La question s'est posée concrètement lorsque, en 1962, le général de Gaulle a décidé de soumettre au référendum de l'article 11 une loi constitutionnelle modifiant les **articles 6 et 7** de la Constitution. Cette décision provoqua une crise politique, la chute du gouvernement (v. **art. 49**) et la dissolution de l'Assemblée nationale (v. **art. 12**).

De vives critiques se firent entendre, tant du côté des hommes politiques (Gaston Monnerville, président du Sénat, parla de « forfaiture » ; Paul Reynaud proclama à l'Assemblée : « Pour nous, républicains, la France est ici et non ailleurs ») que des constitutionnalistes. Sur le fond, on reprochait au président de réviser la Constitution en s'affranchissant du « veto » parlementaire prévu par l'**article 89** (v. cet article) ; dans la forme, on cria à la violation de la Constitution, l'article 89 étant exclusif de toute autre procédure de révision. La position gouvernementale (et présidentielle) reposait essentiellement sur l'idée que l'article 89 (et singulièrement le veto parlementaire qu'il institue) ne pouvait prévaloir sur les **articles 3 et 11**, sauf à vider de toute signification la souveraineté du peuple.

Le référendum eut lieu, la révision constitutionnelle fut adoptée par plus de 62 % des suffrages exprimés. Certains commentateurs ont fait valoir que l'approbation par le peuple avait permis de régulariser cette procédure. En 1969, le général de Gaulle soumit de nouveau aux Français un texte modifiant la Constitution. Il fut repoussé par plus de 52 % des suffrages. Depuis lors, la révision par l'article 11 n'est plus guère évoquée ; elle reste cependant le seul moyen de faire trancher le peuple à la suite d'un refus caractérisé des parlementaires de faire évoluer le cadre institutionnel.

> Aux termes d'un projet de loi constitutionnelle du 29 août 2019, le champ du référendum pourrait être étendu à l'organisation des pouvoirs publics **territoriaux**, la mention actuelle des « pouvoirs publics » laissant entendre que seuls ceux relevant du niveau national pourraient être concernés. La catégorie des « pouvoirs publics territoriaux » reste à définir.

➜ Les réformes relatives à la politique économique, sociale ou environnementale

La **révision du 4 août 1995** a élargi le domaine du référendum aux « *réformes relatives à la politique économique et sociale de la nation et aux services publics qui y concourent* ».

En dépit des intentions annoncées à l'époque par J. Chirac (il avait été fait allusion à un référendum sur l'éducation), aucune consultation n'a eu lieu sur ce fondement depuis 1995.

La dimension environnementale a été ajoutée par la révision constitutionnelle du 23 juillet 2008, pour tenir compte notamment de la mise en œuvre des principes de la Charte de l'environnement de 2004 (v. *Préambule*).

Le thème des **libertés publiques**, autrefois évoqué par François Mitterrand, ne figure pas à l'article 11, sans doute pour éviter les risques d'organisation de référendums « liberticides », portant atteinte aux libertés constitutionnellement garanties (v. **art. 61**).
Certains ont en revanche regretté, s'agissant de la loi dite Taubira sur le mariage pour les couples homosexuels, qu'en l'état du texte de l'article 11, aucun référendum n'ait pu être organisé sur ce sujet.
Un projet de loi constitutionnelle du 29 août 2019 a proposé d'étendre le champ du référendum aux **questions de société**, qui avaient été écartées lors des débats parlementaires de 1995.
Dans sa décision n° 2019-1 RIP du 9 mai 2019, le Conseil constitutionnel a jugé que la proposition de loi visant à affirmer le caractère de service public national de l'exploitation des aérodromes de Paris portait sur la politique économique de la nation et les services publics qui y concourent, et qu'elle relevait donc bien d'un des objets mentionnés au premier alinéa de l'article 11 de la Constitution.

LA PRATIQUE DU RÉFÉRENDUM

Huit référendums ont été organisés depuis 1958 dans le cadre de l'article 11 (pour le référendum organisé le 24 septembre 2000 dans le cadre de l'**article 89**, v. *infra*) :

- le **référendum du 8 janvier 1961**, sur l'autodétermination des populations algériennes (et l'organisation des pouvoirs en Algérie), 73 % de oui ;
- le **référendum du 8 avril 1962**, autorisant le président à conclure des accords et à prendre des mesures pour l'application des déclarations gouvernementales du 19 mars 1962 (« accords d'Évian »), 91 % de oui ;
- le **référendum du 28 octobre 1962**, instituant l'élection du président de la République au suffrage universel direct (v. **art. 6 et 7**), 62 % de oui ;
- le **référendum du 27 avril 1969**, sur la création de régions et la rénovation du Sénat (texte non adopté), 52 % de non ;
- le **référendum du 23 avril 1972**, autorisant la ratification du traité relatif à l'adhésion à la Communauté européenne du Royaume-Uni, du Danemark, de l'Irlande et de la Norvège, 68 % de oui ;
- le **référendum du 6 novembre 1988**, « portant dispositions statutaires et préparatoires à l'autodétermination de la Nouvelle-Calédonie en 1998 », 80 % de oui ;
- le **référendum du 20 septembre 1992**, autorisant la ratification du traité de l'Union européenne (traité de Maastricht), 51 % de oui ;
- le **référendum du 29 mai 2005**, qui devait autoriser la ratification du traité instituant une Constitution pour l'Europe, repoussé par 55 % de « non ».

La pratique constitutionnelle depuis 1958 montre que l'utilité du référendum s'est peu à peu estompée. Durant la période gaullienne, le référendum servait à mesurer et à renforcer la légitimité du président : le général de Gaulle a engagé, à chaque fois, sa responsabilité personnelle dans la consultation (v. **art. 68**), au point de démissionner en avril 1969 lorsque le peuple lui manifesta sa défiance. On a pu ainsi, à juste titre, qualifier cette pratique de plébiscitaire. Les référendums organisés par la suite n'ont pas eu ce caractère. En effet, depuis 1962, les données institutionnelles ont changé (le président, élu au suffrage universel direct, bénéficie d'une légitimité issue directement du peuple ; le fait majoritaire rend moins utile le contournement du Parlement que permet l'article 11) ; en outre, les dernières consultations l'ont montré, l'usage du référendum peut être, sinon dangereux, du moins peu profitable politiquement ; enfin, les Français se montrent parfois peu intéressés par des questions complexes ou trop techniques. Le référendum de 2005 a, en revanche, donné lieu à un débat animé sur la France et l'Europe.

Il a été proposé d'instituer une **consultation préalable du Conseil constitutionnel**, qui serait amené à donner publiquement son avis sur la constitutionnalité du texte soumis au peuple. L'introduction d'une telle procédure interdirait naturellement tout recours à l'article 11 pour réviser la Constitution. Cette proposition, réputée de nature à renforcer l'État de droit, n'a pas été suivie d'effet, sauf lorsqu'il s'agit du référendum d'initiative partagée (v. **art. 11, 61 et 62**).
En l'état actuel du droit, le Conseil constitutionnel veille, en application de l'**article 60** (v. cet article), à la régularité des opérations référendaires, mais ne se reconnaît pas compétent pour apprécier la conformité à la Constitution des lois « *qui, adoptées par le peuple à la suite d'un référendum, constituent l'expression directe de la souveraineté nationale* » (Conseil constitutionnel, 6 novembre 1962) ; cette position, réaffirmée dans une décision du 23 septembre 1992, se justifie, selon le Conseil, « *au regard de l'équilibre des pouvoirs établi par la Constitution* ».

La révision de 1995 a introduit une procédure nouvelle (v. **al. 2 de l'art. 11**) : lorsqu'un référendum est organisé sur proposition du gouvernement, un débat dans chacune des assemblées, organisé à l'issue d'une déclaration gouvernementale, doit nécessairement précéder la consultation populaire. Cette disposition, considérée par les parlementaires comme une « contrepartie » à l'élargissement du champ du référendum, peut constituer une garantie pour les citoyens, dont le choix sera ainsi « éclairé » par le débat. Il faut noter que ce débat n'est sanctionné par aucun vote.

Depuis la révision constitutionnelle du 28 mars 2003 relative à l'organisation décentralisée de la République, d'autres types de référendum peuvent être organisés dans le cadre des collectivités territoriales, dans les conditions prévues aux **articles 72-1, 72-4 et 73**. Depuis celle du 1er mars 2005, toute nouvelle adhésion à l'Union européenne devait être soumise au référendum, mais cette disposition a été modifiée en 2008 (v. **art. 88-5**).

ARTICLE 12. – Le président de la République peut, après consultation du Premier ministre et des présidents des assemblées, prononcer la dissolution de l'Assemblée nationale.

Les élections générales ont lieu vingt jours au moins et quarante jours au plus tard après la dissolution.
L'Assemblée nationale se réunit de plein droit le deuxième jeudi qui suit son élection. Si cette réunion a lieu en dehors de la période prévue pour la session ordinaire, une session est ouverte de droit pour une durée de quinze jours.
Il ne peut être procédé à une nouvelle dissolution dans l'année qui suit ces élections.

Si le principe de la responsabilité gouvernementale constitue le critère majeur du régime parlementaire, le droit de dissolution (c'est-à-dire la possibilité donnée à l'exécutif de mettre fin au mandat de la chambre basse avant son terme normal) est souvent présenté comme sa contrepartie ; la présence de ces deux mécanismes et l'effectivité de leur mise en œuvre sont les conditions d'un parlementarisme équilibré.
L'histoire des institutions françaises révèle que ces procédures clés n'ont jamais bien fonctionné simultanément. Si la possibilité de prononcer la dissolution de la Chambre des députés est apparue dans la Charte de 1814, son usage jusqu'en 1848 a été trop fréquent au regard des possibilités de mise en jeu de la responsabilité gouvernementale.

▶ **Les institutions mises en place en 1875** donnaient à la dissolution, conditionnée par **l'avis conforme du Sénat**, une place importante ; mais la dissolution prononcée par Mac-Mahon en 1877, considérée par la classe politique comme un coup de force contre la chambre républicaine, a discrédité cette procédure, qui n'a plus été mise en œuvre sous la IIIe République.

▶ **Les constituants de 1946** ont volontairement limité la possibilité de dissoudre l'Assemblée nationale, interdisant toute dissolution pendant les dix-huit premiers mois de chaque législature, et exigeant ensuite, pour que la dissolution soit légale, que soient survenues **deux crises ministérielles au cours d'une période de dix-huit mois** ; précisons que seul un vote négatif **à la majorité absolue** correspondait à la notion constitutionnelle de crise ministérielle (or, en pratique, presque tous les gouvernements étaient renversés sur des votes négatifs à la majorité **relative**). Une seule dissolution eut lieu, à l'initiative d'Edgar Faure (le 2 décembre 1955).

▶ **Rompant franchement avec le passé, la Constitution de 1958** institue une dissolution discrétionnaire, confiée personnellement au président de la République, et d'une efficacité confirmée par la pratique.

UNE DISSOLUTION DISCRÉTIONNAIRE

Sous les régimes de 1875 et 1946, les contraintes imposées à l'exécutif et les rapports de force institutionnels avaient transféré, dans les faits, aux assemblées elles-mêmes la décision de dissoudre : sous la IIIe, le Sénat, qui doit rendre un avis conforme, est maître de la procédure ; sous la IVe, c'est l'Assemblée qui, par le jeu des « votes calibrés », contrôle l'usage de la dissolution.
Il en est tout autrement depuis 1958. En dehors des consultations imposées (v. *infra*), il n'y a pas de conditions qui limitent le pouvoir discrétionnaire du chef de l'État ; en revanche, certaines situations font obstacle à l'exercice du droit de dissolution :

- Pendant la vacance de la présidence de la République (v. **art.** 7), **le président par intérim ne dispose pas du pouvoir de dissoudre** l'Assemblée.
- La dissolution **ne peut avoir lieu pendant l'application des pouvoirs exceptionnels** de l'**article 16** : la réunion de plein droit du Parlement et l'impossibilité de dissoudre l'Assemblée garantissent l'intangibilité parlementaire au cours de la « dictature temporaire ».
- Lorsque l'Assemblée a été dissoute, le président de la République **ne peut la dissoudre à nouveau avant un délai d'une année**. Cette règle, illustrée par l'adage selon lequel « dissolution sur dissolution ne vaut », n'est qu'une conséquence du caractère essentiellement démocratique de la dissolution : lorsque le président est conduit à recourir au peuple, il doit se résoudre à accepter le verdict de ce dernier (au moins pour un an) ; il ne saurait, s'il n'est pas satisfait du résultat du scrutin, provoquer de nouvelles élections sans qu'on puisse y voir une manœuvre contre la volonté du peuple. Cette obligation n'est pas sans conséquence sur le plan institutionnel, elle comporte un effet dissuasif : si le chef de l'État est impliqué dans le conflit ayant conduit à la dissolution et que son camp perd les élections (ce qui s'est produit en 1997), il devra, plus encore qu'après des élections législatives normales, accepter les conséquences de cette défaite personnelle.

Hormis pendant ce délai d'une année, le président prend donc une décision purement discrétionnaire.

En outre, il faut noter que le décret portant dissolution de l'Assemblée nationale ne peut être contesté ni devant le Conseil constitutionnel (décision du 4 juin 1988), ni devant le Conseil d'État (Conseil d'État, 20 février 1989, *Allain*).

UNE DÉCISION PERSONNELLE DU PRÉSIDENT

On distingue traditionnellement deux types de dissolution : la « **dissolution royale** » (selon la terminologie de Prévost-Paradol), qui procéderait d'un arbitrage du chef de l'État, celui-ci donnant au peuple le soin de trancher un conflit entre l'exécutif et le Parlement, et la « **dissolution ministérielle** », dans laquelle c'est le cabinet qui décide de renvoyer la chambre devant les électeurs. Aujourd'hui, dans la plupart des régimes parlementaires, c'est la dissolution ministérielle qui s'exerce ; en Grande-Bretagne, la décision de dissoudre appartient au Premier ministre, qui en use pour choisir la date des élections générales (soit que le moment lui paraisse opportun pour se présenter devant les électeurs, soit qu'il permette de leur soumettre une question politique). En France, on a pu estimer que l'article 12 réhabilitait une sorte de dissolution royale : la comparaison souvent faite avec le régime orléaniste, ajoutée à la première dissolution en 1962 (v. *infra*), pouvaient laisser croire que le président de la République disposait de la dissolution pour exercer un arbitrage neutre (v. **art. 5**). Cependant, la pratique a montré que toutes les dissolutions (y compris celle de 1962) ont été décidées en vue de conforter la situation du président ; en 1968, si le contexte fait penser à une dissolution ministérielle, cette dissolution a lieu au profit du président et non du Premier ministre. En 1981 et 1988, la dissolution n'est pas plus neutre, puisqu'elle permet au chef de l'État d'assurer sa suprématie sur l'ensemble du système institutionnel. Ainsi, la dissolution de l'article 12, qui n'est ni royale, ni ministérielle, cumule en fait les avantages de ces deux types de dissolution, pour affermir la place du président de la République, en lui permettant d'en appeler au peuple et de le saisir d'une forme de question de confiance. **Sur le plan juridique**, la décision est confiée personnellement au chef de l'État, qui n'a pas à recueillir l'*accord* du Premier ministre (le décret de dissolution est dispensé du contreseing, en vertu de l'**article 19**), ni, *a fortiori*, celui des assemblées. Il lui incombe tout de même de solliciter l'**avis** du Premier ministre et des présidents des assemblées ; mais il n'est nullement lié par ces avis. Il n'est pas surprenant que le président de l'Assemblée nationale puisse être parfois en désaccord avec la décision présidentielle.

En 1981, puis en 1988, le Président Chaban-Delmas a tenu à faire connaître publiquement son opposition, qu'il fondait sur l'esprit de la Constitution : selon lui, le nouveau gouvernement aurait dû, avant que la dissolution ne soit prononcée, exposer son programme devant l'Assemblée et attendre qu'il soit éventuellement repoussé ; « Un conflit ouvert entre les deux pouvoirs eût justifié pleinement l'arbitrage du président de la République. »

UNE PRATIQUE QUI MARQUE L'EFFICACITÉ DE L'INSTITUTION

Cinq dissolutions se sont produites depuis 1958 ; les élections qui les ont suivies ont été favorables au président, sauf en 1997.

▶ **La première dissolution de l'Assemblée nationale fut prononcée le 9 octobre 1962**, « en réponse » à la motion de censure adoptée le 4 octobre (v. **art. 49**). On est alors dans le contexte classique d'une crise gouvernementale dont l'issue est soumise à la décision des électeurs. Cette dissolution permit au général de Gaulle de concrétiser dans l'Assemblée le reclassement politique qui s'effectua à l'occasion du référendum sur la révision constitutionnelle (v. **art. 11**). Elle donna ainsi naissance au « fait majoritaire ».

▶ Décidée au beau milieu des événements de 1968, **la dissolution du 30 mai 1968** a une portée bien différente. Elle visait à rendre la parole au « pays légal », au moment où la rue tentait de la disputer aux pouvoirs publics. Sur un plan plus stratégique, elle a permis au général de Gaulle de profiter de la « grande peur » pour remplacer l'étroite majorité élue en 1967 et faire élire une « chambre introuvable », fidèle au gouvernement.

▶ **La dissolution du 22 mai 1981** répond à une situation bien particulière, issue de la spécificité du système de la Ve République : avec l'élection de François Mitterrand le 10 mai 1981 se réalisait la « grande alternance » ; s'il voulait bénéficier des pouvoirs de ses prédécesseurs, le président ne pouvait se contenter de la majorité élue en 1978. La dissolution devient ici une mesure de « mise en conformité » de la majorité parlementaire à la majorité présidentielle. Le groupe socialiste obtint la majorité absolue des sièges à l'Assemblée.

▶ **La dissolution du 14 mai 1988**, comparable à la précédente, pose de manière plus nette le problème du décalage de la durée des mandats respectifs du président et des députés : l'Assemblée n'avait été élue que deux ans auparavant.

▶ **La dissolution du 21 avril 1997**, pour la première fois, se produit sans crise politique avérée ou virtuelle et frappe une majorité fidèle au président. Aussi apparaît-elle, au premier abord, comme une dissolution « de convenance », à l'anglaise, permettant au président de choisir la date des élections et, ainsi, de tenter de prévenir un échec attendu pour l'année suivante. Le recours au peuple se justifiait par la crise de confiance dans le gouvernement. La dissolution a provoqué l'alternance, pour la première fois sous la Ve République.

ARTICLE 13. – Le président de la République signe les ordonnances et les décrets délibérés en Conseil des ministres.

II nomme aux emplois civils et militaires de l'État.

Les conseillers d'État, le grand chancelier de la Légion d'honneur, les ambassadeurs et envoyés extraordinaires, les conseillers maîtres à la Cour des comptes, les préfets, les représentants de l'État dans les collectivités d'outremer régies par l'article 74 et en Nouvelle-Calédonie, les officiers généraux, les recteurs des académies, les directeurs des administrations centrales sont nommés en Conseil des ministres.

Une loi organique détermine les autres emplois auxquels il est pourvu en Conseil des ministres ainsi que les conditions dans lesquelles le pouvoir de nomination du président de la République peut être par lui délégué pour être exercé en son nom.

Une loi organique détermine les emplois ou fonctions, autres que ceux mentionnés au troisième alinéa, pour lesquels, en raison de leur importance pour la garantie des droits et libertés ou la vie économique et sociale de la Nation, le pouvoir de nomination du président de la République s'exerce après avis public de la commission permanente compétente de chaque assemblée. Le président de la République ne peut procéder à une nomination lorsque l'addition des votes négatifs dans chaque commission représente au moins trois cinquièmes des suffrages exprimés au sein des deux commissions. La loi détermine les commissions permanentes compétentes selon les emplois ou fonctions concernés.

L'article 13 établit deux attributions essentielles du président de la République : son pouvoir réglementaire et son pouvoir de nomination.

➜ La signature des ordonnances

Les ordonnances sont une innovation de la Ve République et obéissent à des règles précises (v. **art. 38**). Prises en Conseil des ministres, elles sont, selon la Constitution, de la compétence du gouvernement, exercée sur habilitation expresse du Parlement.

La question de la signature des ordonnances par le président de la République lors de la « cohabitation » de 1986 a donné lieu à une polémique, qui s'est terminée par le refus de F. Mitterrand de signer certaines ordonnances préparées par le gouvernement de J. Chirac (v. **art. 38**).

➜ Les décrets délibérés en Conseil des ministres

Ces décrets sont signés par le président de la République. Ils sont, par ailleurs, l'expression du pouvoir réglementaire du gouvernement dans sa collégialité, celle-ci résultant de la délibération du Conseil des ministres (v. **art. 9**) et du contreseing (v. **art. 19**).
L'article 13, s'il définit la compétence réglementaire du chef de l'État, ne règle pas précisément le partage qui doit se faire avec les pouvoirs du Premier ministre, qui, en vertu de l'**article 21**, exerce le pouvoir réglementaire « *sous réserve des dispositions de l'article 13* ».

Au début de la Ve République, le président a pris l'habitude de signer des décrets non délibérés en Conseil des ministres (suivant la « ***doctrine Tricot*** »). Le Conseil d'État a jugé (dans un arrêt du 27 avril 1962, *Sicard*) que ces décrets restaient l'œuvre du Premier ministre et que la signature du président, étant superfétatoire, ne les rendait pas pour autant illégaux.
Une autre question s'est posée : le président est-il l'auteur de tous les décrets effectivement délibérés en Conseil des ministres ou seulement de ceux qui doivent nécessairement, en vertu d'un texte exprès, être soumis au Conseil ? En pratique, outre les cas dans lesquels la Constitution (v. **art. 36**) ou la loi prévoient obligatoirement la délibération du Conseil, de nombreux décrets sont adoptés en Conseil des ministres par pure opportunité, c'est-à-dire du fait de l'importance politique du texte. Par un arrêt du 10 septembre 1992, *Meyet*, le Conseil d'État a jugé que les décrets délibérés en Conseil des ministres « *alors même qu'aucun texte n'imposait cette délibération* » devaient être signés par le président de la République. Cette jurisprudence n'est pas sans conséquences : en effet, sont inscrits à l'ordre du jour du Conseil des ministres les décrets les plus importants (v. **art. 9**), et le président devient *ipso facto* l'auteur de ces décrets, qui ne pourront plus être modifiés que par lui. Ainsi, le domaine réglementaire du président aura tendance à croître au détriment de celui du Premier ministre, ce qui modifie insensiblement l'équilibre des pouvoirs entre les titulaires de l'exécutif et rend plus difficile la tâche d'un Premier ministre « de cohabitation », contraint de recueillir l'accord du président pour un nombre accru de textes importants. Pour enrayer cette évolution, le comité consultatif réuni en 1992 avait proposé d'ajouter à l'article 13 les termes suivants : « *Les décrets délibérés en Conseil des ministres ne peuvent être abrogés ou modifiés que par décret pris dans les mêmes formes lorsque cette délibération est exigée par une disposition constitutionnelle ou législative.* » En attendant, une autre méthode (la « ***démeyetisation*** ») consiste à prévoir expressément dans le décret en Conseil des ministres que tout ou partie de ses dispositions pourront être modifiées par décret simple.

LES POUVOIRS DE NOMINATION DU PRÉSIDENT

Comme pour le pouvoir réglementaire, le pouvoir de nommer « *aux emplois civils et militaires* » n'est pas réparti de manière claire par la Constitution, qui l'attribue également au Premier ministre « *sous réserve des dispositions de l'article 13* » (v. **art. 21**).
On trouve toutefois au troisième alinéa de l'article 13 une première catégorie de hauts fonctionnaires qui sont obligatoirement nommés en Conseil des ministres, par décret du président de la République : il en est ainsi, par exemple, des conseillers d'État, des ambassadeurs, des préfets, etc.

La loi organique (il s'agit de l'ordonnance du 28 novembre 1958) complète ces dispositions : sont également nommés en Conseil des ministres les procureurs généraux et les dirigeants des principales entreprises publiques.
En outre, sur le fondement de la même ordonnance (art. 2), le président se voit confier le soin de nommer par décret simple (c'est-à-dire non soumis au Conseil des ministres) un nombre très important de fonctionnaires (on peut citer les professeurs d'enseignement supérieur, les membres des corps issus de l'ENA, les magistrats, les officiers, etc.).
L'article 3 du même texte réaffirme le principe de la délégation des autres nominations au Premier ministre et l'article 4, dans un souci de simplicité administrative, rappelle que la loi ou le règlement peuvent confier le pouvoir de nomination à d'autres autorités (ministres, préfets, etc.).

LE CONTRÔLE PARLEMENTAIRE DES NOMINATIONS

Il s'agit d'une innovation importante introduite en 2008, qui accroît singulièrement le rôle de contrôle du Parlement sur les pouvoirs du président. À l'instar du système américain, les commissions de chaque assemblée donnent leur avis sur les nominations importantes du président (avec même une extension aux nominations des Présidents des assemblées – v. **art. 56 et 65**). L'avis de la commission est rendu public, ce qui lui confère une influence sur la décision finale. De plus, une opposition des trois cinquièmes des suffrages exprimés (calculés globalement dans les deux commissions) fait obstacle à la nomination.
Ce dispositif de contrôle parlementaire sur certaines des nominations présidentielles est précisé par la loi organique du 23 juillet 2010, établissant la liste des emplois et fonctions soumis à l'avis des commissions parlementaires ainsi que par la loi (ordinaire) du même jour, déterminant pour chaque fonction ou emploi concerné, la commission permanente compétente.
Elle désigne notamment la Commission chargée des lois constitutionnelles pour se prononcer sur la nomination d'un membre du Conseil constitutionnel. Le Conseil, dans sa décision du 12 juillet 2010, a précisé que la loi organique pouvait interdire toute délégation de vote (en conformité avec la règle du vote personnel fixée à **l'art. 27** de la Constitution).
Ce dispositif s'applique également aux nominations au Conseil constitutionnel (v. **art. 56**) et au Conseil supérieur de la magistrature (v. **art. 65**), ainsi qu'à celle du Défenseur des droits (v. **art. 71-1**).

ARTICLE 14. – Le président de la République accrédite les ambassadeurs et les envoyés extraordinaires auprès des puissances étrangères ; les ambassadeurs et les envoyés extraordinaires étrangers sont accrédités auprès de lui.

Le président de la Ve République est chargé, comme ses prédécesseurs, de la représentation du pays au plan international, conformément au rôle du chef de l'État dans la tradition parlementaire.

Le président est ainsi le point de passage obligé, tant protocolaire que symbolique, de la représentation diplomatique française à l'étranger et étrangère en France. Cette compétence s'exprime par la délivrance de « lettres de créance », signées du chef de l'État français et destinées à être remises au chef de l'État étranger. En sens inverse, les ambassadeurs étrangers viennent remettre les lettres émanant de l'État qu'ils représentent. Une tradition, toujours respectée, veut qu'ils soient reçus personnellement par le président de la République.

L'article 14 rend mal compte des importants pouvoirs du président en matière de politique étrangère, qui lui sont confiés par d'autres dispositions constitutionnelles (l'**article 5**, qui fait de lui le « *garant de l'indépendance nationale, de l'intégrité du territoire et du respect des traités* », ainsi que l'**article 52**, qui lui attribue compétence pour négocier et ratifier les traités), mais qui découlent surtout de la pratique de la Ve République.

ARTICLE 15. – Le président de la République est le chef des armées. Il préside les conseils et comités supérieurs de la Défense nationale.

La lettre de la Constitution n'éclaire que faiblement le rôle considérable du président de la Ve République en matière de défense : le titre de chef des armées attribué en 1875 au maréchal de Mac-Mahon, qui pensait peut-être pouvoir en user de manière concrète, est bientôt apparu, sous les IIIe et IVe Républiques, comme plus symbolique que réel, le pouvoir politique étant pour l'essentiel dévolu au président du Conseil.

Ce titre est repris par la Constitution de 1958, qui confie également au président la direction des conseils de défense (le conseil supérieur de défense, composé de personnalités chargées d'éclairer les décisions du président, et le comité de défense, qui réunit les ministres intéressés). Le pouvoir de nomination aux principaux emplois militaires appartient au président, en vertu de l'**article 13** et de l'ordonnance du 28 novembre 1958.

C'est seulement dans les situations de crise que le président se voit confier expressément des pouvoirs importants, qui débordent d'ailleurs les questions de défense, lorsque les conditions sont réunies pour mettre en œuvre l'**article 16** ou lorsqu'il y a lieu de proclamer l'état de siège ou l'état d'urgence (v. **art. 36**). Pourtant, le président de la Ve République apparaît comme le chef incontesté de la défense nationale : cela découle, bien sûr, de sa qualité de « *chef des armées* » et de l'**article 5** alinéa 2, qui fait de lui le « *garant de l'indépendance nationale et de l'intégrité du territoire* », mais également de la dynamique du régime, qui a consacré la suprématie du chef de l'État dans ce domaine.

Le rôle prééminent du président doit beaucoup à la personnalité du général de Gaulle, à ses antécédents militaires et politiques et aux conditions de son arrivée au pouvoir.

Dès le début de la Ve République, la question algérienne, dans sa phase militaire, est directement prise en charge par le général de Gaulle. C'est à cette époque que Jacques Chaban-Delmas évoque l'existence d'un « domaine réservé » au président, comportant notamment les affaires étrangères, la défense et l'Algérie. Bien que cette théorie ait été niée par l'ensemble des présidents qui se sont succédé, sans que l'on sache d'ailleurs si elle allait, à leurs yeux, trop loin ou pas assez, le domaine réservé est confirmé par l'évolution du régime, même après le départ du général de Gaulle.

La fin de la guerre d'Algérie et la naissance de la bombe atomique française vont bouleverser complètement la politique de défense de la France. Institutionnellement, le président de la République se voit confier par le décret du 14 janvier 1964 (modifié par le décret du 12 juin 1996) l'ordre d'engagement des forces nucléaires. Ainsi, en vertu d'un simple décret (dont la constitutionnalité a été discutée), le président devient le seul responsable de la défense nucléaire ; l'exigence juridique du contreseing ministériel apparaît assez dérisoire, lorsque le président, pour lequel un poste de commandement a été installé dans les sous-sols de l'Élysée, est en situation de déclencher l'arme nucléaire. Ainsi le décret de 1964 a-t-il largement contribué à définir la notion de « chef des armées », qui découle de la doctrine d'emploi de la force de dissuasion.

Dans la période récente, c'est le conflit du Golfe qui a établi de manière éclatante la suprématie présidentielle. Le Président François Mitterrand est apparu comme le « chef de guerre » de la campagne du Golfe (août 1990-février 1991). Au-delà du rôle nécessaire du chef de l'État, qui est de nos jours le mieux à même de se concerter avec les dirigeants des pays alliés de la France, le président de la République a pris personnellement les affaires en main, notamment à l'égard du Parlement (v. **art. 35**) et de l'opinion publique, par des messages et de nombreuses conférences de presse. À tel point que, tout au long de cette crise, le Premier ministre, pourtant « *responsable de la défense nationale* » en vertu de l'**article 21**, a paru cantonné à l'intendance.

Une répartition de fait s'effectue en réalité entre le chef de l'État et le Premier ministre, et il est sans doute plus juste de parler de « pouvoir partagé » que de « pouvoir réservé ». Il a été suggéré de faire figurer de manière plus précise les termes de cette répartition dans le texte constitutionnel, en réduisant le rôle du Premier ministre à « l'organisation de la défense nationale » (v. **art. 21**).

L'affirmation du rôle éminent du président s'est faite même en période de « cohabitation » : François Mitterrand a rappelé, s'agissant du moratoire sur les essais nucléaires, que « c'est le chef de l'État qui décide » (mai 1994). Par la suite, Jacques Chirac n'a fait que confirmer l'hégémonie présidentielle en matière de défense, notamment lors de la reprise des essais nucléaires, présentée comme une décision **personnelle** du chef de l'État.

Ces dernières années ont vu encore s'accroître le rôle du Président : qu'il s'agisse de l'intervention militaire en Libye, ou de la guerre d'Afghanistan, dont le Président Hollande avait promis le désengagement des troupes. Il arrive même au Président de diriger directement des opérations militaires (contre les actes de piraterie dans l'océan Indien en septembre 2008) ou au moins d'apparaître comme le chef de guerre que n'implique pas nécessairement le titre de chef des armées (guerre au Mali en 2013, engagement aérien en Syrie en 2015).

> Rappelons que la décision d'engager des forces militaires françaises à l'étranger échappe au contrôle du juge administratif (Conseil d'État, 5 juillet 2000, *Mégret et Mekhantar*) ; voir sur ce point **art. 35**.

ARTICLE 16. – Lorsque les institutions de la République, l'indépendance de la Nation, l'intégrité de son territoire ou l'exécution de ses engagements internationaux sont menacées d'une manière grave et immédiate et que le fonctionnement régulier des pouvoirs publics constitutionnels est interrompu, le président de la République prend les mesures exigées par ces circonstances, après consultation officielle du Premier ministre, des présidents des assemblées ainsi que du Conseil constitutionnel.

Il en informe la Nation par un message.

Ces mesures doivent être inspirées par la volonté d'assurer aux pouvoirs publics constitutionnels, dans les moindres délais, les moyens d'accomplir leur mission. Le Conseil constitutionnel est consulté à leur sujet.

Le Parlement se réunit de plein droit.

L'Assemblée nationale ne peut être dissoute pendant l'exercice des pouvoirs exceptionnels.

Après trente jours d'exercice des pouvoirs exceptionnels, le Conseil constitutionnel peut être saisi par le président de l'Assemblée nationale, le président du Sénat, soixante députés ou soixante sénateurs, aux fins d'examiner si les conditions énoncées au premier alinéa demeurent réunies. Il se prononce dans les délais les plus brefs par un avis public. Il procède de plein droit à cet examen et se prononce dans les mêmes conditions au terme de soixante jours d'exercice des pouvoirs exceptionnels et à tout moment au-delà de cette durée.

Élément fondamental de la pensée gaullienne, la possibilité constitutionnelle de faire face à une crise grave trouve son origine dans la défaite de 1940. Dans son discours de Bayeux (16 juin 1946), le général de Gaulle évoquait le rôle du chef de l'État « s'il devait arriver que la Patrie fût en péril ».

Une inspiration du dispositif de l'article 16 peut être trouvée dans la « dictature temporaire » de la République romaine, caractérisée par l'attribution légale à un seul homme de tous les pouvoirs pour une durée limitée. Une telle dictature constitutionnelle avait été prévue par l'article 48 de la Constitution de Weimar ; on peut également rappeler l'article 14 de la Charte de 1814, autorisant le Roi à prendre des ordonnances pour assurer la sûreté de l'État, ainsi que la « loi Tréveneuc » du 15 février 1872, toujours en vigueur, confiant l'ordre public aux conseils généraux (conseils départementaux depuis 2015) en cas de dissolution illégale de l'Assemblée nationale.

Le système mis en place en 1958, qui permet au président de s'attribuer d'importants pouvoirs de crise, n'est pas dépourvu d'ambiguïtés : les conditions de mise en œuvre de l'article 16 sont strictes, mais les compétences octroyées au président connaissent peu de limites, ce qui, en démocratie, suscite toujours la critique. L'application faite en 1961, à la suite du « putsch des généraux » à Alger, n'a pas dissipé les interrogations suscitées par cette procédure.

DES CONDITIONS RIGOUREUSES

La mise en œuvre de l'article 16 n'est régulière qu'à certaines conditions.

➜ Les conditions de fond

Le texte constitutionnel exige plusieurs conditions de fond :

1°/ Il faut nécessairement, tout d'abord, que le **fonctionnement régulier des pouvoirs publics soit interrompu**.

2°/ On doit, ensuite, constater qu'une **menace grave et immédiate** pèse :

- sur les **institutions de la République** (cette hypothèse exclut l'interruption fortuite de leur fonctionnement) ;
- sur l'**intégrité du territoire** (cas d'une invasion étrangère, par exemple) ;
- ou encore sur l'**indépendance de la Nation** ou l'**exécution des engagements internationaux** de la France (l'appréciation de ces conditions apparaît plus subjective).

➜ Les conditions de procédure

Lorsque la situation répond à ces conditions, l'application de l'article 16 est encore subordonnée à des règles de procédure. Le Premier ministre, les présidents des assemblées et le Conseil constitutionnel doivent être officiellement consultés. L'avis du Conseil constitutionnel est rendu public.

Outre ces consultations, la Nation doit être informée par un message du président. En 1961, le général de Gaulle s'est adressé aux Français par le canal de la radio et de la télévision. Durant l'application des pouvoirs exceptionnels, les contraintes qui s'imposent au président sont réduites. Cependant, celui-ci ne peut dissoudre l'Assemblée nationale, qui est réunie, ainsi que le Sénat, de plein droit. Ainsi est instituée la protection du Parlement, que l'on ne peut « congédier », même s'il est en pratique neutralisé. Le président doit consulter le Conseil constitutionnel sur chacune des mesures qu'il prend, mais les avis du Conseil ne sont alors pas publics.

DES POUVOIRS SANS VÉRITABLE CONTRÔLE

Les compétences du président de la République ne connaissent que peu de bornes, mais sans doute est-ce inhérent à tout pouvoir de crise.

▶ L'article 16 est une **compétence propre du chef de l'État,** et ni la décision de le mettre en œuvre, ni les mesures prises n'ont à recueillir de contreseing (v. **art. 19**). C'est le président, seul, qui apprécie la situation et qui décide si les conditions déjà évoquées sont remplies. La seule contrainte réside dans l'avis du Conseil constitutionnel, mais elle est d'ordre moral ou politique, car le président peut légalement passer outre. En 1961, le Conseil a rendu un avis favorable, estimant que la rébellion militaire menaçait les institutions et que le fonctionnement régulier des pouvoirs publics était interrompu, les principales autorités civiles et militaires en Algérie ainsi qu'un membre du gouvernement (Robert Buron, ministre des Travaux publics) étant détenus par les putschistes.

▶ En dehors de l'avis initial qu'il émet, **le Conseil constitutionnel n'était pas, jusqu'à la révision de 2008, habilité à contrôler l'application** de l'article 16 : les avis rendus sur chacune des décisions du président restent secrets ; en outre, le Conseil constitutionnel s'est refusé (dans une décision du 14 septembre 1961) à préciser le rôle que l'article 16 concédait au Parlement.

▶ Si **les assemblées** sont réunies de plein droit, elles **ne sont en mesure d'exercer aucun contrôle efficace,** au moins selon la doctrine imposée en 1961 par le général de Gaulle, celui-ci estimant que la réunion de plein droit ne pouvait avoir « un aboutissement législatif ».

▶ **Au plan juridique,** les mesures que le président prend en application de l'article 16 sont des « décisions », qui ne sont que partiellement soumises au contrôle de légalité assuré par le Conseil d'État.

Le régime juridique de l'article 16 a été précisé dans un arrêt du Conseil d'État du 2 mars 1962, *Rubin de Servens*. Après avoir indiqué que la décision de mise en œuvre de l'article 16 constituait un « acte de gouvernement » (c'est-à-dire un acte politique, non susceptible de recours), le Conseil d'État a jugé que les *décisions* prises dans le domaine de l'**article 34** étaient des actes législatifs et que seules les *décisions* prises dans les matières prévues à l'**article 37** relevaient du pouvoir réglementaire et, dès lors, pouvaient être contrôlées par le juge administratif. Le pouvoir ainsi accordé au président de modifier les normes législatives réduit à peu de chose le contrôle du juge administratif, une violation de la légalité pouvant aisément passer pour une modification de la loi…

▶ De même, **la durée d'application du régime de l'article 16 ne connaissait pas, jusqu'en 2008, de limites effectives.** La légitimité d'une « dictature constitutionnelle » est subordonnée à son caractère temporaire, comme le rappelle la Constitution : les pouvoirs publics constitutionnels doivent retrouver « *dans les moindres délais, les moyens d'accomplir leur mission* ». Or aucun mécanisme ne permettait un contrôle de cette obligation. Depuis la révision de 2008, le Conseil constitutionnel se voit confier un rôle actif dans le contrôle de l'application de l'article 16. Saisi, comme en matière de constitutionnalité, après trente jours de mise en œuvre ou statuant d'office après soixante jours, il constate publiquement si les conditions constitutionnelles sont toujours remplies.

UN SYSTÈME CRITIQUÉ

Les imperfections du système font qu'il a été vivement critiqué.

▶ **La mise en œuvre de l'article 16, le 23 avril 1961, par le général de Gaulle** a nourri de violentes critiques (et le spectre du Général paraissant en uniforme à la télévision a pu marquer plus d'un esprit) : si le putsch d'Alger justifiait sans doute une telle décision

(bien que l'interruption du fonctionnement des pouvoirs publics fût assez limitée...), la situation à Alger fut rétablie en quelques jours, et la prolongation du régime d'exception jusqu'au 30 septembre 1961 fut très controversée. Il est ainsi rapidement apparu que l'article 16 offrait au président de tels pouvoirs qu'il était naturellement amené à en abuser, ne serait-ce que dans la durée.
C'est pourquoi la suppression de l'article 16 a été longtemps une des revendications de l'opposition. Certains ont pu craindre qu'un président, aux prises avec une majorité parlementaire contraire et hostile (qui pratiquerait par exemple la « grève des ministères »), ne soit tenté par le recours à l'article 16 pour refuser de s'effacer, au prix d'une interprétation douteuse des conditions prévues par la Constitution (menace sur les institutions, dont le fonctionnement est interrompu).
C'est également parce que ces conditions n'étaient pas remplies que l'article 16 n'a pu être mis en œuvre en 2020 lors de la pandémie de covid, alors que, selon certains commentateurs, ce régime eut été plus protecteur des libertés que l'état d'urgence sanitaire (v. **art. 36**), du fait du contrôle du Conseil constitutionnel.

▶ Une autre crainte touche à la **révision constitutionnelle.** L'**article 89** n'exclut la révision qu'en cas d'atteinte à l'intégrité du territoire, alors que l'article 16 ne vise que la menace et répond à d'autres types de circonstances. Quant au référendum prévu à l'**article 11**, rien n'interdit (sauf éventuellement la morale politique) d'y avoir recours en cas de crise. Ainsi peut se profiler le risque d'une « dictature constituante », comme en a connu la Rome antique, mais également la France contemporaine.

ARTICLE 17. – Le président de la République a le droit de faire grâce à titre individuel.

→ Une compétence personnelle du président

Le droit de grâce constitue une attribution traditionnelle du chef de l'État. Sauf pendant la Révolution, toutes les constitutions françaises ont consacré cette prérogative, dont l'origine remonte à l'Ancien Régime.
La grâce présidentielle a pour effet de dispenser de l'exécution, partielle ou totale, d'une peine, après qu'elle a été prononcée définitivement par une juridiction judiciaire.

> Il faut distinguer la ***grâce*** de l'***amnistie***, qui fait disparaître la condamnation et efface les faits qui en sont l'origine. L'amnistie relève du domaine de la loi (v. **art. 34**) et ressortit donc à la compétence du Parlement (ou du peuple par référendum, comme celui ayant abouti à la loi du 9 novembre 1988).

Bien que ce pouvoir du président ne soit pas, en droit, dispensé du contreseing (v. **art. 19**), il est considéré, par tradition, comme un pouvoir propre, le contreseing devenant purement formel : ni le Premier ministre, ni le ministre de la Justice n'interviennent dans la décision souveraine du président. Il s'agit donc d'un pouvoir personnel, purement discrétionnaire.

On notera que, lors de la révision de 2008, il a été proposé de faire précéder la décision du Président d'un avis, soit du Conseil supérieur de la magistrature, soit d'une commission ***ad hoc***. Les parlementaires ont finalement préféré le *statu quo* sur ce point.
Au plan juridique, les décisions prises par le président dans l'exercice du droit de grâce ne sont susceptibles d'**aucun recours** (Conseil d'État, 25 octobre 1961, *Société d'édition et d'impression du centre*).
La France a ainsi, par une lettre du 5 mars 2001, refusé de transmettre à la Cour européenne des droits de l'homme des documents médicaux concernant Maurice Papon, car ceux-ci avaient été établis dans le cadre de l'exercice du droit de grâce. Selon cette lettre, « *le droit de grâce est une prérogative du président de la République, qu'il exerce personnellement, sans qu'un quelconque recours soit ouvert contre sa décision. […] En conséquence, les rapports ne peuvent être communiqués [à la Cour], sous peine de dévoiler certains des éléments qui ont pu déterminer l'exercice de cette prérogative régalienne que constitue l'examen d'une demande de grâce* ».

UNE APPLICATION RÉGULIÈRE

Dans la pratique, la grâce présidentielle s'exerçait régulièrement, de manière individuelle (comme ce fut le cas pour les condamnés à mort) ou, plus souvent, collective (à l'occasion d'événements comme l'élection du président de la République ou la Fête nationale). Dans ce cas, la grâce pouvait concerner plusieurs milliers de personnes. Depuis la révision de 2008, la grâce ne s'exerce plus qu'à titre individuel.
Depuis l'abolition de la peine de mort (par la loi du 9 octobre 1981), la grâce a perdu son caractère spectaculaire ; la décision présidentielle n'est plus aujourd'hui ce qu'elle fut, par exemple, sous les présidences de Georges Pompidou et de Valéry Giscard d'Estaing, qui avaient été amenés à justifier *a posteriori* leur refus de gracier certains condamnés à mort.

ARTICLE 18. – Le président de la République communique avec les deux assemblées du Parlement par des messages qu'il fait lire et qui ne donnent lieu à aucun débat.

Il peut prendre la parole devant le Parlement réuni à cet effet en Congrès. Sa déclaration peut donner lieu, hors sa présence, à un débat qui ne fait l'objet d'aucun vote.

Hors session, les assemblées parlementaires sont réunies spécialement à cet effet.

Le droit de message confié au président a connu une inflexion sensible avec la révision de 2008.

LE MESSAGE LU AUX ASSEMBLÉES

Depuis la loi du 13 mars 1873 (« loi des Trente »), adoptée dans le but d'empêcher Thiers de pénétrer dans l'hémicycle, le président **n'était plus habilité à entrer au Parlement**. C'est pourquoi le message du président aux assemblées est lu par le président de l'assemblée concernée.

La communication du président avec le Parlement a donc été, pendant les cinquante premières années de la Ve République, organisée par cette seule procédure, qui, tout en limitant ses compétences, institue une protection pour le président. En effet, le message présidentiel ne peut donner lieu à **aucun débat** ; est ainsi interdite toute mise en jeu d'une responsabilité politique du président, dans l'esprit de la séparation des pouvoirs telle que la France la connaît (v. **art. 68**).
Le message, et donc son contenu, est purement discrétionnaire et n'est pas soumis au contreseing (v. **art. 19**).
Dans la pratique de la Ve République, le président a eu recours à cette prérogative lors de son entrée en fonction, lors du renouvellement de l'Assemblée, ou encore à l'occasion d'un événement important, d'un choix déterminant.

> On peut citer, par exemple, les messages du général de Gaulle du 25 avril 1961 (sur la mise en œuvre de l'article 16) et du 2 octobre 1962 (portant sur le référendum), ceux du Président Mitterrand du 8 juillet 1981 (après les élections consacrant l'alternance) et du 16 janvier 1991 (sur le conflit du Golfe), ou encore les messages de Jacques Chirac du 20 mai 1995 (annonçant les prochaines réformes constitutionnelles) et du 2 juillet 2002.

Le message peut également avoir une portée juridique : c'est au moyen du message de l'article 18 que le président peut demander une seconde délibération de la loi par le Parlement (v. **art. 10**).

LA DÉCLARATION DEVANT LE CONGRÈS

Depuis la révision du 23 juillet 2008, le président de la République peut également s'adresser directement au Parlement réuni en Congrès.
La volonté manifestée par le Président Sarkozy de pouvoir s'exprimer devant les assemblées, à la manière de ce qui se pratique aux États-Unis, mais aussi dans d'autres grandes démocraties, a fait de la modification de l'article 18 l'un des points les plus discutés de la révision du 23 juillet 2008.
Invoquant tant la séparation des pouvoirs que l'irresponsabilité du président, les opposants à cette évolution ont obtenu que le président ne puisse s'adresser séparément à l'une ou l'autre assemblée, donnant ainsi plus de solennité à son intervention devant le Congrès (lequel ne se réunissait plus – à Versailles – que pour la révision constitutionnelle de l'article 89).
D'autres précautions (le débat ne peut avoir lieu qu'après le départ du président ; il n'est pas conclu par un vote) visent également à éviter que le message ne prête à une mise en cause du président.
Cette nouvelle prérogative du président, inaugurée le 22 juin 2009 par Nicolas Sarkozy, était tombée dans l'oubli jusqu'au message prononcé par **le président Hollande le 16 novembre 2015**, à la suite de l'attaque terroriste survenue à Paris le 13 novembre.
Son successeur **E. Macron** a utilisé cette procédure dès le début de son mandat, le **3 juillet 2017**, la veille de la déclaration de politique générale de son Premier ministre Édouard Philippe. Parmi ses annonces figuraient, d'abord son retour régulier *(« Tous les ans je viendrai*

devant vous pour rendre compte »), promesse tenue le **9 juillet 2018** (mais plus depuis), puis un vaste projet de révision constitutionnelle et de réforme des institutions. Cette révision, engagée au printemps 2018, n'a pas pu aboutir (v. **art. 89**).

LE PRÉSIDENT DEVANT LES MÉDIAS

Toutefois, ces modes de communication prévus par la constitution sont depuis longtemps concurrencés par les interventions directes du président par le canal des médias. Ces messages adressés au peuple, que l'on peut rapprocher du « *message à la Nation* » prévu à l'**article 16**, ont été initiés par le général de Gaulle (on se souvient notamment de la conférence de presse du 31 janvier 1964 et de l'intervention radiodiffusée du 30 mai 1968) et multipliés par ses successeurs. Aujourd'hui, la vie politique est ponctuée par les interventions régulières du président à la télévision ; cette pratique, qui ne trouve pas son fondement dans le texte constitutionnel, correspond bien à la légitimité et au rôle actuels du président. Ces interventions sont souvent relatives à la situation internationale ou économique, sans s'éloigner des préoccupations politiques (voir la conférence de presse télévisée Sarkozy-Obama du 4 novembre 2011).

ARTICLE 19. – Les actes du président de la République autres que ceux prévus aux articles 8 (1er alinéa), 11, 12, 16, 18, 54, 56 et 61 sont contresignés par le Premier ministre et, le cas échéant, par les ministres responsables.

Il est naturel que, dans un régime parlementaire doté d'un chef de l'État irresponsable et de ministres responsables devant le Parlement, les actes du premier soient avalisés par les membres du gouvernement. Cet accord s'exprime par le contreseing, qui consacre à la fois l'unité du pouvoir exécutif et sa responsabilité ; en contresignant un acte présidentiel, le ministre **endosse la responsabilité** de cet acte.

Sous les IIIe et IVe Républiques, toutes les décisions prises par le président de la République devaient être contresignées par les ministres.

La Ve République, si elle conserve le principe du contreseing, y apporte des **exceptions** d'une portée considérable.

LES POUVOIRS DISPENSÉS DU CONTRESEING

L'article 19 est surtout connu parce qu'il énonce les attributions que le président peut exercer seul, sans avoir à recueillir l'accord du chef ou des membres du gouvernement. Sont ainsi dispensées de tout contreseing les décisions par lesquelles le président de la République :

- nomme le Premier ministre et met fin à ses fonctions (**art. 8, al. 1er**) ;
- soumet un texte au référendum de l'**article 11** ;
- prononce la dissolution de l'Assemblée nationale (**art. 12**) ;
- met en œuvre la procédure de l'**article 16** ;
- s'adresse au Parlement par un message (**art. 18**) ;

SAUF

- nomme trois membres du Conseil constitutionnel et, parmi ses membres, le président de cette institution (**art. 56**) ;
- saisit le Conseil constitutionnel de la constitutionnalité d'un traité (**art. 54**) ou d'une loi (**art. 61**).

Le président dispose ainsi de véritables **pouvoirs propres**, qui constituent en réalité l'essentiel des prérogatives présidentielles et lui permettent d'assurer, seul s'il le faut, les principales missions que lui confie l'**article 5** de la Constitution.

Il reste que l'existence de ces pouvoirs sans contreseing pose la question de la nature du régime de la Ve République. Il est, en effet, peu conforme à l'esprit du régime parlementaire que d'aussi importants pouvoirs propres soient confiés à un président qui reste, comme ses prédécesseurs, irresponsable, et sans que le contreseing permette un transfert de la responsabilité à des ministres qui, eux, pourraient en répondre devant le Parlement. Dans la réalité, on constate que, du fait notamment de ces pouvoirs propres, l'irresponsabilité présidentielle est assez théorique (v. **art. 68**).

LES ACTES SOUMIS À CONTRESEING

Les actes du président qui ne sont pas visés par l'article 19 restent soumis au contreseing du Premier ministre et des ministres responsables : il s'agit du pouvoir réglementaire et du pouvoir de nomination (v. **art. 13**), mais également de ce que l'on a souvent appelé le « domaine réservé » (v. **art. 15**).

Aujourd'hui, le contreseing traduit l'accord qui doit nécessairement régner entre le président et le gouvernement. Durant les périodes de cohabitation, le chef de l'État ne peut s'opposer que marginalement à la politique du gouvernement. Les actes dont le président est juridiquement l'auteur sont alors, soit le fruit d'un compromis (on parle dans ce cas des « pouvoirs partagés »), soit l'enregistrement pur et simple du travail gouvernemental.

La notion de « *ministres **responsables*** » doit être distinguée de celle des ministres *chargés de l'exécution* (v. **art. 22**) ; elle désigne, selon la définition donnée par le Conseil d'État (10 juin 1966, *Pelon*), les ministres « *auxquels incombent, à titre principal, la préparation et l'application* » des décisions qu'ils doivent contresigner.

Titre III
LE GOUVERNEMENT

ARTICLE 20. – Le gouvernement détermine et conduit la politique de la Nation.
Il dispose de l'administration et de la force armée.
Il est responsable devant le Parlement dans les conditions et suivant les procédures prévues aux articles 49 et 50.

1
2
3

➜ Le rôle du gouvernement

L'instauration d'un nouveau régime en 1958 visait essentiellement à restaurer le pouvoir d'État et le pouvoir exécutif. Le premier s'incarne dans les attributions confiées au président de la République (v. **art. 5**) ; le second est exercé par le gouvernement, qui « *détermine et conduit la politique de la Nation* ».
Cette formule a suscité de nombreux commentaires. On a notamment souvent tenté d'opérer une distinction entre la ***détermination*** de cette politique, qui appartiendrait au président de la République, et la ***conduite*** de la politique de la Nation, laquelle relèverait du Premier ministre, qui « *dirige l'action du gouvernement* » en vertu de l'**article 21** (v. cet article). Une telle analyse n'est pertinente que dans le cas où le président dispose d'une majorité fidèle à l'Assemblée nationale, et par conséquent d'un Premier ministre dévoué ; dans l'hypothèse inverse (celle de la « cohabitation »), c'est le Premier ministre qui détermine la politique de la Nation, même s'il doit tenir compte des pouvoirs que conserve le chef de l'État.
La théorie selon laquelle le président de la République déterminerait en fait la politique de la Nation, ce qui ferait de lui le véritable chef du gouvernement, se recommande des positions exprimées par le général de Gaulle et le Président Pompidou, selon lesquelles le président fixe les grandes orientations et s'en remet au Premier ministre pour leur mise en œuvre. Elle doit être nuancée, car les présidents successifs n'ont pas tous bénéficié d'une majorité parlementaire, ni utilisé leurs prérogatives de la même manière : si le président s'efforce de maintenir son autorité sur les décisions gouvernementales, il laisse le gouvernement agir, mais utilise toutes les possibilités dont il dispose pour évoquer les sujets qui lui tiennent à cœur. Depuis 2007, ces thèmes d'intervention présidentielle deviennent plus nombreux.

LES MOYENS D'ACTION DU GOUVERNEMENT

La disposition selon laquelle « *le gouvernement dispose de l'administration* » a d'abord une portée de principe : c'est l'affirmation de « la subordination de l'administration au pouvoir politique » (Bernard Stirn).

Le gouvernement dispose, sur le plan matériel, de moyens considérables. Cette concentration du pouvoir au service du Premier ministre est relativement récente puisqu'elle ne s'est faite qu'à partir des années 1930. Aujourd'hui, autour de l'hôtel Matignon gravitent toute une série d'organes permettant l'information et la coordination gouvernementale, au premier rang desquels figure le Secrétariat général du gouvernement (SGG). Cet organisme est le point de passage obligé de l'ensemble des textes édictés par le gouvernement et des nominations ; il prépare les réunions du Conseil des ministres (v. **art. 9**) ; il assure le suivi des textes transmis au Parlement.

LE PRINCIPE DE LA RESPONSABILITÉ GOUVERNEMENTALE

Lorsque les parlementaires, par la loi constitutionnelle du 3 juin 1958, confièrent au général de Gaulle le soin de rédiger une nouvelle Constitution, ils savaient que celui-ci était décidé à fonder un nouveau régime, fondamentalement différent des institutions précédentes. Le régime parlementaire, tel qu'il avait fonctionné depuis 1877, s'apparentait plus à un « parlementarisme absolu » (R. Carré de Malberg) qu'à un système politique équilibré. La responsabilité gouvernementale étant illimitée et sans contrepartie (dissolution), ces régimes étaient caractérisés par une forte instabilité ministérielle. Pourtant, parmi les conditions minimales imposées au constituant de 1958 figure la règle selon laquelle le gouvernement doit être **responsable devant le Parlement**. Le respect de cette règle devait déterminer la nature parlementaire des institutions de la Ve République.

L'article 20 se borne à affirmer le principe et renvoie aux procédures d'engagement de la responsabilité, décrites aux **articles 49 et 50**.

ARTICLE 21. – Le Premier ministre dirige l'action du gouvernement. Il est responsable de la défense nationale. Il assure l'exécution des lois. Sous réserve des dispositions de l'article 13, il exerce le pouvoir réglementaire et nomme aux emplois civils et militaires.

Il peut déléguer certains de ses pouvoirs aux ministres.

Il supplée, le cas échéant, le président de la République dans la présidence des conseils et comités prévus à l'article 15.

Il peut, à titre exceptionnel, le suppléer pour la présidence d'un Conseil des ministres en vertu d'une délégation expresse et pour un ordre du jour déterminé.

Le Premier ministre dispose, en vertu de l'article 21, des attributions essentielles d'un chef de gouvernement parlementaire. Celles-ci viennent pourtant après l'énoncé de l'ensemble des pouvoirs dévolus au président de la République. On ne peut donc en évaluer la portée qu'en tenant compte de la prééminence présidentielle.

➜ Le chef du gouvernement

Le Premier ministre « *dirige l'action du gouvernement* ». Cette affirmation signifie que, sur le plan technique et administratif, le régime de 1958 a voulu instituer un véritable chef du gouvernement, alors que les régimes précédents avaient connu des incertitudes à cet égard. La pratique de la Ve République a cependant montré que la direction de l'action gouvernementale par le Premier ministre n'exclut pas que, sur un plan plus politique, celui-ci doive tenir le plus grand compte de l'autorité, ou au moins de l'arbitrage, du président de la République (v. **art. 5 et 20**).

En outre, à certaines occasions, on a pu noter que les relations personnelles ou directes entre le chef de l'État et certains ministres peuvent faire douter de la capacité du Premier ministre à diriger de manière autonome l'équipe gouvernementale (v. **art. 8**).

➜ Le responsable de la défense nationale

Là encore, la compétence du Premier ministre en matière de défense est à apprécier au regard des dispositions de l'**article 15** (v. cet article), qui font du président le « *chef des armées* ». À partir du constat d'une certaine marginalisation du Premier ministre, il a été proposé, en 1992, de limiter sa responsabilité à « l'administration de la défense nationale », tandis que le « comité Balladur » l'autorisait seulement à « mettre en œuvre des décisions prises […] en matière de défense nationale ». La révision de 2008 n'a finalement pas touché l'article 21.

➜ Le titulaire du pouvoir réglementaire et de nomination

Le Premier ministre « *assure l'exécution des lois* » : la formule fait symboliquement de lui le chef du pouvoir exécutif.

Mais l'exercice du pouvoir réglementaire est subordonné à l'application des dispositions de l'**article 13** (v. cet article), qui définit les prérogatives du président et du Conseil des ministres. Les principaux textes et les nominations les plus importantes sont pris en Conseil des ministres, et le Premier ministre n'y participe que par le contreseing.

Il reste que la plus grande partie des textes réglementaires adoptés sont des décrets du Premier ministre, et que de nombreuses nominations sont faites par lui ou par la délégation qu'il accorde à d'autres autorités.

➜ Le suppléant du président de la République

Le Premier ministre ne peut que de manière exceptionnelle présider le Conseil des ministres. Il lui faut une délégation expresse pour le faire et l'ordre du jour doit avoir été déterminé (c'est-à-dire décidé par le chef de l'État). Dans la pratique, il est en outre apparu nécessaire que le président soit matériellement empêché. Cette suppléance ne s'est produite que pour des raisons liées à la santé du président (hospitalisation du général de Gaulle en 1964, de Georges Pompidou en 1973, de François Mitterrand en 1992 et 1994, de Jacques Chirac en septembre 2005), ou à un déplacement à l'étranger (le Général étant en Amérique du Sud en septembre 1964).

ARTICLE 22. – Les actes du Premier ministre sont contresignés, le cas échéant, par les ministres chargés de leur exécution.

De même que les actes présidentiels (v. **art. 19**), les actes du Premier ministre sont, cette fois sans exception, soumis à la règle du contreseing.
Cette obligation résulte pourtant d'une logique différente : alors qu'en contresignant les actes du président, le ministre endosse la responsabilité politique à laquelle échappe le chef de l'État, lorsqu'il appose sa signature sur les actes du Premier ministre, le ministre exprime le principe de la collégialité gouvernementale dans les limites des compétences de son ministère, qui sera conduit à appliquer ces décisions.

Une définition juridique plus précise a été donnée par le Conseil d'État : sont tenus de contresigner, les ministres « *qui ont compétence pour signer ou contresigner les mesures réglementaires ou individuelles que comporte nécessairement l'exécution* » de l'acte (Conseil d'État, 27 avril 1962, *Sicard*).

ARTICLE 23. – Les fonctions de membre du gouvernement sont incompatibles avec l'exercice de tout mandat parlementaire, de toute fonction de représentation professionnelle à caractère national et de tout emploi public ou de toute activité professionnelle.
Une loi organique fixe les conditions dans lesquelles il est pourvu au remplacement des titulaires de tels mandats, fonctions ou emplois.
Le remplacement des membres du Parlement a lieu conformément aux dispositions de l'article 25.

→ L'incompatibilité avec le mandat parlementaire

L'interdiction du cumul des fonctions de parlementaire et de membre du gouvernement est une innovation du régime de 1958. Marquant une rupture nette et volontaire avec la tradition antérieure (IIIe et IVe Républiques), elle vise à libérer le gouvernement de l'emprise parlementaire et, partant, du « régime des partis » dénoncé par le général de Gaulle dès avant 1958.
Cette incompatibilité, qui accentue la séparation des pouvoirs, éloigne le régime de la Ve République du modèle parlementaire (en Grande-Bretagne, le gouvernement est considéré comme une fraction de la majorité parlementaire). Ce n'est cependant pas nouveau en France et on peut noter qu'en novembre 1789, le choix de l'incompatibilité avait mis fin aux espoirs de l'« école anglaise » (Mirabeau) d'instaurer un régime parlementaire. Ce choix apparaît aujourd'hui comme l'une des faiblesses du régime de 1791.
En pratique, le parlementaire nommé ministre doit abandonner son siège dans un délai d'un mois. Il est remplacé par son suppléant. Si, par la suite, il quitte ses fonctions gouvernementales, il ne pouvait, jusqu'à la réforme de 2008, retrouver son siège avant les

élections suivantes (à moins que son suppléant n'ait l'élégance de démissionner afin de provoquer une élection partielle).
Cette règle, parfois critiquée, a été abandonnée et désormais le retour des anciens ministres au Parlement est organisé (v. **art. 25**).

→ Les autres incompatibilités

S'ils ne peuvent pas être simultanément parlementaires, les ministres ne sont pas davantage autorisés à pratiquer un autre métier, qu'il s'agisse de *« **tout emploi public** »* ou, plus généralement, de *« **toute activité professionnelle** »*.
Aucune incompatibilité juridique ne frappe, en revanche, l'exercice d'un **mandat local** par un ministre. Cependant, en 1997, Lionel Jospin, Premier ministre, demanda à ses ministres d'abandonner leur fonction de maire ou de président de Conseil général (aujourd'hui Conseil départemental). On retrouve cette « incompatiblité politique » dans l'une des promesses de campagne de F. Hollande en 2012 : « *Moi président, les ministres ne pourront cumuler leurs fonctions avec un mandat local* ». Depuis lors, cette « doctrine » a encore connu des exceptions, comme celle du ministre de la Défense, J-Y. Le Drian, élu Président de la région Bretagne en 2015. Depuis 2017, cette règle a été respectée, sauf par G. Darmanin, élu, le 23 mai 2020, au fauteuil de maire de Tourcoing et autorisé « exceptionnellement » à cumuler cette fonction élective avec celle de ministre, jusqu'au 3 septembre 2020.

Seule une modification de la Constitution permettant de proscrire tout cumul de fonctions ministérielles avec un mandat local, exercé en droit ou en fait (le ministre devenant, par exemple, premier adjoint au maire), le gouvernement a proposé, dans le cadre du projet de révision engagé en 2018, d'ajouter à l'article 23 un nouvel alinéa ainsi rédigé :
*« Les fonctions de membre du Gouvernement sont également **incompatibles**, dans les conditions fixées par une loi organique, **avec l'exercice d'une fonction exécutive ou d'une fonction de président** ou de vice-président d'assemblée délibérante au sein des collectivités régies par les titres XII et XIII, de leurs groupements et de certaines personnes morales qui en dépendent. »*

Titre IV
LE PARLEMENT

ARTICLE 24. – Le Parlement vote la loi. Il contrôle l'action du gouvernement.
Il évalue les politiques publiques.
Il comprend l'Assemblée nationale et le Sénat.
Les députés à l'Assemblée nationale, dont le nombre ne peut excéder cinq cent soixante-dix-sept, sont élus au suffrage direct.
Le Sénat, dont le nombre de membres ne peut excéder trois cent quarante huit, est élu au suffrage indirect. Il assure la représentation des collectivités territoriales de la République.
Les Français établis hors de France sont représentés à l'Assemblée nationale et au Sénat.

L'article 24 détermine le rôle du Parlement, fixe sa composition, ainsi que les caractéristiques de la désignation de ses membres.

LE RÔLE DU PARLEMENT

Créé par la loi constitutionnelle du 23 juillet 2008, le premier alinéa de l'article 24 définit les missions du Parlement.

▶ **Le Parlement vote la loi.** La formule est exacte, sous réserve de quelques précisions :
- d'abord, en vertu des **articles 3 et 11**, la loi peut également émaner de l'expression directe du peuple, par la voie du référendum ;
- ensuite, dans certains cas, elle peut être adoptée par la seule Assemblée nationale, quand le gouvernement le demande (v. **art. 45, alinéa 4**) ;
- enfin, la loi peut également parfois être « considérée comme adoptée », sans vote, en cas d'engagement de la responsabilité du gouvernement sur le texte (v. **art. 49, alinéa 3**).

▶ **Il contrôle l'action du gouvernement.** Pour ce faire, le Parlement dispose des mécanismes de mise en cause de la responsabilité du gouvernement (v. **art. 49**). S'y rattachent également les questions parlementaires (v. **art. 48**), ainsi que l'activité des commissions législatives et celles des commissions d'enquête, qui figurent dans la Constitution depuis 2008 (v. **art. 51-2**).

▶ **Il évalue les politiques publiques.** Même si cette mission n'est pas nouvelle (des offices parlementaires d'évaluation existent de longue date), elle a reçu en 2008 une consécration constitutionnelle. Le Parlement est assisté dans cette tâche par la Cour des comptes (v. **art. 47-2**).

LE CHOIX DU BICAMÉRISME

L'existence d'un Parlement à deux chambres n'est pas une donnée constante des institutions françaises. Au contraire, les premiers régimes constitutionnels ne comportaient qu'une seule assemblée (1791, 1793, 1848), qui incarnait l'unité de la souveraineté. La création d'une seconde chambre, inspirée d'abord par le souci de diviser le pouvoir législatif (Conseil des Anciens en 1795), puis d'instaurer une représentation aristocratique (Chambre des Pairs de 1814), est apparue comme circonstancielle en 1875 (le Sénat est l'un des gages offerts aux modérés dans le cadre du « compromis républicain »).

Pourtant, en dépit des critiques portées contre le Sénat de la IIIe République et des tentatives pour le supprimer en 1946, le bicamérisme doit être considéré comme un élément d'équilibre du régime parlementaire, au point que, par deux référendums (1946 et 1969), les Français se sont opposés à sa disparition.

Dans la France contemporaine, l'existence d'une deuxième chambre ne peut se fonder sur aucune considération objective (comme le respect du fédéralisme en Allemagne ou aux États-Unis) et certains ont pu critiquer le fait qu'une assemblée élue pour un long mandat (neuf, puis six ans depuis 2003) au suffrage indirect soit dotée de pouvoirs essentiels en matière législative et constitutionnelle.

Le Sénat reste néanmoins une assemblée appréciée pour ses qualités spécifiques : il assure la **représentation des collectivités territoriales**, du fait de sa désignation par des élus (qui l'avait fait qualifier de « grand conseil des communes de France » par Gambetta) ; longtemps restée purement symbolique, cette représentation est, depuis 2003, assortie d'une priorité dans l'examen des textes (v. **art. 39**). Le Sénat joue en outre un **rôle de modération et de réflexion**, en raison de l'âge un peu plus élevé de ses membres (leur âge moyen est de soixante ans en 2020 contre cinquante-huit pour les députés), bien que l'âge d'éligibilité de ses membres ait été réduit de trente à vingt-quatre ans en 2011, et de la durée un peu plus longue de leur mandat (six ans).

En principe, le régime de 1958 établit un bicamérisme équilibré : la loi est votée par les deux assemblées, le gouvernement est responsable devant le Parlement (**art. 20**).

Mais, en réalité, les mécanismes constitutionnels permettent au gouvernement de faire voter la loi sans l'accord du Sénat (v. **art. 45**) ; celui-ci ne peut renverser le gouvernement (v. **art. 49**). Dans la pratique, il faut plutôt parler de « bicamérisme incomplet » (M. Prélot).

L'ÉLECTION DES PARLEMENTAIRES

Si le Parlement est évidemment élu au suffrage universel, celui-ci peut être direct ou indirect (v. **art. 3**). C'est la Constitution qui détermine que l'Assemblée nationale est élue au suffrage direct, au contraire du Sénat.

En revanche, la Constitution ne détermine pas (ni la loi organique) le mode d'élection des parlementaires, qui relève de la loi ordinaire. Cette règle a été souvent critiquée ; le mode de scrutin pour l'élection des députés peut s'avérer plus important que beaucoup de dispositions constitutionnelles, et certains (considérant que le scrutin majoritaire est l'une des conditions du bon fonctionnement du régime) ont voulu le constitutionnaliser. Mais il paraît conforme à la tradition française que les parlementaires puissent modifier par une simple loi les modalités de leur élection, même s'ils y sont naturellement peu enclins.

➜ L'élection des députés

La Ve République a connu, pendant presque toute sa durée, le **scrutin majoritaire à deux tours** pour l'élection des députés. Institué dès 1958, il s'agit d'une version moderne du « scrutin d'arrondissement » en vigueur sous la IIIe République. Il a été remplacé en 1985 par le scrutin proportionnel (à la plus forte moyenne), mais pour les seules élections de 1986, le retour au scrutin majoritaire étant intervenu juste après ces élections.
Ce mode de scrutin présente des avantages en termes de stabilité et d'efficacité gouvernementale. Il exerce un effet déformant qui favorise les grandes formations et la bipolarisation ; en ce sens, il ne fait pas obstacle à l'alternance (comme en 1981). En revanche, il a été beaucoup critiqué car il est injuste (l'égalité du vote est difficile à réaliser, du fait du découpage nécessairement imparfait des circonscriptions) et ne permet pas de représenter toutes les tendances (en éliminant au second tour les petites formations).

Proposée naguère par F. Mitterrand, « l'instillation d'une dose de proportionnelle » était recommandée par le rapport Jospin (nov. 2012), de manière prudente : « 10 % au plus » des députés devaient être élus selon ce mode de scrutin.
Reprise par E. Macron, cette réforme devait conduire à l'élection de 20 % de l'effectif de l'Assemblée nationale (soit **86 députés**), qui aurait lieu au scrutin de liste national à la **représentation proportionnelle**. Mais il est douteux que cette modification, qui était liée à la révision constitutionnelle engagée en 2018, intervienne d'ici les élections législatives, dont la tenue est prévue en juin 2022.

➜ L'élection des sénateurs

Le régime électoral du Sénat a fait l'objet de vives critiques, du fait qu'il incarnerait le conservatisme et l'immobilisme politique.
Modifié en 2003 et 2013, le mode de scrutin pour l'élection des sénateurs est aujourd'hui majoritaire dans les départements qui se voient attribuer un ou deux sièges ; dans les départements où sont élus trois sénateurs ou plus, l'élection a lieu à la représentation proportionnelle. Le collège électoral reste composé des députés, des conseillers régionaux et départementaux et, surtout, de délégués des conseils municipaux ; c'est cette dernière composante (qui représente environ 95 % du collège) qui confère au Sénat un électorat issu essentiellement des petites villes et des communes rurales.

Auparavant, le Conseil constitutionnel avait précisé (décision du 6 juillet 2000) la portée de l'article 24 : la représentation, par le Sénat, des collectivités territoriales de la République implique qu'il reste élu par un collège électoral essentiellement composé de membres des assemblées délibérantes des collectivités territoriales et que toutes les catégories de ces collectivités soient représentées dans ce collège (y compris les communes dans leur diversité).

Parallèlement, la loi organique du 30 juillet 2003 a réduit le mandat des sénateurs de neuf à six ans et abaissé l'âge d'éligibilité de trente-cinq à trente ans. La loi organique du 14 avril 2011 a encore abaissé cet âge à vingt-quatre ans.

Le Sénat a désormais une image plus moderne ; son passage temporaire à gauche de 2011 à 2014 (v. **art. 32**) a permis de tempérer les accusations de conservatisme qui pesaient traditionnellement sur la chambre haute.

ARTICLE 25. – Une loi organique fixe la durée des pouvoirs de chaque assemblée, le nombre de ses membres, leur indemnité, les conditions d'éligibilité, le régime des inéligibilités et des incompatibilités.

Elle fixe également les conditions dans lesquelles sont élues les personnes appelées à assurer, en cas de vacance du siège, le remplacement des députés ou des sénateurs jusqu'au renouvellement général ou partiel de l'assemblée à laquelle ils appartenaient ou leur remplacement temporaire en cas d'acceptation par eux de fonctions gouvernementales.

Une commission indépendante, dont la loi fixe la composition et les règles d'organisation et de fonctionnement, se prononce par un avis public sur les projets de texte et propositions de loi délimitant les circonscriptions pour l'élection des députés ou modifiant la répartition des sièges de députés ou de sénateurs.

→ Les règles générales applicables au mandat parlementaire

▶ **La durée des pouvoirs des assemblées**, c'est-à-dire celle du mandat des parlementaires, est de six ans pour les sénateurs et de cinq ans pour les députés.

Le mandat des **sénateurs** (v. **art. 24**) était, jusqu'en 2003, de neuf ans. Cette durée est longtemps apparue comme un gage de sagesse et un élément de continuité dans les institutions, de nature à compenser la fougue et la versatilité des députés. Cependant, ce mandat de neuf ans était régulièrement dénoncé comme un archaïsme supplémentaire de la seconde chambre.

Le mandat de cinq ans des **députés** peut être écourté par la dissolution (v. **art. 12**). Il peut, par ailleurs, lorsqu'il suit une dissolution, être de plusieurs mois inférieur à cinq ans, puisque le terme du mandat est à date fixe (en juin depuis 2001).

Ainsi, les députés élus en novembre 1962 ont dû remettre leur mandat en jeu dès le 5 mars 1967, soit un peu plus de quatre ans seulement après leur élection.
La date d'expiration des pouvoirs de l'Assemblée nationale a été, au contraire, reportée de trois mois par la loi organique du 15 mai 2001, qui modifie l'article LO. 121 du code électoral et repousse au troisième mardi de juin l'expiration des pouvoirs de l'Assemblée. Cette disposition est de portée générale, même si elle avait en fait pour seul objet de proroger de deux mois le mandat des députés élus en 1997. La prorogation par les députés de leur propre mandat n'est pas habituelle, et il faut, semble-t-il, remonter à la guerre de 1914 (où les chambres ont été prorogées jusqu'à la fin de

l'année 1919) pour trouver un précédent. Le Conseil constitutionnel a constaté que la prolongation, « *limitée à onze semaines* », « *revêtait un caractère exceptionnel et transitoire* », pour en déduire qu'elle n'était « *pas manifestement inappropriée* » (décision du 9 mai 2001).
La loi organique du 15 décembre 2005 a prolongé la durée du mandat des sénateurs d'un an, reportant de septembre 2007 à septembre 2008 le renouvellement partiel du Sénat, pour tenir compte du report, d'un an également, des élections municipales et cantonales, fixées à mars 2008 afin de ne pas interférer avec l'élection présidentielle de 2007. Le Conseil constitutionnel a avalisé cette prolongation d'un an (déc. du 15 décembre 2005).

Le nombre des membres des assemblées a évolué : à l'Assemblée nationale, les députés ont longtemps été moins de cinq cents, jusqu'à la réforme du mode de scrutin intervenue en 1985, qui a introduit, provisoirement, le scrutin proportionnel (v. **art. 24**). Il reste fixé par la loi organique (loi du 13 janvier 2009), même s'il est désormais « plafonné » par l'article 24. Il y a aujourd'hui 577 députés. L'effectif du Sénat a également augmenté, passant de 283 initialement à 348 en 2011.

Le président Macron a annoncé aux parlementaires réunis en Congrès le 3 juillet 2017 (v. art. **18**) qu'il souhaitait réduire leur nombre d'un tiers. Cette réduction trouve sa place dans un projet lié à la révision constitutionnelle engagée en 2018 et toujours en suspens. E. Macron a admis, en 2019, que la réduction soit limitée à 25 % des membres de chaque assemblée. Le Parlement ainsi réformé comporterait **433 députés** (contre 577 actuellement) et **261 sénateurs** (contre 348 actuellement).

▶ **L'indemnité** qui est servie aux parlementaires a été instituée afin que « nul ne soit écarté de l'enceinte législative par des considérations pécuniaires » (Eugène Pierre). Fixée par référence au traitement des conseillers d'État, en tenant compte de l'indemnité de fonction complémentaire (qui peut être réduite lorsque le parlementaire est peu assidu), elle s'élève, depuis 2019, à 7 240 € bruts par mois, auxquels s'ajoutent une indemnité représentative des frais de mandat de 5 313 €, destinée à couvrir les frais de secrétariat et de représentation, un crédit de 10 581 € pour la rémunération de trois assistants, la gratuité des transports vers la circonscription, etc.

▶ **Les conditions d'éligibilité** sont, pour partie, communes avec celles exigées pour être électeur (nationalité, jouissance des droits civiques, v. art. 3) ; depuis la loi organique du 14 avril 2011, la condition d'âge pour devenir député est la même que pour être électeur, soit 18 ans, au lieu de 23 ans auparavant (art. LO 127 du code électoral) ; pour être élu sénateur, il faut désormais avoir 24 ans, alors que cette limite était fixée à 30 ans depuis 2003, et à 35 ans auparavant (art. LO 296 du code électoral).

▶ **Les inéligibilités** visent des situations spécifiques qui font obstacle à la candidature : certains individus condamnés ou privés de leurs droits par décision judiciaire sont inéligibles de façon absolue, certains hauts fonctionnaires (préfets, magistrats…) ne le sont que dans le ressort d'exercice de leurs fonctions. Le suppléant ayant remplacé un parlementaire devenu ministre ne peut se présenter contre lui lors de l'élection suivante.

LES INCOMPATIBILITÉS

Elles empêchent l'élu de **conserver** certaines fonctions, sauf à renoncer à son mandat (elles diffèrent des inéligibilités, qui interdisent au candidat de participer à l'élection elle-même).

▶ **Le mandat parlementaire est ainsi incompatible** :
- avec les fonctions ministérielles (v. **art. 23**);
- avec les fonctions de membre du Conseil constitutionnel (v. **art. 57**) ou du Conseil économique social et environnemental ;
- plus généralement, avec l'ensemble des fonctions publiques (à l'exception de celles de professeur de l'enseignement supérieur), mais les agents publics devenus parlementaires conservent la possibilité de réintégrer, à l'issue de leur mandat, leur administration ; une mission peut toutefois être confiée par le gouvernement à un membre du Parlement pour une durée n'excédant pas six mois (ce sont les « parlementaires en mission ») ;
- en ce qui concerne les fonctions privées, l'incompatibilité n'est pas la règle ; elle joue cependant lorsque l'élu dirige une entreprise dépendant de l'épargne publique ou des commandes de l'État (en outre, les élus ne peuvent faire état de leur qualité dans leurs activités professionnelles).

▶ **La limitation du cumul des mandats** a un objet un peu différent : elle vise à inciter les membres du Parlement à ne pas se laisser accaparer par leurs responsabilités d'élus locaux, à consacrer du temps à leur mandat de parlementaire (en cela, elle rejoint le souci de conserver au vote son caractère personnel ; v. **art. 27**) et à prévenir la constitution de féodalités locales.
Après la loi organique du 5 avril 2000 selon laquelle un parlementaire ne pouvait exercer plus d'un mandat local, la loi organique du 14 février 2014, entrée en vigueur en 2017, renforce l'incompatibilité entre les deux mandats. Désormais, le mandat parlementaire est incompatible avec, d'une part, les fonctions de maire et d'adjoint au maire, et, d'autre part, les fonctions de président et de vice-président de l'assemblée délibérante d'une collectivité territoriale ou d'un établissement public de coopération intercommunale.
Par ailleurs, le mandat parlementaire est incompatible avec celui de représentant au Parlement européen. En outre, on ne peut être simultanément député et sénateur.
La révision constitutionnelle engagée en 2018 envisageait de ***limiter le cumul des mandats dans le temps*** pour les parlementaires et les détenteurs de fonctions exécutives locales, empêchant l'exercice d'un quatrième mandat successif et, par là-même, une excessive professionnalisation de la vie politique. Étaient concernés les députés et les sénateurs, les représentants au Parlement européen, les présidents des assemblées délibérantes des collectivités territoriales et les titulaires de fonctions exécutives des collectivités territoriales et des établissements publics de coopération intercommunale. Mais une telle réforme ne fait l'unanimité ni dans la classe politique ni dans l'électorat, comme en témoignent les résultats des élections municipales de 2020 : de nombreux élus ont alors entamé un quatrième mandat, comme Martine Aubry à Lille, un cinquième, comme François Baroin à Troyes, etc.

LE REMPLACEMENT DES PARLEMENTAIRES

L'article 25 complète, sur ce point, l'**article 23**, qui énonce le principe de l'incompatibilité des fonctions ministérielles et parlementaires. Il fixe la règle selon laquelle, en cas de vacance du siège d'un membre du Parlement, celui-ci doit être remplacé jusqu'au terme normal de son mandat, ou temporairement s'il a accepté des fonctions ministérielles.

Le remplacement, ou suppléance, se produit en cas de décès ou de nomination au gouvernement (et non dans le cas de la démission, qui provoque une élection partielle).
Jusqu'en 2008, la nomination d'un parlementaire au gouvernement entraînait la perte du siège de parlementaire jusqu'aux élections suivantes (sauf lorsque le suppléant avait l'élégance de démissionner, ce qui ne s'est pas toujours produit) ; mais, en contrepartie, le suppléant ne pouvait se représenter dans la même circonscription.

En juillet 1974, le Président Giscard d'Estaing avait déjà tenté une modification de l'article 25. Les ministres retrouvaient leur siège six mois après leur départ du gouvernement ; mais, bien qu'adopté par les deux assemblées, ce projet ne fut pas soumis au Congrès.

La révision du 23 juillet 2008 met donc fin à plus de trente ans d'incertitude pour les parlementaires nommés ministres, parfois pour peu de temps, et contraints d'attendre les élections législatives pour revenir (s'ils y parvenaient…) au Parlement. En revanche, le suppléant est désormais en sursis et son mandat est à la merci d'un remaniement ministériel ou de la volonté du ministre concerné, car désormais, le parlementaire qui a cédé sa place à son suppléant pour entrer au gouvernement retrouve son siège lorsque ses fonctions ministérielles prennent fin. C'est ainsi que le ministre du Budget, Jérôme Cahuzac, aurait pu reprendre son siège, après sa démission du gouvernement en 2013. En tout état de cause, le suppléant qui a remplacé un ministre ne peut se présenter contre lui lors du renouvellement de l'Assemblée : on évite ainsi un affrontement déplaisant.
Le Conseil constitutionnel, dans sa décision du 8 janvier 2009, a censuré une disposition de la loi organique, qui permettait au ministre de renoncer à son siège et au remplaçant de poursuivre son mandat : non prévue par l'article 25, cette possibilité risquait en outre d'encourager des détournements de procédure (brève nomination au gouvernement du titulaire pour assurer le siège au remplaçant).
Dans le système de scrutin majoritaire, le suppléant est élu en même temps que le parlementaire, avec qui il forme un « ticket ».

LE DÉCOUPAGE ÉLECTORAL

Sauf pour les élections de 1986 (v. **art. 24**), le mode de scrutin pour l'élection des députés a été constamment, sous la Ve République, le scrutin majoritaire uninominal à deux tours : un député est élu dans chaque circonscription. Il faut donc délimiter des circonscriptions et le faire à nouveau de manière régulière pour tenir compte de l'évolution démographique. Cet exercice, qui est désormais encadré par la jurisprudence du Conseil constitutionnel (v. **art. 3**), faisait traditionnellement l'objet de critiques sévères de la part de l'opposition dénonçant le « charcutage » électoral auquel le ministre de l'Intérieur s'était livré.
Il a fallu attendre la révision du 23 juillet 2008 pour que cette procédure soit contrôlée par une « commission indépendante », saisie seulement pour avis et dont la composition est fixée par la loi du 13 janvier 2009.

Dans sa décision du 8 janvier 2009, le Conseil constitutionnel a estimé que le statut d'indépendance de la commission interdisait que les partis politiques soient directement ou indirectement représentés en son sein, en dépit des dispositions de l'article 4.

La répartition et la délimitation des circonscriptions ont été effectuées par une ordonnance de l'article 38, le 29 juillet 2009, comme le permet la jurisprudence du Conseil constitutionnel (déc. du 2 juillet 1986).

Un nouveau découpage sera nécessaire s'il est procédé à une modification du nombre ou du mode de désignation des députés, comme le prévoit le projet du gouvernement de 2018 (v. *supra*).

ARTICLE 26. – Aucun membre du Parlement ne peut être poursuivi, recherché, arrêté, détenu ou jugé à l'occasion des opinions ou votes émis par lui dans l'exercice de ses fonctions.
Aucun membre du Parlement ne peut faire l'objet, en matière criminelle ou correctionnelle, d'une arrestation ou de toute autre mesure privative ou restrictive de liberté qu'avec l'autorisation du bureau de l'assemblée dont il fait partie. Cette autorisation n'est pas requise en cas de crime ou délit flagrant ou de condamnation définitive.
La détention, les mesures privatives ou restrictives de liberté ou la poursuite d'un membre du Parlement sont suspendues pour la durée de la session si l'assemblée dont il fait partie le requiert.
L'assemblée intéressée est réunie de plein droit pour des séances supplémentaires pour permettre, le cas échéant, l'application de l'alinéa ci-dessus.

L'article 26 réunit l'ensemble des règles de protection des membres du Parlement contre les actes qui émanent de la justice. Ce régime des « immunités parlementaires » résulte de la conception française de la séparation des pouvoirs, selon laquelle il convient de protéger les représentants de la Nation contre les incursions du pouvoir judiciaire. Ces immunités ont été instituées dès 1789.
On distingue traditionnellement deux sortes d'immunités, l'***irresponsabilité*** et l'***inviolabilité***.

→ L'irresponsabilité pénale

L'irresponsabilité protège la liberté des parlementaires dans l'exercice même de leurs fonctions : un membre du Parlement ne peut être poursuivi en raison de ses opinions, de ses déclarations publiques ou des votes qu'il a émis.

→ L'inviolabilité

L'inviolabilité répond à une autre préoccupation : il s'agit d'empêcher le gouvernement (par l'intermédiaire du parquet) de porter atteinte aux assemblées à travers leurs membres. Ainsi, un parlementaire ne peut être arrêté ou placé sous contrôle judiciaire que si l'autorisation en est donnée par le bureau de l'assemblée à laquelle il appartient.

Cette procédure n'a pas été souvent utilisée : en dehors des cas de François Mitterrand (lors de l'affaire de l'Observatoire) et de parlementaires impliqués dans les événements d'Algérie (parmi lesquels P. Lagaillarde et G. Bidault), les assemblées ont rarement accepté la levée de l'immunité.

La levée de l'immunité de Bernard Tapie, en décembre 1993, a montré l'ambiguïté de cette procédure : un vote favorable peut être interprété comme un « préjugement politique » de l'homme politique, un vote « contre » risque de passer pour une volonté d'entraver le cours normal de la justice. Plus récemment (juin 2011), Georges Tron a vu son immunité levée le jour où il retrouvait son siège à l'Assemblée nationale, après la démission du gouvernement. Serge Dassault (2014) et Patrick Balkany (2015) ont également vu leur immunité levée pour faits de corruption.

ARTICLE 27. – Tout mandat impératif est nul.
Le droit de vote des membres du Parlement est personnel.
La loi organique peut autoriser exceptionnellement la délégation de vote. Dans ce cas, nul ne peut recevoir délégation de plus d'un mandat.

Cet article comporte à la fois l'énoncé d'un principe important et traditionnel et une règle plus concrète assortie de conditions de procédure.

→ La prohibition du mandat impératif

Issu de la théorie de la souveraineté nationale (v. **art. 3**), ce principe signifie que le choix de l'électeur se limite à la **personne** de son représentant. Celui-ci n'est pas censé agir en fonction des souhaits de ceux qui l'ont élu, il doit exprimer la volonté de l'ensemble de la collectivité, « vouloir pour la Nation ».

Ce principe reste bien entendu assez théorique : il est démenti, dans la pratique, par l'affiliation aux partis politiques, l'existence de programmes, le clientélisme qui résulte du scrutin par circonscriptions électorales et des perspectives de réélection. Mais il conserve une valeur au moins symbolique et a justifié, dans le passé, que les élus d'Alsace-Lorraine continuent de siéger après la perte de ces provinces. Plus récemment, le général de Gaulle a invoqué ce principe pour s'opposer à la convocation d'une session extraordinaire, demandée « sous la pression » d'une catégorie d'électeurs (v. **art. 30**).

→ Le vote personnel des parlementaires

Alors que l'absentéisme parlementaire et le recours aux délégations multiples avaient été dénoncés tout au long de la IIIe République, le texte de 1958 constitutionnalise la règle du vote personnel des parlementaires.

Les cas, limitativement énumérés, dans lesquels un membre du Parlement peut déléguer son droit de vote sont, pour l'essentiel, des situations personnelles ou professionnelles traduisant un empêchement de force majeure. Une délégation de vote doit alors être attribuée à un parlementaire et notifiée au président de l'Assemblée.

La pratique est hélas bien différente. Le vote électronique, introduit à l'Assemblée nationale en 1960, a permis en réalité à un petit nombre de députés de voter à la place de leurs collègues absents, en se contentant de tourner les clefs des boîtiers électroniques. Cette évolution est regrettable à plus d'un titre : contraire à la Constitution, elle encourage l'absentéisme des députés et, par suite, le discrédit sur les débats parlementaires. Les présidents successifs de l'Assemblée ont voulu lutter contre cette pratique, mais les mesures mises en place, depuis 1993, pour limiter le recours au vote électronique, restent, semble-t-il, insuffisantes.

ARTICLE 28. – Le Parlement se réunit de plein droit en une session ordinaire qui commence le premier jour ouvrable d'octobre et prend fin le dernier jour ouvrable de juin.
Le nombre de jours de séance que chaque assemblée peut tenir au cours de la session ordinaire ne peut excéder cent vingt. Les semaines de séance sont fixées par chaque assemblée.
Le Premier ministre, après consultation du président de l'assemblée concernée, ou la majorité des membres de chaque assemblée peut décider la tenue de jours supplémentaires de séance.
Les jours et les horaires des séances sont déterminés par le règlement de chaque assemblée.

C'est seulement depuis la **loi constitutionnelle du 4 août 1995** que le Parlement se réunit en une **session unique**.

Avant 1995, le Parlement ne se réunissait de plein droit en session ordinaire qu'environ la moitié de l'année : une première session s'ouvrait le 2 octobre pour quatre-vingts jours, et la seconde, le 2 avril, pour quatre-vingt-dix jours. La définition stricte du régime des sessions répondait à la préoccupation des constituants de fixer un cadre rigide aux pouvoirs du Parlement, alors que les assemblées des régimes antérieurs à 1958 siégeaient de manière quasi permanente.
Ce régime avait suscité de vives critiques, le président de l'Assemblée, Philippe Séguin, dénonçant par exemple une « démocratie à mi-temps ».

Depuis cette réforme, destinée à rééquilibrer les institutions au profit du Parlement, le régime de la session unique s'accompagne d'une grande souplesse dans la gestion des séances. Dans la limite d'un maximum de cent vingt jours, c'est l'assemblée elle-même qui décide des jours et des horaires de séance (v. aussi à l'**art. 26**).

Cette liberté d'organisation donnée à chaque assemblée permet, sauf exception, de concentrer les séances sur trois jours par semaine (du mardi au jeudi). Mais la limite de cent vingt jours peut être dépassée, à l'initiative du Premier ministre ou de la majorité des membres de chaque assemblée.

En dehors de la session ordinaire, certaines circonstances peuvent justifier la **réunion de plein droit** (v. **art. 12, 16 et 18**), mais d'autres pas (v. **art. 35**). En outre, des **sessions extraordinaires** peuvent être ouvertes, mais dans les strictes conditions prévues aux **articles 29 et 30.** La **prolongation** de la session est également prévue pour l'application des mécanismes de la responsabilité gouvernementale (v. **art. 51**).

ARTICLE 29. – Le Parlement est réuni en session extraordinaire à la demande du Premier ministre ou de la majorité des membres composant l'Assemblée nationale, sur un ordre du jour déterminé.

Lorsque la session extraordinaire est tenue à la demande des membres de l'Assemblée nationale, le décret de clôture intervient dès que le Parlement a épuisé l'ordre du jour pour lequel il a été convoqué et au plus tard douze jours à compter de sa réunion.

Le Premier ministre peut seul demander une nouvelle session avant l'expiration du mois qui suit le décret de clôture.

ARTICLE 30. – Hors les cas dans lesquels le Parlement se réunit de plein droit, les sessions extraordinaires sont ouvertes et closes par décret du président de la République.

La possibilité de réunir le Parlement en **session extraordinaire** a été beaucoup utilisée, jusqu'à 1995, comme une « soupape » de sûreté, eu égard à la courte durée des sessions ordinaires (v. **art. 28**). Ces sessions extraordinaires ont connu un grand succès dans les périodes d'intense activité législative, le programme de travail des parlementaires débordant largement sur les mois de juillet et de janvier. Elles sont inévitables lorsque le renouvellement de l'Assemblée nationale provoque un changement de majorité, comme en 1981, 2012 ou 2017. Les dispositions constitutionnelles tendent à conserver à cette procédure un caractère exceptionnel :

- elle est limitée dans le temps (douze jours dans le cas où la session est tenue à la demande des députés) ;
- elle est restreinte à « *un ordre du jour déterminé* », qui doit figurer dans la demande comme dans le décret d'ouverture ;
- elle est close dès que cet ordre du jour est épuisé.

L'initiative de la réunion du Parlement appartient, selon l'article 29, **au Premier ministre ou à la majorité des députés**.

S'agissant des parlementaires, on notera que les sénateurs n'ont qu'un rôle passif dans cette procédure : celle-ci ne peut avoir lieu à leur demande, bien que la session extraordinaire concerne simultanément les deux assemblées.

Quant à l'initiative confiée au Premier ministre, elle peut être purement formelle et résulter en fait d'une décision du président. En février 1992, lors de « l'affaire Habache », François Mitterrand déclara qu'il avait « décidé de convoquer le Parlement en session extraordinaire » et qu'il en avait « informé le Premier ministre ».

L'article 30 prévoit que **la session est ouverte par décret présidentiel**. À ce sujet, une controverse s'est ouverte dès 1960, sur la question de savoir si le président dispose d'une compétence liée, dès lors que la demande lui est faite, ou si, au contraire, il détient un pouvoir discrétionnaire lui permettant de ne pas déférer à cette demande.

Ainsi, le 18 mars 1960, le général de Gaulle refusa d'ouvrir une session qui, selon lui, avait été demandée sous la pression des organisations agricoles : « C'est pour dégager les parlementaires des pressions de cet ordre [...] que le texte constitutionnel ne prévoit la réunion du Parlement en session extraordinaire que dans des conditions très exceptionnelles, pour une durée très limitée, et attribue spécifiquement au président de la République la responsabilité de la décréter. »
En juin 1993, le Président Mitterrand convoqua le Parlement, mais en s'opposant à ce qu'un texte sur l'enseignement privé figure à l'ordre du jour de la session extraordinaire ; certains ont dénoncé une violation de la Constitution : en effet, la maîtrise de l'ordre du jour appartient au gouvernement en vertu de l'**article 48** ; or, en situation de « cohabitation », le chef du gouvernement est, en principe, le Premier ministre.

ARTICLE 31. – Les membres du gouvernement ont accès aux deux assemblées.
Ils sont entendus quand ils le demandent.
Ils peuvent se faire assister par des commissaires du gouvernement.

En dehors même des cas dans lesquels il expose son programme ou une déclaration de politique générale (v. **art. 49**), le gouvernement occupe une place majeure dans le travail du Parlement, rendue possible par la règle permettant aux ministres d'avoir libre accès aux assemblées. Qu'il s'agisse des séances de questions (v. **art. 48**) ou du vote des lois, la **présence des ministres** est indispensable. La plupart des textes en discussion étant d'origine gouvernementale (v. **art. 39**), les ministres sont les mieux placés pour les défendre et veiller au bon déroulement des débats. Ce souci est d'ailleurs conforté par plusieurs dispositions constitutionnelles (v. **art. 40, 41 et 44**).

Les membres du gouvernement siègent au « banc des ministres », avec, derrière eux, des membres de leur cabinet ou de leur administration (appelés pour l'occasion « commissaires du gouvernement »), qui les assistent dans leurs réponses ou leurs interventions.

À l'instar du chef de l'État français jusqu'à la révision de 2008 (v. **art. 18**), les gouvernants étrangers n'étaient, jusqu'en 1993, pas reçus dans les assemblées, contrairement aux pratiques de nombreux régimes étrangers. Désormais, les assemblées peuvent accueillir à la tribune des chefs d'État ou de gouvernement : c'est ainsi que le roi Juan Carlos d'Espagne fut le premier hôte du Palais Bourbon en octobre 1993, tandis que le Sénat recevait le chancelier Kohl. Cette initiative des présidents Séguin et Monory, sans être contraire à aucun texte mais bouleversant la tradition, a illustré le souci du Parlement de sortir du rôle marginal que lui confère la Constitution en matière internationale (v. **art. 35 et 53**). La pratique a depuis lors connu des développements réguliers, dont la réception de M. Hu Jintao, président chinois, le 27 janvier 2004, qui avait alors suscité quelques remous.

ARTICLE 32. – Le président de l'Assemblée nationale est élu pour la durée de la législature.
Le président du Sénat est élu après chaque renouvellement partiel.

La Constitution mentionne en premier lieu le président de l'Assemblée, alors que le président du Sénat, qui bénéficie d'une préséance protocolaire, exerce en outre une compétence spécifique, celle d'assurer l'intérim de la présidence de la République en cas de vacance ou d'empêchement (v. **art. 7**). On peut noter que les constituants ont souhaité que la présidence de l'Assemblée acquière une certaine longévité, puisqu'elle est désignée pour toute la durée de la législature, à la différence du régime en vigueur sous la IVe République.
Les présidents des assemblées interviennent dans le fonctionnement des institutions. C'est ainsi qu'ils doivent être consultés par le président de la République en vue de la dissolution de l'Assemblée nationale (**art. 12**) et de la mise en œuvre de l'**article 16**. Ils participent à la désignation des membres du Conseil constitutionnel (**art. 56**) et peuvent le saisir (**art. 41, 54 et 61**).

Les présidents des assemblées

Assemblée nationale : Jacques Chaban-Delmas (1958-1969), Achille Peretti (1969-1973), Edgar Faure (1973-1978), Jacques Chaban-Delmas (1978-1981), Louis Mermaz (1981-1986), Jacques Chaban-Delmas (1986-1988), Laurent Fabius (1988-1992), Henri Emmanuelli (1992-1993), Philippe Séguin (1993-1997), Laurent Fabius (1997-2000), Raymond Forni (2000-2002), Jean-Louis Debré (2002-2007), Patrick Ollier (2007), Bernard Accoyer (2007-2012), Claude Bartolone (2012-2017), François de Rugy (2017-2018), Richard Ferrand (depuis 2018).

Sénat : Gaston Monnerville (1958-1968), Alain Poher (1968-1992), René Monory (1992-1998), Christian Poncelet (1998-2008), Gérard Larcher (2008-2011), Jean-Pierre Bel (2011-2014), Gérard Larcher (depuis 2014).

Ils assurent naturellement les fonctions liées à la présidence de chaque assemblée. À ce titre, ils doivent veiller au maintien de la compétence législative à l'intérieur des limites fixées par la Constitution (v. **art. 41**). Mais leur rôle principal consiste à présider les séances de leur assemblée. Ils sont aidés dans cette tâche par des vice-présidents. La présidence des débats a essentiellement pour objet de faire respecter le règlement par les parlementaires.
La tradition veut que le président ne participe à aucun vote. Elle souffre quelques exceptions toutefois, comme le vote du Congrès du 21 juillet 2008, le Président Accoyer ayant annoncé qu'il voterait la révision, acquise *in fine* par deux voix de majorité (v. **art. 89**).
L'importance politique des présidents des assemblées, dont le rôle est surtout d'influence, a dépendu des personnalités et de la configuration politique.
Les présidents du Sénat, qui ont souvent joui d'une grande longévité, ont également profité du fait que le Sénat s'est trouvé fréquemment en situation d'opposition. Cela a été le cas

à nouveau à l'automne 2011, où, pour la première fois sous la Ve République, le Sénat est devenu majoritairement à gauche. L'alternance au Sénat n'a précédé que de quelques mois l'alternance générale. Mais la majorité du Sénat a à nouveau changé en 2014, le replaçant dans l'opposition au gouvernement.
En septembre 2017 et septembre 2020, les renouvellements par moitié du Sénat lui ont conservé sa majorité de droite, franchement dans l'opposition au gouvernement. Son président, Gérard Larcher, entend « *voir exister un contre-pouvoir parlementaire* »...
Les présidents de l'Assemblée ont davantage dû jouer le jeu majoritaire, ce qui n'a pas empêché certains d'entre eux de s'efforcer que soient confiés au Parlement les moyens de remplir sa mission (comme Laurent Fabius ou Philippe Séguin ; v. **art. 27, 28 et 48**).

ARTICLE 33. – Les séances des deux assemblées sont publiques. Le compte rendu intégral des débats est publié au *Journal officiel*.
Chaque assemblée peut siéger en comité secret à la demande du Premier ministre ou d'un dixième de ses membres.

Le principe de la publicité des débats ne connaît d'exception que lorsque, sur demande expresse, l'assemblée siège en comité secret, c'est-à-dire à huis clos, ce qui ne s'est encore jamais produit.

Cette publicité revêt plusieurs aspects :
- d'abord, le public est normalement admis à assister aux séances, à condition de ne pas manifester ce que les débats lui inspirent ;
- ensuite, le *Journal officiel* retrace fidèlement tout ce qui se dit dans les assemblées, y compris les sarcasmes et les invectives, au point que la lecture de certaines pages du *JO* peut donner des débats parlementaires une image parfois dérisoire ;
- mais ces formes de publicité restent limitées à un public restreint, tandis que le développement de la télévision permet de toucher une population beaucoup plus significative. La retransmission télévisée, depuis 1981, des questions au gouvernement (v. **art. 48**) semble avoir eu une influence sur la tonalité des débats. Le passage à l'antenne des débats des assemblées (alors sur France 3 et sur « La Chaîne Parlementaire », qui associe les deux assemblées depuis 2000) donne au principe de publicité tout le sens qu'il peut avoir de nos jours, contribuant ainsi à populariser l'institution parlementaire.

Lors de la révision de 2008, il avait été proposé d'étendre le principe de publicité aux auditions des commissions. Mais cette réforme a été finalement écartée (v. **art. 42 et 43**).

Titre V
DES RAPPORTS ENTRE LE PARLEMENT ET LE GOUVERNEMENT

ARTICLE 34. – La loi fixe les règles concernant :
– les droits civiques et les garanties fondamentales accordées aux citoyens pour l'exercice des libertés publiques ; la liberté, le pluralisme et l'indépendance des médias ; les sujétions imposées par la défense nationale aux citoyens en leur personne et en leurs biens ;
– la nationalité, l'état et la capacité des personnes, les régimes matrimoniaux, les successions et libéralités ;
– la détermination des crimes et délits ainsi que les peines qui leur sont applicables ; la procédure pénale ; l'amnistie ; la création de nouveaux ordres de juridiction et le statut des magistrats ;
– l'assiette, le taux et les modalités de recouvrement des impositions de toute nature ; le régime d'émission de la monnaie.

La loi fixe également les règles concernant :
– le régime électoral des assemblées parlementaires, des assemblées locales et des instances représentatives des Français établis hors de France ainsi que les conditions d'exercice des mandats électoraux et des fonctions électives des membres des assemblées délibérantes des collectivités territoriales ;
– la création de catégories d'établissements publics ;
– les garanties fondamentales accordées aux fonctionnaires civils et militaires de l'État ;
– les nationalisations d'entreprises et les transferts de propriété du secteur public au secteur privé.

La loi détermine les principes fondamentaux :
– de l'organisation générale de la défense nationale ;
– de la libre administration des collectivités territoriales, de leurs compétences et de leurs ressources ;
– de l'enseignement ;
– de la préservation de l'environnement ;
– du régime de la propriété, des droits réels et des obligations civiles et commerciales ;
– du droit du travail, du droit syndical et de la sécurité sociale.

Les lois de finances déterminent les ressources et les charges de l'État dans les conditions et sous les réserves prévues par une loi organique.

• • •

Les lois de financement de la sécurité sociale déterminent les conditions générales de son équilibre financier et, compte tenu de leurs prévisions de recettes, fixent ses objectifs de dépenses, dans les conditions et sous les réserves prévues par une loi organique.

Des lois de programmation déterminent les objectifs de l'action de l'État.

Les orientations pluriannuelles des finances publiques sont définies par des lois de programmation. Elles s'inscrivent dans l'objectif d'équilibre des comptes des administrations publiques.

Les dispositions de l'article 34, combinées à celles de l'article 37, qui déterminent la définition limitative du domaine de la loi, et, par conséquent l'élargissement du pouvoir réglementaire attribué aux autorités exécutives, illustrent l'effort de **rationalisation du parlementarisme** entrepris par les constituants de 1958.

Définie dans la Déclaration de 1789 (art. 6) comme « *l'expression de la volonté générale* », la loi a été longtemps considérée comme la **norme suprême**. La loi est l'œuvre du Parlement, qui incarne, en vertu des principes du régime représentatif, la souveraineté nationale. Elle ne connaît aucune limite, ni aucun contrôle de conformité à des règles supérieures (comme la Constitution).

La IIIe République connaît l'apogée de la loi, qui traduit la volonté souveraine des chambres. La seule limite à cette souveraineté se révèle être l'impuissance du Parlement à assumer la production des lois nécessaires à l'évolution de la société moderne. C'est pourquoi le Parlement doit autoriser de plus en plus souvent le gouvernement à modifier les lois existantes par la technique des décrets-lois (v. **art. 38**).

Sous la IVe République, la Constitution interdit au législateur de déléguer son pouvoir. En dépit de cette règle expresse, le Parlement, par le biais de plusieurs techniques, va renoncer à légiférer, au profit du gouvernement. D'abord, la **loi Marie du 17 août 1948** définit des « *matières réglementaires par nature* », dans lesquelles le gouvernement peut intervenir même lorsqu'elles ont été traitées par la loi : c'est la préfiguration de l'**article 37** de la Constitution de 1958. Ensuite, par des « **lois cadres** », le Parlement se borne à fixer des règles générales et renvoie au décret pour définir les règles plus précises. Enfin, on voit renaître les **lois d'habilitation** traditionnelles, dans les limites apportées par le Conseil d'État (**avis du 6 février 1953**, précisant les matières insusceptibles de faire l'objet d'une habilitation législative).

LE DOMAINE ASSIGNÉ À LA LOI

La Constitution de 1958 bouleverse la perspective, en définissant de manière limitative les matières appartenant au domaine de la loi. Le Parlement ne peut donc adopter que des dispositions relevant du domaine qui lui est assigné. Cette innovation a été qualifiée de « révolution juridique », tant on était habitué à l'idée que la loi votée par le Parlement jouissait d'une sorte de souveraineté qu'aucune norme supérieure ne pouvait limiter.

Certes, l'article 34 comprend une longue énumération des matières réservées au pouvoir législatif. On y trouve les sujets les plus importants qui peuvent être l'objet de l'intervention de l'État : les libertés publiques, le droit civil, le droit pénal, la fiscalité, etc.
En outre, le domaine de la loi ne se limite pas à l'énumération contenue dans l'article 34. D'autres articles de la Constitution réservent à la loi la détermination de certaines règles : on peut citer, par exemple, les **articles 64, 66 et 72**. Le Conseil constitutionnel fonde même la compétence de la loi sur le Préambule de 1946 ou sur la Déclaration de 1789.
C'est, en définitive, la plupart des matières dans lesquelles doivent être adoptées des normes essentielles pour les citoyens qui sont conservées par le Parlement. En contrepartie, le pouvoir réglementaire est libre de statuer sur le reste (v. **art. 37**).

> Par ailleurs, le Conseil constitutionnel exige que la loi ait une portée normative et qu'elle soit claire : il fait découler de l'article 6 de la Déclaration des droits de l'homme et du citoyen de 1789 (« *La loi est l'expression de la volonté générale* ») que, « *sous réserve de dispositions particulières prévues par la Constitution, la loi a pour vocation d'énoncer des règles et doit par suite être revêtue d'une portée normative* ». Également, parce qu'il « *incombe au législateur d'exercer pleinement la compétence que lui confie la Constitution et, en particulier, son article 34* », « *le principe de clarté de la loi, qui découle du même article de la Constitution, et l'objectif de valeur constitutionnelle d'intelligibilité et d'accessibilité de la loi, qui découle des articles 4, 5, 6 et 16 de la Déclaration de 1789, lui imposent d'adopter des dispositions suffisamment précises et des formules non équivoques afin de prémunir les sujets de droit contre une interprétation contraire à la Constitution ou contre le risque d'arbitraire, sans reporter sur des autorités administratives ou juridictionnelles le soin de fixer des règles dont la détermination n'a été confiée par la Constitution qu'à la loi* » (décision du 21 avril 2005).

L'INTERPRÉTATION DU DOMAINE DE LA LOI

On ne peut plus soutenir, comme on le faisait au début de la Ve République, que le domaine de la loi a été réduit comme une peau de chagrin par la Constitution de 1958. En effet, le Conseil constitutionnel et le Conseil d'État, chargés tous deux, dans leurs domaines respectifs de compétence, de préciser la portée de l'article 34, ont imposé une interprétation extensive du domaine réservé à la loi.

- D'abord, **chacune des rubriques de l'article 34 a été interprétée largement**. Par exemple, les notions d'ordres de juridiction ou de catégories d'établissements publics ont donné lieu à une jurisprudence allant dans le sens d'une extension du domaine de la loi.
- Ensuite, dans les matières où le législateur ***« détermine les principes fondamentaux »***, la loi peut aller aussi loin que dans celles où elle ***« fixe les règles »***.
- Par ailleurs, le Conseil constitutionnel vérifie que **la loi n'est pas entachée d'incompétence négative**. La loi ne peut renvoyer au règlement la fixation de règles qu'elle doit elle-même déterminer ; elle doit prévoir l'exercice des garanties contenues dans les principes de valeur constitutionnelle (v. **art. 61**).
- Enfin, dans sa décision du 30 juillet 1982, le Conseil constitutionnel estime qu'**une loi qui contient des dispositions relevant du domaine réglementaire** n'est pas de ce fait contraire à la Constitution. Ce tournant jurisprudentiel est fondé sur l'idée que, si une loi comporte

des éléments qui relèvent du règlement, ceux-ci pourront toujours être modifiés par décret, selon la procédure de l'**article 37, alinéa 2.** Il en résulte que le domaine de la loi devient extensible, puisqu'il peut aller jusqu'à englober, au moins pour un temps, une partie du domaine réglementaire.

LES MODIFICATIONS DU DOMAINE DE LA LOI

Outre ces interprétations extensives du domaine de la loi, l'article 34 prévoit, dans son dernier alinéa, la possibilité de le compléter par la voie de la loi organique. Cette disposition a été critiquée sur le plan juridique, car elle équivaut à créer une voie marginale de révision du contenu de l'article 34, donc de la constitution, par une loi organique.

Le Conseil constitutionnel a été conduit à en contrôler strictement la mise en œuvre : saisi d'une loi organique instituant un contrôle du Parlement sur les finances sociales, il a estimé qu'elle visait une question relevant de la procédure législative (et non du domaine de la loi), qui, dès lors, n'entrait pas dans le champ d'application du dernier alinéa de l'article 34 (déc. du 5 janvier 1988). Il a fallu une loi constitutionnelle (22 février 1996) pour que le Parlement légifère sur les « *lois de financement de la sécurité sociale* » (v. **art. 47-1**).

Une nouvelle rubrique, relative à « *la préservation de l'environnement* », a été introduite en 2005, pour la mise en œuvre de la Charte de l'environnement (v. **Préambule**) Il est proposé, en 2019, d'y ajouter les mots : « *et de l'action contre les changements climatiques* ». La révision de 2008 avait, quant à elle, ajouté au domaine de la loi « la liberté, le pluralisme et l'indépendance des médias », ainsi que les conditions d'exercice des mandats locaux. Dans le même temps, les lois « de programmation » ont remplacé les lois de programme et un nouvel objectif constitutionnel d'équilibre des comptes des administrations publiques s'impose aux orientations pluriannuelles des finances publiques qu'elles peuvent définir.

Un projet de révision constitutionnelle avait été adopté en juillet 2011, tendant à consacrer le principe dit de la « **règle d'or budgétaire** », comme l'ont fait certains des voisins de la France. Il s'agissait en fait de créer une nouvelle catégorie de lois : les lois-cadre d'équilibre des finances publiques, au regard desquelles les lois de finances feraient l'objet d'un contrôle de conformité obligatoire exercé par le Conseil constitutionnel, comme celui qui existe pour les lois organiques (v. **art. 61**).

Ce projet n'a pas été soumis au Congrès, son efficacité pour résoudre la crise de l'Euro n'ayant pas convaincu au-delà de la majorité gouvernementale d'alors.

Depuis lors, le traité sur l'Euro, qui comporte des règles comparables à la règle d'or, a été jugé conforme à la Constitution par le Conseil constitutionnel (décision du 9 août 2012) qui exige en revanche le recours à la loi organique prévue au 22e alinéa de l'**article 34.** La loi de ratification du traité est intervenue le 11 octobre 2012 et trouve désormais son fondement dans la loi organique du 17 décembre 2012.

ARTICLE 34-1. – Les assemblées peuvent voter des résolutions dans les conditions fixées par la loi organique.
Sont irrecevables et ne peuvent être inscrites à l'ordre du jour les propositions de résolution dont le gouvernement estime que leur adoption ou leur rejet serait de nature à mettre en cause sa responsabilité ou qu'elles contiennent des injonctions à son égard.

Cette nouvelle procédure, introduite par la révision du 23 juillet 2008, vise à améliorer la qualité de la loi et celle des débats législatifs en offrant aux parlementaires un temps plus adapté à l'expression de leurs opinions et de leurs vœux.
Le verrou institué au second alinéa est précisé par la loi organique du 15 avril 2009 : le Gouvernement doit opposer l'irrecevabilité avant que l'inscription à l'ordre du jour ne soit décidée (CC, 9 avril 2009).

ARTICLE 35. – La déclaration de guerre est autorisée par le Parlement.
Le gouvernement informe le Parlement de sa décision de faire intervenir les forces armées à l'étranger, au plus tard trois jours après le début de l'intervention. Il précise les objectifs poursuivis. Cette information peut donner lieu à un débat qui n'est suivi d'aucun vote.
Lorsque la durée de l'intervention excède quatre mois, le gouvernement soumet sa prolongation à l'autorisation du Parlement. Il peut demander à l'Assemblée nationale de décider en dernier ressort.
Si le Parlement n'est pas en session à l'expiration du délai de quatre mois, il se prononce à l'ouverture de la session suivante.

Le premier alinéa de l'article 35, hérité des constitutions précédentes, est, dans la pratique, tombé en désuétude. Déjà en 1939, alors que les lois constitutionnelles exigeaient l'« *assentiment préalable des deux chambres* », la compétence accordée au Parlement apparut inadaptée aux circonstances : les chambres ne furent saisies que du vote des crédits militaires. Par la suite, c'est la disparition des formes classiques de la guerre qui explique l'éviction du Parlement de la décision d'engager le pays dans des opérations militaires. Depuis 1958, ni la « guerre » d'Algérie, ni les interventions extérieures des forces armées françaises n'ont donné lieu à déclaration de guerre. Même le conflit du Golfe de 1991, qui visait un ennemi clairement identifié, l'Irak, et présentait les caractéristiques d'une campagne militaire classique, a été présenté, non pas comme une guerre, mais comme une simple action militaire menée en application des résolutions des Nations unies.
Aujourd'hui, le terme de « guerre » étant banni, l'engagement des forces militaires dans de nombreux conflits à l'étranger est qualifié d'« opérations extérieures » (OPEX). Cet engagement relève, en France, du président de la République, en tant que chef des armées (v. **art. 15**).

L'exclusion de fait du Parlement dans la décision de déclenchement d'opérations de guerre ne dénie pas pour autant à ce dernier tout pouvoir en matière de défense. Les assemblées votent le budget de la défense et les lois de programmation militaire ; elles autorisent la ratification des accords de défense avec les pays à l'appel desquels la France est amenée à intervenir.

Le Parlement a été progressivement conduit à contrôler l'action du gouvernement. À l'initiative de Michel Rocard, les parlementaires ont pu ainsi se prononcer par un vote sur la déclaration du gouvernement relative à la crise du Golfe, selon la procédure de l'**article 49, alinéa 1er**, le 16 janvier 1991. Au printemps 1999, les bombardements de l'OTAN sur la Yougoslavie ont donné lieu à plusieurs débats à l'Assemblée nationale. Le Premier ministre avait même affirmé qu'au cas où une intervention terrestre serait envisagée, le Parlement serait « consulté de façon formelle pour (l')autoriser par un vote ». Cette perspective aurait redonné une vigueur nouvelle à l'article 35, même si elle était peu conforme à ses termes.

Mais, dans le texte de 1958, le Parlement ne bénéficiait pas d'aucune compétence systématique lui permettant d'être informé et de discuter de l'engagement des forces armées.

Ce constat, ainsi que la rédaction dépassée de l'article 35, ont amené des parlementaires à proposer, après la fin de la crise du Golfe, d'introduire dans la Constitution une obligation d'information du Parlement, à l'instar de la procédure instituée aux États-Unis par le *War Powers Act* (1973), qui contraint le président à rendre compte au Congrès, dans les quarante-huit heures, de tout engagement des troupes américaines. Une disposition en ce sens figurait déjà dans le projet de révision présenté par le Président Mitterrand en 1993.

C'est seulement depuis la loi constitutionnelle du 23 juillet 2008 que le Parlement est associé aux interventions militaires extérieures décidées par le président de la République. Tardive, cette association est également minimaliste, puisque l'information n'est obligatoire qu'au terme d'un délai de trois jours, et que l'autorisation du Parlement pour prolonger l'intervention n'est requise qu'après quatre mois, même davantage lorsque le Parlement n'est pas en session (v. **art. 28**)...

Ces nouvelles dispositions constitutionnelles ont donné lieu à des débats sur l'intervention en Afghanistan (2008), en Côte d'Ivoire (2009), en Libye (2011), au Mali et en Centrafrique (2013). L'engagement des forces aériennes en Irak a été soumis au Parlement le 24 septembre 2014 ; sa prolongation a été approuvée, à la quasi-unanimité, le 13 janvier 2015. L'extension à la Syrie des frappes aériennes a fait l'objet d'un débat le 15 septembre 2015.

ARTICLE 36. – L'état de siège est décrété en Conseil des ministres.
Sa prorogation au-delà de douze jours ne peut être autorisée que par le Parlement.

→ L'état de siège

Compétence partagée dans le temps entre le gouvernement et le Parlement, le pouvoir de décréter l'état de siège est normalement (compte tenu notamment de l'urgence) attribué d'emblée au gouvernement, en Conseil des ministres (c'est-à-dire sous la signature du président de la République). Mais les impératifs de la démocratie exigent qu'au terme d'un délai bref (**douze jours** au plus), le Parlement donne son assentiment à la prolongation de ce régime exorbitant.

L'état de siège se définit classiquement, outre comme la suspension de l'exercice d'une partie des libertés publiques, comme un transfert temporaire du maintien de l'ordre aux forces armées et de la répression de certaines infractions aux tribunaux militaires.

L'état de siège trouve son origine dans la loi du 21 octobre 1789, par laquelle l'Assemblée nationale constituante « *décrète la loi martiale* », puis dans la loi du 9 avril 1849, modifiée par la loi du 3 avril 1878, qui a restreint le « *péril imminent* » aux cas « *d'une guerre étrangère ou d'une insurrection à main armée* ». Déclaré par le président Poincaré le 2 août 1914, il est maintenu par la loi pour « *toute la durée de la guerre* » et levé le 12 octobre 1919. Il est, enfin, en vigueur du 1er septembre 1939 au 12 octobre 1945.
L'état de siège n'a pas été proclamé depuis 1945, l'état d'urgence apparaissant plus adapté aux périls imminents qui ont menacé la France. En outre, l'état de siège, s'il devait être décrété de nos jours, exigerait des capacités militaires considérables pour un pays comme la France.
Une polémique est apparue au printemps 2021 : une tribune d'anciens militaires, évoquant « l'intervention de nos camarades d'active dans une mission périlleuse de protection de nos valeurs civilisationnelles et de sauvegarde de nos compatriotes sur le territoire national », a été dénoncée comme putschiste, ou séditieuse, alors qu'ils prétendaient viser l'état de siège décrété par le président de la République…

➜ L'état d'urgence

On distingue traditionnellement l'« état de siège » de l'« **état d'urgence** », qui permet, en vertu d'une loi du 3 avril 1955 (et non de la Constitution), d'apporter des restrictions aux libertés publiques, mais conserve aux autorités civiles leur compétence en matière de police.

L'état d'urgence fut mis en œuvre en 1960 en Algérie. Il fut étendu à toute la France le 22 avril 1961, juste avant l'application de l'**article 16**. Prorogé à plusieurs reprises, il ne prit fin que le 31 mai 1963. Il est instauré à nouveau en Nouvelle-Calédonie le 12 janvier 1985. Dans une décision du 25 janvier 1985, portant sur la loi du même jour, le Conseil constitutionnel a estimé que la seule mention de l'état de siège (et non de l'état d'urgence) dans la Constitution n'avait pas pour conséquence de priver le législateur de sa compétence pour limiter les libertés dans certaines circonstances ; il a ainsi indirectement admis la compatibilité de la loi de 1955 avec la Constitution de 1958.
L'état d'urgence fut à nouveau mis en œuvre par un décret du 8 novembre 2005 sur l'ensemble du territoire, pour faire face à la « crise des banlieues ». Sa prorogation pour trois mois est intervenue par une loi du 18 novembre 2005, mais il a été mis fin à l'état d'urgence par un décret en Conseil des ministres du 3 janvier 2006. Entre-temps, saisi d'une demande dirigée contre le refus de mettre un terme à l'état d'urgence, le Conseil d'État a rejeté cette demande, la décision du chef de l'État, qui exerce en la matière un « pouvoir d'appréciation étendu », n'étant pas manifestement illégale (ordonnance du 9 décembre 2005, *Mme Allouache*).
Dix ans plus tard, le 13 novembre 2015, une attaque terroriste dans Paris entraîne l'application immédiate de l'état d'urgence sur tout le territoire, décrété le 14 novembre à 0 heure. Prorogé à six reprises, il a pris fin le 1er novembre 2017. Depuis lors, pour faire face à une menace qui revêt désormais un caractère durable, la loi du 30 octobre 2017 renforçant la sécurité intérieure et la lutte contre le terrorisme est censée avoir pris le relais de l'état d'urgence.

Il a été plusieurs fois proposé de compléter l'article 36 pour **constitutionnaliser l'état d'urgence**, qui serait soumis aux mêmes règles que l'état de siège. Le président Hollande, dans son message du 16 novembre 2015 (**v. article 18**), trois jours après les attentats de Paris, devant le Parlement réuni en Congrès, a ainsi proposé d'inscrire l'état d'urgence dans un nouvel article 36-1 de la Constitution, dans un projet de loi constitutionnelle « de protection de la Nation », relative à l'état d'urgence et à la déchéance de la nationalité. Ce projet, faute d'un accord entre les deux assemblées, a été finalement abandonné (30 mars 2016).

→ L'état d'urgence sanitaire

L'apparition de l'épidémie à coronavirus (covid-19) en France a donné lieu à l'invention d'un nouveau dispositif légal de crise, pour faire face à l'urgence sanitaire.

Avant la *loi du 23 mars 2020 d'urgence pour faire face à l'épidémie de covid-19*, les premières mesures d'urgence sanitaire prises par le gouvernement l'ont été sur le fondement de l'article L. 3131-1 du code de la santé publique, qui autorise le ministre de la Santé, « *en cas de menace sanitaire grave appelant des mesures d'urgence, notamment en cas de menace épidémique* », à prescrire toute mesure nécessaire pour prévenir cette menace et en limiter les conséquences sur la santé de la population. Puis un décret du 16 mars 2020 portant réglementation des déplacements dans le cadre de la lutte contre la propagation du virus covid-19 a été pris par le Premier ministre, sur le seul fondement légal de la théorie jurisprudentielle des circonstances exceptionnelles : le Conseil d'État a estimé que le Premier ministre pouvait, en vertu de ses pouvoirs propres, édicter des mesures de police applicables à l'ensemble du territoire, en particulier en cas de circonstances exceptionnelles, telle une épidémie avérée, comme celle de covid-19 que connaît actuellement la France. Et c'est afin « *d'affermir les bases légales* » sur lesquelles reposaient jusqu'ici les mesures gouvernementales que le recours à la loi s'est imposé, malgré la situation sanitaire rendant délicate la réunion des parlementaires (v. aussi **art. 44**).

La *loi du 23 mars 2020 d'urgence pour faire face à l'épidémie de covid-19* instaure un dispositif d'« état d'urgence sanitaire », inspiré de l'état d'urgence de droit commun prévu par la loi du 3 avril 1955. Ce dispositif n'était pas alors conçu comme pérenne, ses dispositions n'étant valables que pour un an, soit jusqu'au 1er avril 2021.

L'état d'urgence sanitaire peut être mis en œuvre « ***en cas de catastrophe sanitaire mettant en péril, par sa nature et sa gravité, la santé de la population*** » (article L. 3131-12 du code de la santé publique). Il est déclaré par décret en Conseil des ministres, pris sur le rapport du ministre chargé de la santé. L'appui d'un « **comité de scientifiques** » est prévu par la loi. Sa prolongation **au-delà d'un mois** (et non douze jours comme l'état de siège ou l'état d'urgence) doit être autorisée par une loi, qui fixe sa durée. Mais la loi déroge à ses propres dispositions dans le contexte épidémique, et **l'état d'urgence sanitaire est déclaré d'emblée pour deux mois, soit jusqu'au 24 mai 2020**, sur l'ensemble du territoire. La loi du 11 mai 2020 a prorogé l'état d'urgence sanitaire jusqu'au 10 juillet 2020. Une nouvelle progression de l'épidémie de covid-19 sur le territoire national a conduit le président de la République à prendre, le 14 octobre 2020, un décret déclarant une nouvelle fois l'état d'urgence sanitaire à compter du 17 octobre 2020 sur l'ensemble du territoire de la République. La loi du 14 novembre 2020 a prorogé l'état d'urgence sanitaire jusqu'au 1er juin 2021. Il a pris fin à cette date, sauf en Guyane où il a été prolongé jusqu'à fin septembre 2021. La loi du 31 mai 2021 organise la sortie de ce régime : du 2 juin au 30 septembre 2021, le gouvernement peut prendre certaines mesures pour limiter les déplacements ou les accès à certains établissements ; un *pass* sanitaire peut être imposé.

Dans le cadre de cet état d'urgence sanitaire, **le Premier ministre peut prendre par décret des mesures expressément prévues par la loi** : ordonner un confinement à domicile, des réquisitions, fermer certains commerces, interdire les rassemblements… Il peut aussi prendre des mesures temporaires de contrôle des prix de certains produits, permettre aux patients de disposer de médicaments et décider toute limite réglementaire à la liberté d'entreprendre. Le ministre chargé de la santé peut, par arrêté, fixer les autres mesures générales et des mesures individuelles. Les préfets peuvent être habilités à prendre localement des mesures d'application. Toutes ces mesures doivent être **motivées** par la crise sanitaire et **proportionnées** aux risques encourus. Elles peuvent être contestées en référé devant le juge administratif. C'est ainsi que **le Conseil d'État** a été conduit à suspendre une série de mesures, comme l'interdiction présentant un caractère général et absolu de manifester sur la voie publique, ou l'obligation du port d'un masque, alors qu'une distance minimale peut être observée. Il a également fait injonction au gouvernement de faciliter la circulation des personnes et de procéder à la réouverture maîtrisée des lieux de culte.
Statuant le 11 mai 2020 sur la loi prorogeant l'état d'urgence sanitaire et complétant ses dispositions, **le Conseil constitutionnel** l'a censurée partiellement et a émis des réserves sur les atteintes pouvant être portées aux libertés du fait de la mise à l'isolement et du déploiement d'un arsenal numérique complexe. Dans une décision du 26 juin 2020, il a validé le délit de violation du confinement, créé par la loi sur l'état d'urgence sanitaire, qui prévoit qu'une personne verbalisée à plus de trois reprises pour ce délit encourt une peine de 6 mois d'emprisonnement et de 3 750 euros d'amende.
Les **conseils de défense sanitaire** sont des conseils de défense et de sécurité nationale chargés de prendre des décisions de crise dans le domaine sanitaire. Depuis le début de la pandémie de covid-19, de nombreux conseils de défense sanitaire ont eu lieu, afin de coordonner la politique nationale de gestion de crise. Y siègent le président de la République, le Premier ministre, le ministre de la Santé, le ministre de la Défense, le ministre de l'Intérieur, le ministre de l'Économie et celui du Travail, auxquels peuvent se joindre des acteurs des grandes institutions publiques du domaine de la santé. La multiplication de ces conseils, au détriment des instances habituelles de collégialité et de décision, a été critiquée comme renforçant encore la primauté présidentielle.

ARTICLE 37. – Les matières autres que celles qui sont du domaine de la loi ont un caractère réglementaire.

Les textes de forme législative intervenus en ces matières peuvent être modifiés par décret pris après avis du Conseil d'État. Ceux de ces textes qui interviendraient après l'entrée en vigueur de la présente Constitution ne pourront être modifiés par décret que si le Conseil constitutionnel a déclaré qu'ils ont un caractère réglementaire en vertu de l'alinéa précédent.

Le premier alinéa de cet article a une portée générale, puisqu'il définit le domaine réglementaire ; le second énonce les règles de compétence et de procédure permettant d'assurer la protection de ce domaine.

LA DÉFINITION DU DOMAINE RÉGLEMENTAIRE

Lorsque la loi bénéficiait d'une souveraineté incontestée (v. **art. 34**), le règlement n'occupait qu'une place résiduelle. Le domaine de la loi étant illimité, seules les règles nécessaires

à l'exécution des lois pouvaient être prises par le pouvoir exécutif (qui, d'ailleurs, tire sa dénomination de cette mission).
Peu à peu, on a assisté à une double évolution :

- le Parlement n'a pu assumer correctement sa tâche de législateur universel et a tendu à déléguer au gouvernement l'exercice effectif d'une partie de ses compétences (décrets-lois, lois cadres) ;
- parallèlement, le pouvoir exécutif s'est vu reconnaître un pouvoir réglementaire « autonome » (Conseil d'État, 8 août 1919, *Labonne*), puis un véritable domaine de compétence (loi Marie du 17 août 1948).

La Constitution de 1958 a consacré cette évolution en délimitant strictement le domaine de la loi (v. **art. 34**) et en confiant au règlement le soin de régler tout ce qui ne l'était plus par la loi.

En 1958, certains commentateurs ont estimé que la nouvelle compétence attribuée au pouvoir réglementaire constituait une véritable révolution par rapport à la situation antérieure, allant même jusqu'à écrire que le gouvernement devenait « le législateur de droit commun ». Au soutien de cette théorie, on a pu distinguer, dans la Constitution, deux formes différentes de pouvoir réglementaire : celui, traditionnel, de l'exécution des lois (prévu à l'**article 21**), d'une part, et un « pouvoir réglementaire autonome », résultant de l'article 37, d'autre part.
Cette analyse n'a pas été confirmée. En effet, le juge administratif a maintenu son contrôle sur les règlements de l'article 37, qui n'ont jamais acquis la valeur de la loi ; quant au domaine du règlement, il n'a pas eu l'ampleur escomptée, du fait de l'interprétation extensive de l'article 34. Ainsi, on constate une unité de régime des règlements, qu'ils soient pris ou non pour l'application d'une loi.

En réalité, compte tenu des ajustements apportés par la jurisprudence et la pratique à la distinction littérale des articles 34 et 37, le domaine du règlement reste largement encadré par la loi, qui fixe les normes essentielles, et par les principes généraux du droit, dont le Conseil d'État assure le respect.

LA PROTECTION DU DOMAINE RÉGLEMENTAIRE

Si la Constitution ne reflète guère le souci de protéger le domaine de la loi, elle prévoit avec précision les modalités permettant au gouvernement d'assurer l'effectivité de la nouvelle répartition des matières entre la loi et le règlement.

- Le gouvernement dispose, tout d'abord, des moyens de faire revenir dans le domaine réglementaire les matières qui étaient législatives avant 1958 et qui ne le sont plus depuis cette date. Il lui suffit, pour ce faire, de modifier les lois antérieures par décret en Conseil d'État.
- Le second aspect est plus intéressant : lorsque le législateur sort de son domaine, cette « incursion » n'a aucun caractère définitif ; le gouvernement peut, après avoir demandé au Conseil constitutionnel de statuer sur le caractère réglementaire des dispositions en cause, les modifier par décret.

Cette procédure, qualifiée de « déclassement » ou de « délégalisation », offre à l'exécutif une grande souplesse dans l'élaboration des normes juridiques. Depuis l'apparition du fait majoritaire, la distinction stricte entre la loi et le règlement a perdu de son intérêt : c'est

le gouvernement qui prépare l'essentiel des lois et les décrets permettant de les appliquer. Compte tenu de la difficulté de repérer précisément la frontière entre la loi et le règlement (v. **art. 34**), l'article 37 permet au gouvernement d'élaborer des projets de loi sans se soucier de la protection de son pouvoir réglementaire, puisque celui-ci pourra toujours être exercé par la procédure du déclassement.
D'ailleurs, le Conseil constitutionnel s'est fondé sur cette logique pour décider qu'une disposition législative intervenue dans le domaine réglementaire n'est pas pour autant inconstitutionnelle (décision du 30 juillet 1982 ; v. commentaire sous l'**article 34**).

Cependant, le refus du Premier ministre de déclasser une disposition réglementaire contenue dans une loi peut être contesté devant le juge, qui exerce un contrôle de l'erreur manifeste d'appréciation (Conseil d'État, 3 décembre 1999, *Association ornithologique de Saône-et-Loire*).

Depuis sa décision du 21 avril 2005, le Conseil constitutionnel accepte de déclarer réglementaires des dispositions qui lui sont déférées dans le cadre de l'article 61, sans pour autant sanctionner leur inconstitutionnalité. Cela limite la portée de sa décision de 1982.
Par ailleurs, le gouvernement peut utiliser la procédure de l'**article 38** (v. *infra*) pour « déclasser » des dispositions réglementaires contenues dans une loi ; il lui suffit pour cela, dans le cadre de l'habilitation qu'il a reçue, d'abroger les dispositions de forme législative en cause et de les reprendre, parallèlement, dans un texte réglementaire (Conseil constitutionnel, 16 décembre 1999).

ARTICLE 37-1. – La loi et le règlement peuvent comporter, pour un objet et une durée limités, des dispositions à caractère expérimental.

Issu de la révision constitutionnelle du 28 mars 2003, cet article institue la possibilité constitutionnelle d'adopter des lois ou des règlements dont la portée est expérimentale. Il s'agit ici d'expérimentations décidées respectivement par le Parlement et le gouvernement, dans leurs domaines de compétence. Cette disposition est à distinguer des nouvelles possibilités d'expérimentation offertes aux collectivités territoriales (v. **art. 72**).
Le caractère expérimental consiste à fixer des normes qui, limitées dans le temps, peuvent en outre ne s'appliquer qu'à une catégorie de personnes ou à une partie limitée du territoire. Cette idée peut heurter les principes traditionnels de souveraineté (la loi, étant **l'expression de la volonté générale**, n'a pas à être bornée…), d'universalité de la règle de droit et d'égalité des citoyens devant la loi. L'intérêt de l'expérimentation apparaît au contraire dans la mise en œuvre de normes qui s'avéreront, **à l'expérience**, mieux adaptées à une société. Certaines expérimentations ont eu lieu avant 2003, notamment en matière de fonction publique ou d'organisation déconcentrée de l'État, mais cette technique n'a été jugée constitutionnelle que dans certaines limites strictement définies par le Conseil constitutionnel (décision du 28 juillet 1993).
Les conditions fixées par l'article 37-1, « *un objet et une durée limités* », préservent certaines de ces limites, tout en autorisant des dérogations plus larges qu'auparavant au principe d'égalité.

Selon le Conseil constitutionnel (décision du 12 août 2004), le Parlement peut, en vertu de l'article 37-1, lorsqu'il autorise une expérimentation, « *déroger, pour un objet et une durée limités, au principe d'égalité devant la loi ; toutefois, le législateur doit en définir de façon suffisamment précise l'objet et les conditions et ne pas méconnaître les autres exigences de valeur constitutionnelle.* »

Plusieurs lois ont été prises sur ce fondement, comme la loi du 13 août 2004 ou celle du 21 août 2007, relative à l'expérimentation du revenu de solidarité active (RSA), avant que celui-ci ne soit généralisé par la loi du 1er décembre 2008.

ARTICLE 38. – Le gouvernement peut, pour l'exécution de son programme, demander au Parlement l'autorisation de prendre par ordonnances, pendant un délai limité, des mesures qui sont normalement du domaine de la loi.

Les ordonnances sont prises en Conseil des ministres après avis du Conseil d'État. Elles entrent en vigueur dès leur publication mais deviennent caduques si le projet de loi de ratification n'est pas déposé devant le Parlement avant la date fixée par la loi d'habilitation. Elles ne peuvent être ratifiées que de manière expresse.

À l'expiration du délai mentionné au premier alinéa du présent article, les ordonnances ne peuvent plus être modifiées que par la loi dans les matières qui sont du domaine législatif.

Le terme d'« ordonnance », en tant que norme édictée par l'exécutif, remonte à l'Ancien Régime et à la Restauration. Disparu du droit positif, il réapparaît à la Libération pour qualifier les actes législatifs du gouvernement provisoire. En 1958, il prend un sens nouveau et désigne les normes prises sur habilitation du Parlement (on trouve également d'autres types d'ordonnances aux **articles 47, 47-1, 74-1 et 92** de la Constitution).

C'est la IIIe République qui a vu la naissance des « décrets-lois » ; ce sont en fait des décrets (pris par le pouvoir exécutif) qui peuvent modifier les lois existantes, avec l'autorisation des chambres. La multiplication des lois d'habilitation dans les années 1930, puis sous la IVe République (en dépit d'une interdiction constitutionnelle), a accrédité l'idée d'un abandon par le Parlement de son rôle de législateur. Cela explique que les actes pris depuis 1958 sur habilitation législative aient changé d'appellation. Mais les ordonnances diffèrent sensiblement des décrets-lois, d'abord parce que la délimitation du domaine de la loi (v. **art. 34**) réduit l'utilité du recours aux ordonnances, ensuite du fait que la procédure et la valeur juridique des ordonnances sont strictement définies.

Dans les années récentes, les ordonnances ont connu un nouveau développement, du fait de la rapidité d'intervention qu'elles autorisent sur des questions particulièrement techniques, en matière de codification, de transposition des directives européennes, et de simplification administrative.

C'est en 2020, dans le cadre de l'**état d'urgence sanitaire**, que le recours aux ordonnances explose : la *loi du 23 mars 2020 d'urgence pour faire face à l'épidémie de covid-19*, qui crée le nouvel état d'urgence sanitaire, et la loi du 17 juin 2020 portant diverses dispositions ont donné lieu à la prise de 70 ordonnances. L'ampleur inédite de ces délégations, sans équivalent depuis les « lois de pleins pouvoirs » qu'a connues le pays sous les Républiques précédentes, n'est justifiée que par la situation exceptionnelle résultant de la pandémie.

Dans l'avis qu'il a rendu en janvier 2020 sur le projet de loi sur les retraites, le Conseil d'État souligne que le fait, pour le législateur, de s'en remettre à des ordonnances pour la définition d'éléments structurants du nouveau système de retraite fait perdre la visibilité d'ensemble qui est nécessaire à l'appréciation des conséquences de la réforme et, partant, de sa constitutionnalité et de sa conventionalité.

LA PROCÉDURE D'ADOPTION DES ORDONNANCES

➜ La loi d'habilitation

Le gouvernement prend l'initiative de déposer un projet de loi d'habilitation lorsqu'il souhaite intervenir dans le domaine de la loi pour l'exécution de son programme (cette notion doit être prise dans son sens générique, sans lien avec le programme du gouvernement évoqué à l'**article 49**).

C'est une prérogative gouvernementale : une habilitation ne peut émaner d'une proposition de loi ni d'un amendement parlementaire. De même, le champ et la portée de l'habilitation ne peuvent être étendus par amendement parlementaire.

La loi d'habilitation est votée dans les conditions du droit commun et peut être soumise au contrôle du Conseil constitutionnel (décision du 12 janvier 1977). L'autorisation ainsi accordée au gouvernement ne vaut que pour un délai limité, prévu expressément par la loi, et doit concerner un domaine défini avec suffisamment de précision (Conseil constitutionnel, 5 janvier 1982).

La loi d'habilitation doit fixer deux délais :

- le premier est le délai d'habilitation, pendant lequel le gouvernement peut prendre les ordonnances ; lorsqu'il est expiré, le gouvernement est dessaisi et seule la loi peut intervenir dans les matières qui avaient fait l'objet de la loi d'habilitation ;
- le second délai avant le terme duquel doit être déposé un projet de loi de ratification des ordonnances ; à défaut d'un tel dépôt avant la date fixée, les ordonnances deviennent caduques.

➜ La signature des ordonnances

En vertu de l'**article 13** de la Constitution, les ordonnances sont signées par le président de la République en Conseil des ministres (et contresignées par le Premier ministre et les ministres responsables).

La question de la portée de la signature du président de la République s'est posée en 1986, lors de la première période dite de « cohabitation ».

Dès le mois de mars, le Président Mitterrand avait fait savoir qu'il ne signerait des ordonnances qu'en nombre limité et qu'il veillerait au maintien des « acquis sociaux ». Cette prise de position donna lieu à un débat animé entre ceux qui estimaient que l'**article 13** constituait l'une des prérogatives dont le président devait conserver le plein usage, et ceux qui affirmaient que le chef de l'État était tenu de signer les ordonnances préparées par le gouvernement, dès lors que ce dernier agissait en vertu d'une délégation expresse votée par le Parlement.

Ce débat académique fut tranché par le président, qui, le 14 juillet 1986, refusa de signer une ordonnance sur la privatisation de 65 sociétés du secteur public. Par la suite, il accepta de signer certaines ordonnances, mais refusa encore celle relative au découpage électoral (2 octobre 1986), qui, selon lui, devait relever de la loi, ainsi que l'ordonnance sur le temps de travail (17 décembre 1986). Transformé en amendement législatif (« amendement Séguin »), ce dernier texte fut adopté, mais le Conseil constitutionnel le déclara non conforme à la Constitution (décision du 23 janvier 1987; v. **art. 44**).

Il faut noter que ces refus n'ont eu que l'effet d'un « veto » temporaire, car les textes des ordonnances ont été en fin de compte soumis au Parlement (sous forme de projets de loi) et adoptés, puis promulgués par le Président.

LA VALEUR JURIDIQUE DES ORDONNANCES

Les ordonnances, bien que prises dans le domaine de la loi, sont des actes administratifs. Elles relevaient donc du contrôle du juge de l'excès de pouvoir, c'est-à-dire du Conseil d'État (CE, 3 novembre 1961, *Damiani*), tant qu'elles n'étaient **pas ratifiées**. Leur **ratification** leur confère, en revanche, pleine valeur législative.

Afin de mettre fin à la jurisprudence du Conseil constitutionnel, qui avait admis qu'une ratification implicite puisse intervenir du fait d'une simple intervention de la loi dans le domaine de l'ordonnance (décision du 29 février 1972), l'article 38 a été complété par la loi constitutionnelle du 23 juillet 2008, et, depuis lors, les ordonnances doivent faire l'objet d'une **ratification expresse**, c'est-à-dire du vote par le Parlement d'une loi de ratification. Le Parlement retrouve ainsi tout son contrôle à l'occasion de la ratification des ordonnances, alors qu'il s'était alerté d'un recours trop fréquent à la procédure des ordonnances. Mais, dans une décision très récente (QPC du 28 mai 2020, rendue en matière d'autorisation d'exploiter une installation de production d'électricité), le Conseil constitutionnel, après avoir rappelé que, « *conformément au dernier alinéa de l'article 38 de la Constitution* [...], *les dispositions de l'ordonnance* [...] *ne pouvaient plus être modifiées que par la loi dans les matières qui sont du domaine législatif* », en a déduit qu'à compter de l'expiration du délai d'habilitation, ces dispositions « *doivent être regardées comme des dispositions législatives* ». Cette décision remet en question sérieusement la jurisprudence antérieure fondée sur le principe qu'une ordonnance non ratifiée conserve la valeur d'un acte réglementaire, pouvant être contesté devant le juge administratif, même si le pouvoir réglementaire n'a plus la possibilité de la modifier après la fin du délai d'habilitation.

Le Conseil constitutionnel s'est ainsi, pour l'avenir, reconnu compétent pour contrôler, par la voie de la QPC, la conformité aux droits et libertés que la Constitution garantit des dispositions d'une ordonnance non ratifiée, à la double condition que ces dispositions relèvent du domaine législatif et que le délai d'habilitation fixé par le Parlement ait expiré.

Avant cette nouvelle compétence, le Conseil constitutionnel pouvait déjà indirectement contrôler le contenu des ordonnances à deux occasions. D'abord, lorsqu'il examine la loi d'habilitation, il exerce un contrôle sur l'étendue et la précision de l'habilitation ; il peut parfois tenter d'imposer au gouvernement le respect de certaines règles constitutionnelles, en émettant de « *strictes réserves d'interprétation* » (décisions des 25-26 juin et 1er -2 juillet 1986). Ensuite, lorsqu'il est saisi de la conformité à la Constitution d'une loi entraînant la ratification d'ordonnances, il se reconnaît compétent pour examiner la constitutionnalité du contenu des ordonnances (Conseil constitutionnel, 4 juin 1984).

ARTICLE 39. – L'initiative des lois appartient concurremment au Premier ministre et aux membres du Parlement.

Les projets de loi sont délibérés en Conseil des ministres après avis du Conseil d'État et déposés sur le bureau de l'une des deux assemblées. Les projets de loi de finances et de financement de la sécurité sociale sont soumis en premier lieu à l'Assemblée nationale. Sans préjudice du premier alinéa de l'article 44, les projets de loi ayant pour principal objet l'organisation des collectivités territoriales sont soumis en premier lieu au Sénat.

La présentation des projets de loi déposés devant l'Assemblée nationale ou le Sénat répond aux conditions fixées par une loi organique.

Les projets de loi ne peuvent être inscrits à l'ordre du jour si la Conférence des présidents de la première assemblée saisie constate que les règles fixées par la loi organique sont méconnues. En cas de désaccord entre la Conférence des présidents et le gouvernement, le président de l'assemblée intéressée ou le Premier ministre peut saisir le Conseil constitutionnel qui statue dans un délai de huit jours.

Dans les conditions prévues par la loi, le président d'une assemblée peut soumettre pour avis au Conseil d'État, avant son examen en commission, une proposition de loi déposée par l'un des membres de cette assemblée, sauf si ce dernier s'y oppose.

L'INITIATIVE DES LOIS

Le partage de l'initiative des lois entre le chef du gouvernement et les parlementaires est conforme à la tradition du régime parlementaire, dans lequel doit prévaloir la collaboration des pouvoirs. L'initiative parlementaire trouve son origine dans la Charte révisée de 1830.

- Lorsque le texte émane du Premier ministre, il est dénommé « ***projet de loi*** ». On notera que seul le Premier ministre exerce le droit d'initiative, au nom de l'ensemble du gouvernement. Cela résulte du principe de collégialité gouvernementale, qui s'exprime également par la nécessité d'une délibération du Conseil des ministres. Dans la pratique cependant, le projet de loi est le plus souvent préparé par un ministre chargé d'en soutenir la discussion, et il est usuel de désigner le texte par le nom de celui-ci (par exemple, loi Savary du 26 janvier 1984 sur l'enseignement supérieur, lois Pasqua sur l'aménagement du territoire et sur le séjour des étrangers en France) ; cet usage est contestable car il tend à faire oublier que l'auteur de la loi est le Parlement (v. **art. 34**).

  Les projets de loi sont obligatoirement soumis à l'avis du Conseil d'État, qui s'assure notamment de la qualité juridique des textes. Ce n'est qu'une possibilité, s'agissant des propositions de loi, et ce, depuis la révision du 23 juillet 2008. Auparavant, il est arrivé que le gouvernement soumette une proposition au Conseil d'État, auquel il peut poser toute question. Ce fut le cas concernant la proposition de loi devenue loi organique relative aux lois de finances du 1er août 2001 (dite « LOLF »).

Le recueil de l'avis du Conseil d'État sur les projets de loi avant que ceux-ci ne soient délibérés en Conseil des ministres est soumis à un contrôle strict du juge constitutionnel. Dans une décision du 3 avril 2003, le Conseil constitutionnel a ainsi invalidé une importante disposition de la loi de réforme des modes de scrutin. Le projet de loi soumis au Conseil d'État mentionnait un seuil de 10 % des « *suffrages exprimés* », alors que le texte présenté en Conseil des ministres évoquait un seuil de 10 % des « *inscrits* ». Cette modification n'ayant pas été soumise au Conseil d'État, le juge constitutionnel en a conclu à une violation de l'article 39 de la Constitution. La loi a fait l'objet d'une nouvelle délibération, comme le permet l'**article 10**, un amendement gouvernemental ayant rétabli la disposition telle qu'elle avait été soumise au Conseil d'État.

- Lorsque l'initiative des lois est exercée par un ou plusieurs parlementaires, il s'agit alors d'une « ***proposition de loi*** ».

Le droit d'initiative des textes est naturellement complété par le droit d'amendement (v. **art. 44**).

L'égalité théorique instituée entre le gouvernement et les membres du Parlement en matière d'initiative est en fait très atténuée. Les propositions de loi, comme les amendements, sont soumises à des conditions très strictes de recevabilité (v. **art. 40, 41 et 44**). En outre et surtout, elles ne peuvent être discutées que lorsqu'elles sont inscrites à l'ordre du jour (v. **art. 48**).

La pratique de la Ve République a montré que les lois votées proviennent, pour environ 85 % d'entre elles, de projets gouvernementaux. Ce constat, que l'on peut faire dans la plupart des grandes démocraties occidentales, ne s'explique pas seulement par les armes que la Constitution offre au gouvernement pour faire prévaloir ses projets. Aujourd'hui, le gouvernement et les services administratifs dont il dispose sont les plus à même de rédiger les textes techniques ou complexes que requiert la législation moderne. Par ailleurs, le « fait majoritaire » renforce cette tendance : lorsque le gouvernement dispose d'une majorité large et fidèle, la question de savoir qui est à l'origine de la loi revêt une moindre importance.

Parfois, initiative et décision sont difficiles à discerner : ainsi, en avril 2006, le Président Chirac « décide de remplacer » le contrat première embauche, par une proposition de loi préparée par des parlementaires UMP, sous la houlette du président de ce parti, ministre de l'Intérieur par ailleurs…

L'EXAMEN DES TEXTES

L'article 39 institue une stricte égalité des deux assemblées dans l'ordre d'examen des projets de loi, exception faite des **projets de loi de finances et de loi de financement de la sécurité sociale** (v. **art. 47 et 47-1**), qui sont soumis d'abord à l'Assemblée nationale, et des **textes relatifs à l'organisation des collectivités territoriales**, déposés en premier lieu au Sénat.

La priorité donnée à la chambre basse pour l'examen de la loi de finances est traditionnelle, le consentement de l'impôt étant historiquement la première fonction du Parlement, rappelée d'ailleurs par l'**article 14 de la Déclaration des droits de l'homme** (v. **art. 47**).

Depuis la révision de 2003, le rôle spécifique que la Constitution confère au Sénat (à l'**article 24**) pour représenter les collectivités territoriales de la République, s'accompagne d'une priorité dans l'examen des projets de loi concernant les collectivités territoriales.

Des textes nombreux et importants sont intervenus en application des nouvelles règles constitutionnelles en matière de décentralisation (v. **art. 72 et ss.**).

LA PRÉSENTATION DES PROJETS DE LOI

C'est une innovation importante introduite à l'article 39 de la Constitution à l'occasion de la révision du 23 juillet 2008. La présentation des projets de lois est désormais soumise à des règles précises fixées par la loi organique du 15 avril 2009. Il s'agit, pour l'essentiel, de renforcer l'évaluation préalable en rendant obligatoire la préparation d'**études d'impact des projets de loi**, afin de contenir l'inflation normative et d'améliorer la qualité de la réglementation, au sens large.

On notera que l'alinéa 4 de l'article 39 comporte une nouvelle modalité de saisine du Conseil constitutionnel. Dans une décision du 1er juillet 2014, il a jugé suffisante l'étude d'impact du projet de loi de réforme des régions.

L'AVIS DU CONSEIL D'ÉTAT SUR UNE PROPOSITION DE LOI

Depuis 2008, et cela a été une innovation notable, les propositions de loi peuvent être soumises à l'avis du Conseil d'État (cet avis est déjà obligatoirement recueilli pour les projets de loi – v. **art. 39, al. 2**) par le président de l'assemblée concernée. Cette disposition constitutionnelle a été rapidement introduite dans les textes (loi du 15 juin 2009 et décret du 29 juillet 2009). Inaugurée par une proposition de loi de J. L. Warsmann, de simplification et d'amélioration de la qualité du droit, transmise pour avis au Conseil d'État par le Président de l'Assemblée nationale le 28 août 2009, elle n'a connu encore qu'une application limitée (une vingtaine de propositions de loi en dix ans).

ARTICLE 40. – Les propositions et amendements formulés par les membres du Parlement ne sont pas recevables lorsque leur adoption aurait pour conséquence soit une diminution des ressources publiques, soit la création ou l'aggravation d'une charge publique.

La possibilité d'opposer l'« irrecevabilité financière » aux initiatives des parlementaires avait été réclamée dès la IIIe République (André Tardieu).
Cette irrecevabilité est constatée *a priori*, dès le dépôt des propositions ou des amendements, par le bureau de l'assemblée intéressée. Dans ce cas, ils ne viennent même pas en discussion. Dans la pratique, l'article 40 n'est plus guère appliqué à l'égard des propositions de loi. En revanche, il est encore fréquemment opposé aux amendements.

Lors des débats sur la révision constitutionnelle de 2008, des députés de l'opposition ont tenté, en vain, de faire sauter ce « verrou financier », présenté comme un symbole de l'impuissance parlementaire.

ARTICLE 41. – S'il apparaît au cours de la procédure législative qu'une proposition ou un amendement n'est pas du domaine de la loi ou est contraire à une délégation accordée en vertu de l'article 38, le gouvernement ou le président de l'assemblée saisie peut opposer l'irrecevabilité.

En cas de désaccord entre le gouvernement et le président de l'assemblée intéressée, le Conseil constitutionnel, à la demande de l'un ou de l'autre, statue dans un délai de huit jours.

Le contrôle de la recevabilité des initiatives parlementaires, au regard de la compétence du Parlement (c'est-à-dire du domaine de la loi), n'était assuré, jusqu'en 2008, que par le gouvernement auquel il appartenait de faire respecter, s'il le jugeait opportun, le domaine que la Constitution lui avait concédé (v. **art. 37**).

L'irrecevabilité peut désormais (depuis 2008), être opposée par le gouvernement ou par le président de l'assemblée concernée, à l'occasion de l'établissement de l'ordre du jour (pour les propositions de loi) ou lors de la discussion (pour les amendements). Si le président de l'assemblée intéressée est d'accord avec le gouvernement, la procédure est close. Dans le cas contraire, le Conseil constitutionnel est saisi et statue dans un délai de huit jours.

Cette procédure n'est plus guère utilisée (le Conseil constitutionnel n'a rendu qu'une dizaine de décisions en application de cet article, la dernière remontant à 1979). En effet, le gouvernement dispose d'autres armes pour s'opposer aux textes qu'il désapprouve (v. **art. 48**). De plus, une fois la loi promulguée, il peut retrouver sa compétence par la voie d'un « déclassement » (v. **art. 37, al. 2**).

La stricte distinction entre les domaines de la loi et du règlement n'a plus la même portée juridique, depuis que le Conseil constitutionnel a jugé (par sa décision du 30 juillet 1982) qu'un texte législatif comportant des dispositions de nature réglementaire n'était pas pour autant inconstitutionnel (v. **art. 34 et 37**).

ARTICLE 42. – La discussion des projets et des propositions de loi porte, en séance, sur le texte adopté par la commission saisie en application de l'article 43 ou, à défaut, sur le texte dont l'assemblée a été saisie.

Toutefois, la discussion en séance des projets de révision constitutionnelle, des projets de loi de finances et des projets de loi de financement de la sécurité sociale porte, en première lecture devant la première assemblée saisie, sur le texte présenté par le gouvernement et, pour les autres lectures, sur le texte transmis par l'autre assemblée.

La discussion en séance, en première lecture, d'un projet ou d'une proposition de loi ne peut intervenir, devant la première assemblée saisie, qu'à l'expiration d'un délai de six semaines après son dépôt. Elle ne peut intervenir, devant la seconde assemblée saisie, qu'à l'expiration d'un délai de quatre semaines à compter de sa transmission.

• • •

L'alinéa précédent ne s'applique pas si la procédure accélérée a été engagée dans les conditions prévues à l'article 45. Il ne s'applique pas non plus aux projets de loi de finances, aux projets de loi de financement de la Sécurité sociale et aux projets relatifs aux états de crise.

Issu de la révision constitutionnelle de 2008, l'article 42 a apporté deux innovations importantes.
D'abord, il revient sur une règle instituée en 1958, selon laquelle la discussion des projets de loi portait sur le texte du gouvernement et non sur celui de la commission.

Cette règle visait à garantir l'intégrité du droit d'initiative confié au gouvernement (v. **art. 39**) ; contrairement à la pratique courante de la IVe République, les *projets de loi* ne risquaient plus d'être dénaturés par le travail des commissions. Celles-ci conservaient en revanche la possibilité, s'agissant de *propositions de loi*, d'en modifier le texte, et c'est celui élaboré en commission qui était soumis à la discussion de l'assemblée. L'article 42, dans sa version antérieure à 2008, consacrait donc une inégalité certaine entre le gouvernement et les parlementaires dans l'élaboration de la loi.

Cette règle de « protection » des projets de loi n'avait plus guère de raison d'être, du fait notamment de l'existence d'une majorité, et il avait été à plusieurs reprises proposé d'envisager **l'examen direct par les parlementaires du texte adopté par leur commission**, ce qui était de nature à alléger notablement l'examen des textes en séance publique. On notera que la règle antérieure subsiste pour certains projets (révision, lois de finances).

Dans une décision du 24 octobre 2012, le Conseil constitutionnel a, sans surprise, invalidé une loi sur le logement social, le débat en séance publique ayant porté, à tort, sur le texte dont avait été saisi le Sénat et non sur le texte de la commission.

Ensuite, et sans doute pour lutter contre l'inflation normative, et plus généralement dans le but d'améliorer la qualité de la loi, il est institué un délai préalable entre le dépôt du texte et son examen en séance, de six semaines devant la première assemblée et de quatre semaines devant la seconde. Cette réforme est appréciable, mais sa portée dépendra du recours, dans la pratique, à l'exception de la **procédure accélérée** prévue à l'**article 45** (avant 2008, on parlait de « déclaration d'urgence »). D'autres exceptions (lois de finances, états de crise), qui se comprennent, sont prévues par le texte.

Pour améliorer le partage des tâches entre commissions et séance, il est proposé, dans le cadre du projet de révision en cours, de compléter ainsi l'article 42 : « *La loi organique détermine les conditions dans lesquelles les projets et les propositions de loi adoptés, en présence du Gouvernement, par la commission saisie en application de l'article 43 sont, en tout ou partie, seuls mis en discussion en séance. Le droit d'amendement sur les articles relevant de cette procédure s'exerce uniquement en commission.* »

ARTICLE 43. – Les projets et propositions de loi sont envoyés pour examen à l'une des commissions permanentes dont le nombre est limité à huit dans chaque assemblée.

• • •

À la demande du gouvernement ou de l'assemblée qui en est saisie, les projets ou propositions de loi sont envoyés pour examen à une commission spécialement désignée à cet effet.

Les commissions parlementaires trouvent leur origine, aussi lointaine que le Parlement lui-même, dans les multiples comités des assemblées révolutionnaires. Sous la Convention, les comités s'attribuèrent même le pouvoir exécutif ; le plus célèbre d'entre eux fut le comité de salut public, qui engendra la dictature de Robespierre.
Sous les IIIe et IVe Républiques, les chambres avaient une grande liberté pour constituer leurs commissions. Celles-ci disposaient de pouvoirs considérables, telles la commission du budget de la Chambre des députés, présidée par Gambetta, ou la commission des finances du Sénat qui, sous la présidence de Joseph Caillaux, fut un véritable « tombeur de ministères » (entraînant notamment la chute des deux gouvernements Blum).
Le régime de 1958 s'efforce d'encadrer le pouvoir des commissions. Afin de lutter contre l'autorité excessive que s'étaient octroyée les commissions permanentes des régimes précédents, les constituants de 1958 ont fait figurer en priorité la possibilité d'envoyer les textes devant une commission spéciale. Ce souci, déjà exprimé dans le passé par Poincaré et Tardieu, s'est révélé vain et les commissions permanentes ont retrouvé, sous la Ve, leur rôle prééminent dans l'examen des projets et propositions de loi. C'est pourquoi, la révision de 2008 a inversé les termes de l'article, reconnaissant par là le recours normal aux commissions permanentes.

➜ Les commissions permanentes

Longtemps limitées à six dans chaque assemblée, les commissions permanentes peuvent désormais voir leur nombre porté à huit depuis la révision de 2008.

> L'Assemblée nationale comporte, depuis 2008, huit commissions : des Affaires culturelles et de l'Éducation ; des Affaires étrangères ; de la Défense nationale et des forces armées ; des Finances ; des Affaires économiques ; des Affaires sociales ; du Développement durable et de l'aménagement du territoire ; des Lois.
> En outre, une neuvième commission est depuis 2008 chargée des affaires européennes, comme le prévoit expressément l'**article 88-4**.
> Le Sénat, en revanche, a maintenu six commissions (plus celle des affaires européennes comme ci-dessus), mais leur dénomination a changé. On nomme désormais les commissions : des Affaires étrangères, de la Défense et des forces armées ; des Affaires sociales ; de la Culture, de l'Éducation et de la Communication ; de l'Économie, du Développement durable et de l'Aménagement du territoire ; des Finances ; des Lois constitutionnelles, de la Législation, du Suffrage universel, du Règlement et de l'Administration générale.

Chacun des membres de l'assemblée considérée participe aux travaux d'une et une seule commission. Les commissions sont constituées à la répartition proportionnelle des groupes parlementaires.

Saisies des projets et des propositions de loi ressortissant à leur compétence, elles examinent et discutent les textes qui leur sont soumis. Un rapporteur est désigné, et le rapport est diffusé aux parlementaires en vue de la discussion en séance publique.

Le travail des commissions a une portée différente selon l'origine du texte, puisque désormais (depuis la révision de 2008), le texte des projets de loi qui est examiné en séance publique est celui arrêté par la commission (v. **art. 42**). Par ailleurs, le droit d'amendement s'exerce désormais davantage en commission (v. **art. 44**).

Les commissions ont la faculté de demander aux ministres ou aux fonctionnaires de comparaître devant elles, cependant cette comparution n'est pas toujours acceptée facilement par l'exécutif, et l'inertie administrative n'est pas en France sanctionnée comme aux États-Unis (où l'exécutif peut être accusé de « *contempt of Congress* »).

Les travaux des commissions souffrent tout à la fois du nombre important de leurs membres (réduit cependant à 70 membres depuis la création de huit commissions à l'assemblée) et de la grande quantité de textes qui leur sont soumis.

→ Les commissions spéciales

Le recours à ces commissions a été longtemps la règle, sans doute par défiance à l'égard des commissions permanentes. En 1902, la Chambre des députés créa vingt commissions permanentes. Ces dernières étant souvent perçues comme des « ministères au petit pied » (Poincaré), le texte de 1958 va encourager le recours aux commissions spéciales.

Ces commissions sont formées en vue de l'examen d'un texte déterminé, de plein droit à la demande du gouvernement, ou sur décision de l'assemblée intéressée.

Bien qu'elle semble assez adaptée à la complexité des sujets étudiés par les assemblées – sujets qui peuvent relever de la compétence de plusieurs commissions permanentes –, la commission spéciale n'a pas connu le succès escompté : le gouvernement fait peu appel à cette procédure, les parlementaires restant attachés aux prérogatives des commissions permanentes. Ainsi, la réunion de commissions spéciales est rare. Dans les années récentes toutefois, des textes importants ont justifié la création de commissions spéciales (loi sur la violence faite aux femmes de 2010, loi sur la bioéthique de 2011). Les commissions spéciales comportent 70 membres.

ARTICLE 44. – Les membres du Parlement et le gouvernement ont le droit d'amendement. Ce droit s'exerce en séance ou en commission selon les conditions fixées par les règlements des assemblées, dans le cadre déterminé par une loi organique.

Après l'ouverture du débat, le gouvernement peut s'opposer à l'examen de tout amendement qui n'a pas été antérieurement soumis à la commission.

Si le gouvernement le demande, l'assemblée saisie se prononce par un seul vote sur tout ou partie du texte en discussion en ne retenant que les amendements proposés ou acceptés par le gouvernement.

Corollaire de l'initiative des lois (v. **art. 39**), le droit d'amendement est attribué aux parlementaires et au gouvernement. Ce droit consiste dans la possibilité d'apporter, au cours de la discussion parlementaire, des modifications aux textes des projets ou propositions de loi.

LE DROIT D'AMENDEMENT

Les amendements ont pour objet la modification (ou la suppression) de certaines dispositions du texte en discussion. Ils tendent souvent à ajouter de nouvelles dispositions. Cela peut aller jusqu'à tenter, sous couvert de l'exercice du droit d'amendement, de faire adopter des dispositions qui aurait dû revêtir la forme d'un texte spécifique.

> Le Conseil constitutionnel a longtemps sanctionné cette pratique, dite des « cavaliers législatifs », en déclarant non conformes à la Constitution des amendements qui dépassent, « *par leur objet et leur portée, les limites inhérentes au droit d'amendement* » (décision du 23 janvier 1987).
> Par la suite (16 mars 2006), le Conseil a précisé sa jurisprudence en considérant « *qu'une disposition ne peut être introduite par voie d'amendement lorsqu'elle est dépourvue de tout lien avec le texte déposé sur le bureau de la première assemblée saisie* » (v. **art. 45**, al. 1er). Il consacre également la règle dite « de l'entonnoir », qui fait obstacle à ce qu'un amendement soit introduit en deuxième lecture sans être « *en relation directe avec des dispositions restant en discussion* ».

Des limites sont apportées au droit d'amendement. Outre les irrecevabilités déjà prévues par les **articles 40 et 41**, l'article 44 donne au gouvernement la possibilité de rejeter ceux qui n'ont pas été soumis à la commission, c'est-à-dire les amendements de séance.
Le droit d'amendement est désormais exercé davantage en commission depuis la révision de 2008. La loi organique du 15 avril 2009 instaure ainsi une procédure d'examen simplifié en séance publique, sans nouvel amendement (lorsqu'un consensus le permet), et met en place une organisation concertée des débats permettant de fixer les délais d'examen global d'un texte en séance.

> On notera que le Conseil constitutionnel (dans sa décision du 9 avril 2009) a censuré une disposition renvoyant aux règlements des assemblées la fixation des conditions de la participation du gouvernement dans les commissions, en rappelant notamment l'article 31 (« les membres du gouvernement ont accès aux deux assemblées. Ils sont entendus quand ils le demandent »).

LE VOTE BLOQUÉ

Élément notable du « parlementarisme rationalisé » institué en 1958, cette procédure ne prive pas l'assemblée de son droit de discuter les textes ; elle la contraint en revanche à se prononcer en bloc sur la version du texte choisie par le gouvernement, un peu à la manière du Corps législatif napoléonien. Cette arme assez brutale permet au gouvernement d'échapper aux atermoiements de sa majorité et aux modifications qu'il estime inopportunes. Ressentie comme humiliante par les parlementaires, elle est aujourd'hui peu utilisée.

En dépit des différentes armes confiées au gouvernement pour contrôler la procédure législative, le droit d'amendement reste, pour l'opposition, l'un des moyens privilégiés de

l'obstruction parlementaire, et l'adoption des textes législatifs a parfois été sensiblement ralentie par le dépôt de très nombreux amendements.
Ce fut le cas en février 2020, pour le projet de loi sur la réforme des retraites, lorsque le dépôt de 36 000 amendements a complètement paralysé les débats et provoqué l'utilisation de l'**article 49, al. 3**.

Par sa décision n° 2020-800 DC du 11 mai 2020, sur la loi prorogeant l'**état d'urgence sanitaire** et complétant ses dispositions, le Conseil constitutionnel a admis que la Conférence des présidents de l'Assemblée nationale ait pu décider qu'à compter du 28 avril 2020, en raison de la situation sanitaire, l'hémicycle réunissant les députés ne pourrait accueillir, présidents de groupe ou leurs représentants y compris, que **75 députés**, selon une répartition fixée à la proportionnelle des groupes politiques. Il a estimé que les députés n'avaient pas été empêchés, pour autant, de prendre part aux votes ou de présenter leurs amendements.

ARTICLE 45. – Tout projet ou proposition de loi est examiné successivement dans les deux assemblées du Parlement en vue de l'adoption d'un texte identique. Sans préjudice de l'application des articles 40 et 41, tout amendement est recevable en première lecture dès lors qu'il présente un lien, même indirect, avec le texte déposé ou transmis.

Lorsque, par suite d'un désaccord entre les deux assemblées, un projet ou une proposition de loi n'a pu être adopté après deux lectures dans chaque assemblée ou, si le gouvernement a décidé d'engager la procédure accélérée sans que les conférences des présidents s'y soient conjointement opposées, après une seule lecture dans chacune d'entre elles, le Premier ministre ou, pour une proposition de loi, les présidents des deux assemblées agissant conjointement, ont la faculté de provoquer la réunion d'une commission mixte paritaire chargée de proposer un texte sur les dispositions restant en discussion.

Le texte élaboré par la commission mixte peut être soumis par le gouvernement pour approbation aux deux assemblées. Aucun amendement n'est recevable sauf accord du gouvernement.

Si la commission mixte ne parvient pas à l'adoption d'un texte commun ou si ce texte n'est pas adopté dans les conditions prévues à l'alinéa précédent, le gouvernement peut, après une nouvelle lecture par l'Assemblée nationale et par le Sénat, demander à l'Assemblée nationale de statuer définitivement. En ce cas, l'Assemblée nationale peut reprendre soit le texte élaboré par la commission mixte, soit le dernier texte voté par elle, modifié le cas échéant par un ou plusieurs des amendements adoptés par le Sénat.

L'article 45 définit les données et les modalités de fonctionnement du bicamérisme atténué consacré par la Ve République. Les constituants de 1958 ont voulu éviter les errements du régime de 1946 : d'abord privée de son pouvoir législatif, la seconde chambre s'est vu, dès 1954, restituer l'essentiel de ses prérogatives. Ils n'ont pas voulu pour autant rétablir le bicamérisme absolu des institutions de 1875 : celui-ci avait, au travers de la navette illimitée, fait la preuve de sa lourdeur et de son inefficacité. Les procédures de l'article 45 constituent des mécanismes de sauvegarde permettant d'éviter la paralysie qui aurait pu résulter d'un désaccord entre les deux assemblées.

Une nouvelle règle s'applique au droit d'amendement depuis 2008. Il en résulte, d'une part, la prohibition, dès la première lecture, des « cavaliers législatifs » et, d'autre part, la nécessité de respecter, aux stades ultérieurs de la navette, la règle dite de « l'entonnoir » (voir **art. 44**).

➜ Le principe : le vote d'un texte identique par les deux assemblées

Conformément à la tradition parlementaire, la loi est un acte juridique dont les termes résultent d'un vote conforme des deux assemblées.

Pour parvenir à ce résultat, le texte voté par la première assemblée saisie est transmis à la seconde ; les modifications éventuellement apportées par celle-ci sont à nouveau discutées, en deuxième lecture, par la première assemblée, et ainsi de suite jusqu'à ce qu'un accord intervienne : c'est ce que l'on appelle la ***navette***. En cas de désaccord de fond entre les deux assemblées (qui peut s'avérer fréquent lorsque les majorités sont discordantes), la navette peut ne jamais aboutir, entraînant en fait l'abandon du texte en discussion.

Lorsque le gouvernement veut éviter ce résultat, il peut décider de mettre en œuvre une procédure de conciliation, après deux lectures dans chaque assemblée (une seule lorsque la procédure est accélérée).

Depuis la réforme constitutionnelle de 2008, sans doute par un souci de parallélisme, la faculté de réunir la CMP est également confiée, mais pour les seules propositions de lois, à la compétence conjointe des présidents des deux assemblées. Ce parallélisme est en trompe-l'œil, car les étapes suivantes restent soumises à la décision du gouvernement.

➜ La procédure de conciliation

Le Premier ministre (ou, depuis 2008, les présidents des deux assemblées) **a la faculté** (ce terme est important, car il n'y est pas tenu) de réunir une **commission mixte paritaire** (CMP), chargée de parvenir à un texte acceptable par les deux assemblées. La CMP comprend sept députés et sept sénateurs.

Si la CMP réussit à élaborer un texte, le gouvernement le soumet aux assemblées (il n'y est pas tenu, mais le fait systématiquement, sauf à renoncer au texte). Dans le cas contraire (ou si le texte issu de la CMP n'est pas adopté), le gouvernement **peut demander** à l'Assemblée nationale de statuer définitivement.

➜ Le « dernier mot à l'Assemblée nationale »

Cette possibilité montre les limites du bicamérisme : il est possible au gouvernement, tout en laissant le Sénat s'exprimer, de faire passer ses projets grâce à la seule Assemblée nationale.

La procédure du « dernier mot » a été utilisée surtout lorsque le gouvernement s'est trouvé en face d'un Sénat systématiquement hostile.

ARTICLE 46. – Les lois auxquelles la Constitution confère le caractère de lois organiques sont votées et modifiées dans les conditions suivantes.

Le projet ou la proposition ne peut, en première lecture, être soumis à la délibération et au vote des assemblées qu'à l'expiration des délais fixés au troisième alinéa de l'article 42. Toutefois, si la procédure accélérée a été engagée dans les conditions prévues à l'article 45, le projet ou la proposition ne peut être soumis à la délibération de la première assemblée saisie avant l'expiration d'un délai de quinze jours après son dépôt.

La procédure de l'article 45 est applicable. Toutefois, faute d'accord entre les deux assemblées, le texte ne peut être adopté par l'Assemblée nationale en dernière lecture qu'à la majorité absolue de ses membres.

Les lois organiques relatives au Sénat doivent être votées dans les mêmes termes par les deux assemblées.

Les lois organiques ne peuvent être promulguées qu'après déclaration par le Conseil constitutionnel de leur conformité à la Constitution.

Les lois organiques sont prises par le Parlement, selon une procédure spécifique. Elles ont pour objet de compléter la Constitution (qui renvoie à ces lois pour préciser une trentaine d'articles) et de régir certains aspects de l'organisation des pouvoirs publics.

La révision constitutionnelle du 23 juillet 2008 fait largement appel au renvoi à la loi organique. Neuf articles qui introduisent les principales innovations de cette révision (**art. 11, 13, 34-1, 39, 44, 61-1, 65, 69, et 71-1**) laissent ainsi à la loi organique le soin d'apporter les précisions, voire de fixer les conditions d'application de ces réformes. Certains auteurs (comme F. Rolin) y ont vu un transfert préoccupant de compétence du constituant au législateur organique (une « déconstitutionnalisation »), permettant à celui-ci d'aller contre la volonté du constituant, de retarder ou de bloquer certaines de ces réformes. L'opposition a dénoncé ce procédé qui empêchait de connaître la portée exacte des nouvelles dispositions constitutionnelles.

La compétence du Parlement est cependant concurrencée : les lois organiques nécessaires à la mise en place des institutions ont en fait été prises par le gouvernement, statuant par ordonnances (v. **art. 92**) ; en outre, certaines dispositions ayant valeur de loi organique ont pu être adoptées par la procédure du référendum de l'**article 11** (loi référendaire du 6 novembre 1962, par exemple).

→ L'adoption des lois organiques

L'article 46 définit une procédure spécifique pour l'adoption des lois organiques, rendant plus difficile leur modification ; on y retrouve, de manière atténuée, une part de la « rigidité » constitutionnelle (v. **art. 89**) destinée à leur assurer, selon l'expression de Michel Debré, « une plus grande stabilité et un plus grand respect » :

- la portée des lois organiques mérite réflexion : elles ne peuvent être discutées qu'après un délai de quinze jours à compter de leur dépôt ;
- l'Assemblée ne peut statuer définitivement (en application de l'**article 45, al. 4**) qu'à la majorité absolue de ses membres ;
- cette procédure du « dernier mot » n'est pas applicable si la loi organique concerne le Sénat : dans ce cas, l'accord du Sénat est indispensable, ce qui confère un véritable droit de veto à la chambre haute, un peu à la manière de la première étape de la procédure de révision (v. **art. 89**). L'**article 88-3** prévoit également un vote en termes identiques de la loi organique, concernant le droit de vote accordé aux citoyens de l'Union européenne.

➜ La constitutionnalité des lois organiques

Par-delà la solennité de la procédure, l'article 46 fixe une importante condition de fond : les lois organiques sont **obligatoirement examinées par le Conseil constitutionnel**, qui statue sur leur constitutionnalité. Cette règle figure également à l'**article 61** : ce sont les seuls textes, avec les règlements des assemblées, et les propositions de lois réferendaires d'initiative partagée (v. **art. 11**), qui sont systématiquement contrôlés par le Conseil constitutionnel.

Le contrôle exercé par le Conseil porte sur la procédure, mais également sur le contenu des lois organiques : elles ne doivent méconnaître aucun principe de valeur constitutionnelle (CC, 9 juillet 1970, v. **art. 64**) ; en outre, « la loi organique ne peut intervenir que dans les domaines ou pour les objets limitativement énumérés par la Constitution » (CC, 7 janvier 1988, v. **art. 34**).

Les lois organiques doivent donc nécessairement être conformes à la Constitution (même si beaucoup d'entre elles, prises par ordonnances au début de la Ve République, n'ont jamais été soumises au Conseil constitutionnel).

Dans plusieurs décisions, le Conseil a examiné la conformité de la loi ordinaire à la loi organique ; on ne peut pour autant en déduire que les lois organiques font partie du bloc de constitutionnalité (v. **art. 61**), car la méconnaissance d'une loi organique par la loi n'est censurée que parce qu'elle traduit, dans son application, une méconnaissance de la Constitution.

La saisine du Conseil étant automatique, le débat contradictoire devant lui (v. **art. 63**) est quasi inexistant. Pourtant, on a vu, concernant la loi organique du 15 mai 2001 sur l'inversion du calendrier électoral (v. **art. 24**), adoptée définitivement par la seule Assemblée nationale, s'échanger des observations contradictoires entre les commissions des lois de l'Assemblée et du Sénat, augurant peut-être d'une nouvelle pratique transposable aux lois ordinaires (v. **art. 61** et **61-1**).

ARTICLE 47. – Le Parlement vote les projets de loi de finances dans les conditions prévues par une loi organique.

Si l'Assemblée nationale ne s'est pas prononcée en première lecture dans le délai de quarante jours après le dépôt d'un projet, le gouvernement saisit le Sénat qui doit statuer dans un délai de quinze jours. Il est ensuite procédé dans les conditions prévues à l'article 45.

• • •

Si le Parlement ne s'est pas prononcé dans un délai de soixante-dix jours, les dispositions du projet peuvent être mises en vigueur par ordonnance.

Si la loi de finances fixant les ressources et les charges d'un exercice n'a pas été déposée en temps utile pour être promulguée avant le début de cet exercice, le gouvernement demande d'urgence au Parlement l'autorisation de percevoir les impôts et ouvre par décret les crédits se rapportant aux services votés.

Les délais prévus au présent article sont suspendus lorsque le Parlement n'est pas en session.

Le pouvoir de lever l'impôt est historiquement à l'origine du régime parlementaire : depuis le XIIIe siècle (Grande Charte de 1215), le Parlement anglais (Grand conseil) est réuni chaque fois que le souverain a besoin de fonds ; c'est d'ailleurs sa seule fonction pendant des siècles. En France, avant même que la Constitution de 1791 ne fixe les principes modernes des finances publiques (les impôts, comme les dépenses publiques, doivent être déterminés annuellement par les représentants de la Nation), les impôts de l'Ancien Régime devaient être, en principe, consentis par les États généraux.

Le vote du budget est rapidement devenu (dès la Restauration) une compétence fondamentale du Parlement dans son rôle de contrôle de l'activité gouvernementale. Cependant, une évolution en deux temps a compromis l'exercice de ce pouvoir. Au « parlementarisme absolu » des IIIe et IVe Républiques, caractérisé par une initiative financière sans limite et par la difficulté de voter le budget dans des délais raisonnables, a succédé le dessaisissement du Parlement d'une partie importante de ses compétences effectives en matière financière.

L'article 47 a essentiellement pour objet d'encadrer dans le temps l'examen du budget par le Parlement et de pourvoir à sa mise en œuvre en cas de défaillance de l'approbation parlementaire.

La procédure budgétaire a profondément changé depuis l'entrée en vigueur de la **loi organique du 1er août 2001 relative aux lois de finances**, dite « **LOLF** », qui a remplacé progressivement l'ordonnance du 2 janvier 1959. La refonte de cette « constitution financière de l'État » est issue d'une proposition parlementaire (v. **art. 24**).

Le projet de loi de finances est renvoyé directement à la commission des finances de chaque assemblée.

L'article 47 de la loi organique prévoit les conditions de recevabilité des amendements aux projets de lois de finances, présentés par le gouvernement comme par les membres du Parlement : « *Au sens des articles 34 et 40 de la Constitution, la charge s'entend, s'agissant des amendements s'appliquant aux crédits, de la mission.* » Les membres du Parlement ont désormais la faculté de présenter des amendements **majorant les crédits d'un ou plusieurs programmes ou dotations inclus dans une mission**. Selon le Conseil constitutionnel, ce changement n'est pas contraire à la Constitution, dès lors que le premier alinéa de l'article 47 de la Constitution habilite la loi organique, pour le vote des lois de finances, à assimiler la « *mission* » à la « *charge* » mentionnée à l'article 40 de la Constitution.

L'ENCADREMENT CONSTITUTIONNEL DE LA DISCUSSION DE LA LOI DES FINANCES

▶ Tout d'abord, chacune des assemblées dispose d'un délai très court pour discuter la loi de finances en première lecture : l'Assemblée, qui est prioritaire (v. **art. 39**), bénéficie de quarante jours, tandis que le Sénat ne s'en voit attribuer que quinze. Les délais de l'**article 42** ne s'appliquent pas.

▶ Ensuite, après soixante-dix jours de discussion, le gouvernement peut se passer de l'autorisation du Parlement ; cette disposition, véritable « épée de Damoclès » suspendue au-dessus du débat budgétaire, n'a jamais été appliquée. Les ordonnances budgétaires de l'article 47 constituent une délégation constitutionnelle directe au gouvernement : au terme du délai de soixante-dix jours, le Parlement est dessaisi de ses pouvoirs financiers.

Bien que considérés comme courts, ces délais pourraient être encore réduits : aux termes du projet de révision en cours, les députés n'auraient plus que **25 jours** d'examen (au lieu de 40), et le délai global accordé au Parlement passerait de 70 à **50 jours** (v. aussi **art. 47-1**).

▶ Enfin, une dernière disposition de l'article vise une situation un peu différente : celle dans laquelle la loi de finances n'a pas été déposée assez tôt pour permettre son adoption avant la fin de l'année civile. Dans ce cas, le Parlement vote, en urgence, une loi autorisant la levée des impôts à titre provisoire. Ce mécanisme a été appliqué en 1962, la dissolution de l'Assemblée ayant retardé sensiblement la discussion budgétaire. Bien que non prévue par la Constitution, une procédure semblable a dû être mise en œuvre en décembre 1979, à la suite d'une déclaration de non-conformité à la Constitution par le Conseil constitutionnel.

▶ Outre les dispositions de l'article 47, le gouvernement dispose, pour mener à bien le vote de la loi de finances, de toutes les autres armes que lui confie la Constitution pour contraindre le Parlement :

- l'**article 45**, souvent utilisé, les délais très brefs prévus par la Constitution obligeant fréquemment le gouvernement à donner « le dernier mot » à l'Assemblée (v. **art. 45, al. 4**) ;
- le recours au « vote bloqué » (v. **art. 44**) ;
- la mise en œuvre de l'**article 49, alinéa 3**, qui porte directement atteinte au principe selon lequel le Parlement doit autoriser le budget par un vote ; c'est pourtant selon cette procédure qu'ont été adoptées (ou plutôt considérées comme…) les lois de finances pour 1980, 1990, 1991 et 1992.

LES CARACTÉRISTIQUES DE LA LOI DE FINANCES

Selon la définition qu'en donne la nouvelle loi organique, *« les lois de finances déterminent, pour un exercice, la nature, le montant et l'affectation des ressources et des charges de l'État, ainsi que l'équilibre budgétaire et financier qui en résulte. Elles tiennent compte d'un équilibre économique défini, ainsi que des objectifs et des résultats des programmes qu'elles déterminent ».* Le vote de la loi de finances est le moment privilégié de la vie parlementaire où l'ensemble des activités gouvernementales fait l'objet d'un débat devant les deux assemblées : la discussion permet la mise en cause, et donc en principe le contrôle, de la politique du gouvernement sous tous ses aspects, et dans une perspective d'avenir ; s'agissant en effet du budget de l'année suivante, le gouvernement est contraint de dévoiler ses choix politiques, qui peuvent conditionner l'action menée sur plusieurs années.

Cependant, et même si le travail effectué par les commissions des finances des deux assemblées permet des débats fructueux, la marge de manœuvre du Parlement reste faible : le temps très court laissé aux parlementaires, l'irrecevabilité de tout amendement compromettant l'équilibre, les procédures contraignantes aux mains du gouvernement limitent déjà singulièrement la portée des débats ; s'y ajoute le phénomène des « services votés » : une partie importante de la masse des dépenses budgétaires découle de l'application des lois antérieures (investissements, charges de personnel, etc.) et ne peut être remis en cause au moment du vote du budget.

La loi de finances votée avant le 1er janvier de l'année où elle s'applique – appelée « **loi de finances initiale** » – n'est pas intangible. Elle est en fait fréquemment modifiée en cours d'année par des **lois de finances rectificatives** (plus souvent appelées « *collectifs budgétaires* »).

Le droit budgétaire est aujourd'hui encadré par le Conseil constitutionnel, qui, saisi fréquemment par l'opposition, a été conduit à préciser les conditions d'application de la Constitution (et de l'ordonnance du 2 janvier 1959).

> Le Conseil a ainsi sanctionné la pratique des « cavaliers budgétaires », consistant à introduire dans la loi de finances des dispositions sans rapport direct avec son contenu (CC, 28 décembre 1976 ; 31 décembre 1981).

ARTICLE 47-1. – Le Parlement vote les projets de loi de financement de la sécurité sociale dans les conditions prévues par une loi organique.

Si l'Assemblée nationale ne s'est pas prononcée en première lecture dans le délai de vingt jours après le dépôt d'un projet, le gouvernement saisit le Sénat qui doit statuer dans un délai de quinze jours. Il est ensuite procédé dans les conditions prévues à l'article 45.

Si le Parlement ne s'est pas prononcé dans un délai de cinquante jours, les dispositions du projet peuvent être mises en œuvre par ordonnance.

Les délais prévus au présent article sont suspendus lorsque le Parlement n'est pas en session et, pour chaque assemblée, au cours des semaines où elle a décidé de ne pas tenir séance, conformément au deuxième alinéa de l'article 28.

Introduit dans le texte constitutionnel par la révision du 22 février 1996, l'article 47-1 précise les conditions d'application d'une nouvelle compétence du Parlement, qui figure, depuis la même révision, à l'**article 34**. C'est la première fois, depuis 1958, que l'on étend le domaine de la loi, en dépit de tentatives antérieures portant sur le même sujet (v. **art. 34**).

Auparavant, le législateur ne pouvait que déterminer « *les principes fondamentaux* [...] *de la sécurité sociale* » ; il détermine désormais également les conditions générales de son équilibre financier, en fixant les objectifs des dépenses sociales, compte tenu des prévisions de recettes.

Les délais d'examen des projets de loi de financement de la sécurité sociale pourraient être réduits (selon le projet de révision de 2018), comme en matière de lois de finances (v. **art. 47**).

ARTICLE 47-2. – La Cour des comptes assiste le Parlement dans le contrôle de l'action du gouvernement. Elle assiste le Parlement et le gouvernement dans le contrôle de l'exécution des lois de finances et de l'application des lois de financement de la Sécurité sociale ainsi que dans l'évaluation des politiques publiques. Par ses rapports publics, elle contribue à l'information des citoyens.

Les comptes des administrations publiques sont réguliers et sincères. Ils donnent une image fidèle du résultat de leur gestion, de leur patrimoine et de leur situation financière.

Créée par la loi du 16 septembre 1807, la Cour des comptes, est une institution ancienne dont l'inscription dans le texte constitutionnel en 1946 a été maintenue par la Constitution de 1958. La révision du 23 juillet 2008 lui accorde désormais un article à part entière, témoignant ainsi de la (re)valorisation de ses missions et de son repositionnement dans le paysage institutionnel français, en cours depuis quelques années, dans un contexte marqué par une volonté de meilleure maîtrise des finances publiques.

Didier Migaud, nommé par le Président Sarkozy alors qu'il était député de l'opposition, a présidé la Cour des comptes de 2010 à 2020. Pierre Moscovici, ancien magistrat de la Cour, député, ministre des finances et commissaire européen, lui a succédé le 1er juin 2020.

La Cour des comptes est à la fois une juridiction et une institution supérieure de contrôle de la gestion publique.

À ce titre, elle exerce quatre types de contrôles *a posteriori*, qui relèvent pour une part d'un contrôle juridictionnel et d'autre part d'un contrôle administratif.

La Cour est d'abord et initialement une **juridiction administrative spécialisée**, compétente pour juger les *comptes des comptables publics* de l'État et de ses établissements publics. Elle statue en appel sur les jugements rendus par les cours régionales des comptes (compétentes pour connaître des comptes des collectivités territoriales).

Elle veille aussi, via un contrôle administratif, au **bon emploi des fonds publics,** c'est-à-dire à la gestion financière de l'État, de ses démembrements et des organismes de Sécurité sociale. Elle ne décide pas de sanction mais avise les autorités des anomalies constatées. Son rapport annuel rendu public a souvent de forts retentissements dans la presse.

La Constitution lui confère une mission **d'assistance aux pouvoirs publics** (Gouvernement et surtout Parlement) dans le cadre du contrôle de l'exécution de la loi de finances et de l'application de la loi de financement de la Sécurité sociale. Plus généralement, elle assiste le Parlement dans le contrôle de l'action gouvernementale.

La loi organique relative aux lois de finances l'a chargée de la **certification des comptes** de l'État et du régime général de la Sécurité sociale.

La sincérité des comptes publics s'apprécie au regard de l'équilibre déterminé par la loi de finances ; il s'entend également, dans la loi de règlement, de l'exactitude des comptes (Conseil constitutionnel, 6 août 2009).

ARTICLE 48. – Sans préjudice de l'application des trois derniers alinéas de l'article 28, l'ordre du jour est fixé par chaque assemblée.

Deux semaines de séance sur quatre sont réservées par priorité, et dans l'ordre que le gouvernement a fixé, à l'examen des textes et aux débats dont il demande l'inscription à l'ordre du jour.

En outre, l'examen des projets de loi de finances, des projets de loi de financement de la Sécurité sociale et, sous réserve des dispositions de l'alinéa suivant, des textes transmis par l'autre assemblée depuis six semaines au moins, des projets relatifs aux états de crise et des demandes d'autorisation visées à l'article 35 est, à la demande du gouvernement, inscrit à l'ordre du jour par priorité.

Une semaine de séance sur quatre est réservée par priorité et dans l'ordre fixé par chaque assemblée au contrôle de l'action du gouvernement et à l'évaluation des politiques publiques.

Un jour de séance par mois est réservé à un ordre du jour arrêté par chaque assemblée à l'initiative des groupes d'opposition de l'assemblée intéressée ainsi qu'à celle des groupes minoritaires.

Une séance par semaine au moins, y compris pendant les sessions extraordinaires prévues à l'article 29, est réservée par priorité aux questions des membres du Parlement et aux réponses du gouvernement.

L'article 48 précise deux aspects essentiels de la compétence du Parlement dans ses rapports avec le gouvernement : la fixation de l'ordre du jour et les questions des parlementaires.

L'ORDRE DU JOUR DES ASSEMBLÉES

Avant 2008, le gouvernement disposait, en principe, de la « maîtrise » de l'ordre du jour. En pratique, bien que l'ordre du jour fût fixé par la conférence des présidents, organisme propre à chacune des assemblées, un ordre de priorité était déterminé par le gouvernement. Cette « maîtrise » de l'ordre du jour a longtemps permis au gouvernement de s'opposer à tout débat législatif qui ne recueillerait pas son assentiment, ce qui explique que de nombreuses propositions de loi, singulièrement celles qui émanaient de l'opposition, n'ont jamais été discutées par le Parlement.

Ces dispositions ont longtemps limité sérieusement, dans la réalité, le droit d'initiative traditionnellement reconnu aux membres du Parlement (**art. 39**).

Depuis 2008, **l'ordre du jour est fixé par chaque assemblée**. Même si deux semaines de séances sur quatre restent réservées à l'ordre du jour gouvernemental.

Le changement est réel, puisque une semaine par mois revient au contrôle du gouvernement, et la « niche parlementaire » (une journée par mois) est désormais confiée à l'opposition.

LES QUESTIONS

La possibilité offerte aux membres des assemblées de questionner les autorités exécutives (le ministre ou le gouvernement) est ancienne. L'***interpellation***, introduite en France sous la Monarchie de juillet, deviendra sous la IIIe République le principal mode de mise en jeu de la responsabilité ministérielle. Les questions en séance publique existent dès 1875, alors que les questions écrites n'apparaissent qu'en 1909.

➜ Les questions orales et les questions au gouvernement

Jusqu'en 1958, le débat sur une question pouvait aboutir à un vote de défiance ; ainsi, sans être expressément prévues par la Constitution, les questions orales étaient responsables de maintes crises ministérielles.

L'introduction dans le texte constitutionnel des questions orales garantit un aspect fondamental du régime parlementaire (car le contrôle parlementaire est ainsi assuré, non seulement par la majorité, mais également par l'opposition). La procédure des questions est, depuis 1958, clairement séparée de celles conduisant à la mise en jeu de la responsabilité gouvernementale, qui sont prévues par l'**article 49. Les questions ne peuvent plus donner lieu à un vote** ; l'interpellation, symbole du « parlementarisme absolu », a disparu.

> Le Conseil constitutionnel a dû faire respecter ce principe : il a déclaré non conformes à la Constitution certaines dispositions du règlement des assemblées, qui prévoyaient la discussion de résolutions à l'issue de la séance de questions (décisions des 17 et 24 juin 1959).

Se substituant aux questions orales, les **questions au gouvernement** ont connu, depuis leur création en 1974, un certain succès, notamment du fait de leur retransmission, depuis 1981, à la télévision ; cette circonstance est propice à la présence des députés et des membres du gouvernement, ainsi qu'à la qualité des débats ; la séance des questions est généralement présidée, selon la coutume, par le président de l'Assemblée lui-même. Cette procédure constitue une transposition dans le régime parlementaire français du *question time* britannique.

Depuis 1995, les séances de questions ont lieu « au moins » une fois par semaine. À l'Assemblée nationale, ce sont généralement deux séances d'une heure, dont une le mardi, et, au Sénat, le mercredi, qui sont consacrées aux questions des parlementaires et aux réponses des ministres.

En principe, le texte des questions n'est pas connu à l'avance (c'est le cas au moins pour celles de l'opposition), afin d'encourager la spontanéité de l'exercice.

➜ Les questions écrites

Cette procédure existe depuis 1909. Les questions posées par les parlementaires et les réponses des ministres concernés sont publiées au *Journal officiel*.

Les questions écrites ont pour objet de retracer les difficultés individuelles que connaissent les électeurs, de former une demande de consultation juridique au gouvernement, ou bien encore de soulever une question de portée plus politique. Ces questions atteignent un volume important (plus de quinze mille par an dans les deux assemblées). L'intérêt majeur de cette procédure est de permettre au parlementaire de donner une suite concrète aux demandes des électeurs et de contraindre le gouvernement à afficher publiquement ses positions ; celles-ci contribuent à former la « doctrine administrative » qui peut dans certains cas être opposée à l'administration.

Ce système souffre cependant du temps qui peut s'écouler entre la question et la réponse : si le ministre dispose en principe d'un mois pour répondre, ce délai est rarement respecté.

ARTICLE 49. – Le Premier ministre, après délibération du Conseil des ministres, engage devant l'Assemblée nationale la responsabilité du gouvernement sur son programme ou éventuellement sur une déclaration de politique générale.

L'Assemblée nationale met en cause la responsabilité du gouvernement par le vote d'une motion de censure. Une telle motion n'est recevable que si elle est signée par un dixième au moins des membres de l'Assemblée nationale. Le vote ne peut avoir lieu que quarante-huit heures après son dépôt. Seuls sont recensés les votes favorables à la motion de censure qui ne peut être adoptée qu'à la majorité des membres composant l'Assemblée. Sauf dans le cas prévu à l'alinéa ci-dessous, un député ne peut être signataire de plus de trois motions de censure au cours d'une même session ordinaire et de plus d'une au cours d'une même session extraordinaire.

Le Premier ministre peut, après délibération du Conseil des ministres, engager la responsabilité du gouvernement devant l'Assemblée nationale sur le vote d'un projet de loi de finances ou de financement de la Sécurité sociale. Dans ce cas, ce projet est considéré comme adopté, sauf si une motion de censure, déposée dans les vingt-quatre heures qui suivent, est votée dans les conditions prévues à l'alinéa précédent. Le Premier ministre peut, en outre, recourir à cette procédure pour un autre projet ou une proposition de loi par session.

Le Premier ministre a la faculté de demander au Sénat l'approbation d'une déclaration de politique générale.

Les articles 49 et 50 précisent les conditions dans lesquelles s'exerce le principe de la responsabilité du gouvernement devant le Parlement, tel qu'il est affirmé à l'**article 20** de la Constitution. L'article 49, dans ses quatre alinéas, définit quatre hypothèses différentes de mise en jeu de la responsabilité.

L'ALINÉA PREMIER : L'ENGAGEMENT DE LA RESPONSABILITÉ

Ces dispositions définissent une procédure classique de « question de confiance » : le gouvernement, après délibération du Conseil des ministres, demande à l'Assemblée nationale d'approuver son programme ou une déclaration de politique générale, à la majorité simple.

Sous les régimes précédents, les gouvernements nouvellement formés étaient soumis à l'« investiture », c'est-à-dire que leur entrée en fonction ne pouvait intervenir qu'à la suite d'un vote favorable des députés. Cette règle n'était pas absurde dans son principe, puisqu'un gouvernement parlementaire était ainsi tenu de s'assurer d'une majorité avant de se mettre au travail. Elle a toutefois favorisé l'instabilité gouvernementale, en rendant de plus en plus difficile la mise en place des gouvernements : il arrivait ainsi souvent que le gouvernement « tombe » avant même d'entrer en fonction (on parlait alors de « gouvernement mort-né »). Les aspects négatifs de cette procédure devinrent plus évidents encore sous la IVe République, avec l'institution de fait, jusqu'en 1954, de la « double investiture » ; c'est ainsi que l'on désigna, dès 1947, la dérive acceptée par le président du Conseil, Paul Ramadier, en dépit des avertissements du chef de l'État, Vincent Auriol : le président du Conseil, bien qu'ayant été régulièrement investi par l'Assemblée, se trouvait contraint de subir un second vote, une fois le gouvernement constitué.

Depuis 1958, la perspective est différente. La nomination du Premier ministre résulte d'un pouvoir propre du président de la République (v. **art. 8**). L'entrée en fonction du chef du gouvernement n'est pas subordonnée à une investiture parlementaire. Cela ne remet pas en cause, dans le régime de la Ve République, la responsabilité du gouvernement devant le Parlement (qui, comme on le sait, conditionne le caractère parlementaire du régime) : en effet, il est loisible aux députés d'engager la responsabilité d'un gouvernement nouvellement désigné, pour lui manifester leur défiance et provoquer sa chute, en votant une motion de censure (v. *infra*). Le Premier ministre est ainsi habilité à poser la « question de confiance » ; est-il tenu de solliciter systématiquement cette confiance dès sa nomination, la question a été longtemps controversée.

Le problème ne s'est pas posé dès 1958, car les trois premiers gouvernements désignés par le général de Gaulle ont spontanément fait usage de l'article 49, alinéa premier.

En revanche, en 1966, Georges Pompidou, rompant avec la doctrine affichée par Michel Debré en 1959, se refusa à engager la responsabilité de son gouvernement à la suite de la déclaration qu'il avait prononcée devant l'Assemblée nationale, s'affirmant « entièrement libre de demander ou non un vote de confiance » dès lors que, à ses yeux, « il appartient de préférence à l'Assemblée de mettre en jeu la responsabilité ministérielle par la procédure la plus normale et la plus adaptée, la motion de censure ».

Par la suite, la pratique a été irrégulière, mais nombreux ont été les Premiers ministres qui se sont dispensés de faire usage de cette procédure.

Depuis 2017, deux déclarations de politique générale ont été prononcées par É. Philippe, le 4 juillet 2017, au lendemain du message présidentiel devant le Congrès (v. **art. 18**), et le 12 juin 2019.

Le nouveau Premier ministre, Jean Castex, nommé le 3 juillet 2020, jour de la démission de son prédécesseur, a dû reporter sa déclaration de politique générale « après le 14 juillet », soit après l'allocution d'Emmanuel Macron prévue à cette date.

La seule véritable question, à laquelle les faits ont apporté une réponse négative, consistait à savoir si le Premier ministre était ***tenu*** de prendre l'initiative d'engager sa responsabilité dès la formation de son gouvernement. Si, comme l'ont soutenu nombre de commentateurs (s'appuyant notamment sur le fait que la Constitution comporte le terme « *engage* », et non « peut engager »), une telle obligation existait, il s'agirait bien d'une forme d'investiture ; il n'est pas étonnant, compte tenu de l'évolution des rapports de pouvoirs sous la Ve République, que cette interprétation n'ait pas longtemps prévalu.

Lorsque le gouvernement engage sa responsabilité devant l'Assemblée nationale au titre de l'article 49, alinéa 1er, un ministre donne lecture de cette déclaration à la tribune du Sénat : ainsi, É. Philippe fut remplacé par G. Collomb le 4 juillet 2017. En 2020, au contraire, J. Castex tint à aller lui-même au Sénat, sans pour autant solliciter un vote (v. **art. 50-1**).

L'ALINÉA 2 : LA MOTION DE CENSURE

Le mécanisme de la motion de censure est essentiel pour caractériser le régime de la Ve République.

Dans une perspective de **rationalisation du parlementarisme**, et pour remédier à la fragilité gouvernementale des Républiques précédentes, la motion de censure est **strictement encadrée** : « Les rapports entre le ministère et le Parlement, tels qu'ils sont réglés par la Constitution, ne prévoient la censure que dans des conditions qui donnent à cette rupture un caractère d'extraordinaire gravité » (Général de Gaulle, 31 janvier 1964).

▶ La motion de censure ne peut être déposée que si elle réunit **les signatures d'un dixième des députés.** Aujourd'hui, il faut donc au moins 58 signataires (sur les 577 membres de l'Assemblée nationale). Cette exigence est déjà dissuasive, surtout lorsque la majorité est large (l'opposition réunissait, par exemple, de 1993 à 1997, moins de cent députés). En outre, et il s'agit là d'une règle limitant de manière arithmétique le nombre de motions déposées, les députés ne peuvent être signataires d'une motion de censure que **trois fois au maximum au cours de la session**. Ces conditions, qui sont plus ou moins contraignantes selon l'ampleur de la majorité, incitent les députés à ne tenter qu'à bon escient de censurer le gouvernement. Trois motions de censure ont été déposées sous le mandat de Nicolas Sarkozy (2007-2012), et une seule au cours du mandat de François Hollande, le 20 mars 2013, soit quatre en dix ans. En juillet 2018, deux motions de censure sont déposées par le groupe des Républicains d'abord, puis par les députés insoumis, socialistes et communistes, à l'encontre du gouvernement Philippe en réaction à l'affaire *Benalla*. Une troisième motion vise encore ce même gouvernement le 11 décembre 2018, en marge du mouvement des « Gilets jaunes ».

▶ **Le délai de quarante-huit heures** prévu entre le dépôt et le vote de la motion a pour objet, d'une part, d'éviter les crises improvisées, fréquentes sous la IVe République, et d'autre part, de permettre un débat approfondi avant le vote. Ce dernier point est important car, dans la pratique, l'existence d'une majorité stable rend peu probable l'aboutissement de cette procédure. L'article 49, alinéa 2 sert aujourd'hui essentiellement à donner à l'opposition la possibilité de « se compter » et le bénéfice d'une tribune pour exprimer ses critiques à l'égard du gouvernement.

▶ Pour être adoptée, la motion de censure doit être **votée par « la majorité des membres composant l'Assemblée ».** Il s'agit d'une condition qui contribue fortement à préserver la stabilité gouvernementale. Sans aller aussi loin que l'Allemagne, où la « motion de défiance constructive » nécessite, pour être valide, l'élection simultanée d'un nouveau chancelier, le régime français relève de la même inspiration. Pour renverser le gouvernement, il est nécessaire de réunir plus de la moitié des membres de l'Assemblée. Ainsi disparaît ce que, dans les régimes précédents, l'on a appelé « la trahison des abstentionnistes » ; aujourd'hui, les députés qui s'abstiennent (et même ceux qui sont absents) sont considérés comme favorables au gouvernement dont la responsabilité est mise en cause. Comme l'a écrit R. de Lacharrière : « Le gouvernement n'a pas besoin d'être soutenu par une majorité, il suffit qu'il ne puisse s'en former une contre lui. »

Depuis 1958, une seule motion de censure a été adoptée. Déposée le 2 octobre 1962 à l'encontre du gouvernement de Georges Pompidou, elle a recueilli 280 voix (sur 480).

Cette motion visait en fait à sanctionner le président de la République, qui avait pris l'initiative de modifier la Constitution par la procédure de l'**article 11**. Le texte de la motion est explicite à cet égard : « ... *en écartant le vote par les deux chambres, le président de la République viole la Constitution dont il est le gardien,* [...] *il n'a pu agir que sur la proposition du gouvernement,* [...] *l'Assemblée nationale censure le gouvernement.* »

L'ALINÉA 3 : LA RESPONSABILITÉ ENGAGÉE SUR UN TEXTE

Connue du public sous cette appellation numérique, l'article 49, alinéa 3 est l'arme la plus brutale parmi celles dont dispose le gouvernement dans le cadre du parlementarisme rationalisé. En effet, cette procédure, dont la mise en œuvre requiert une délibération du Conseil des ministres (c'est-à-dire en fait un accord du président), aboutit à ce que le simple constat de l'existence d'une majorité entraîne l'adoption d'une loi. La « charge de la preuve » est renversée : l'Assemblée n'est pas invitée à discuter ou à se prononcer sur un texte ; elle ne dispose plus, si le texte qui lui est soumis ne recueille pas son accord, que de la possibilité de renverser le gouvernement en votant une motion de censure dans les conditions de l'alinéa 2. Cette disposition a été très critiquée, car elle a pour effet qu'un texte proposé par le gouvernement puisse être « considéré comme adopté », et devienne donc une loi, **sans que l'Assemblée ne l'ait jamais voté**. Ce mécanisme a pourtant sa raison d'être, du moins l'avait-il en 1958, lorsque les constituants cherchaient à éviter les défauts du régime de la IVe République. Il était alors habituel que les députés ne veuillent pas prendre la responsabilité de faire tomber le gouvernement, mais qu'ils n'acceptent pas davantage de voter les textes jugés essentiels par celui-ci. Ainsi, le président du Conseil était contraint, soit de se retirer, soit de menacer de le faire tout au long des débats, afin d'obtenir les voix d'une majorité instable.

L'avènement, sous la Ve, du « fait majoritaire » a limité l'intérêt de cette procédure. Cependant, elle a connu un usage fréquent à certaines périodes, lorsque la majorité était peu docile (comme sous le gouvernement de Raymond Barre, en 1979 et 1980), ou très étroite (gouvernement Rocard en 1989 et 1990).

La modification ou la suppression de la procédure de l'article 49, alinéa 3, a été au cœur des discussions sur la révision constitutionnelle du 23 juillet 2008, dont elle devait constituer une mesure emblématique. Entre les partisans de la suppression de cette arme un peu archaïque et ceux qui estimaient prudent de la conserver pour préserver l'avenir et envisager des situations de courte majorité, le compromis finalement réalisé par le constituant a été de maintenir l'arme pour les lois de finances et de financement de la sécurité sociale, plus un texte « normal » par session. Pourquoi un ? C'est peu si le gouvernement ne dispose que d'une majorité étroite. Cependant, cette procédure, qui n'avait plus été mise en œuvre depuis 2006, a connu un regain de succès en 2015, à trois reprises sur le vote de la « loi Macron », puis en 2016, trois fois également sur la « loi El Khomri ». En 2020, sur le projet de loi instituant un système universel de retraite, elle a provoqué le dépôt de deux motions de censure, qui ont naturellement échoué. Elle empêche tout de même d'en faire un usage régulier pour pallier une absence de majorité.

L'ALINÉA 4 : LA CONFIANCE DU SÉNAT

Alors que l'**article 20** de la Constitution dispose que le gouvernement est « *responsable devant le Parlement* », ce principe est immédiatement nuancé par le même article : « *dans les conditions et suivant les procédures prévues aux articles 49 et 50* ». En réalité, le gouvernement ne peut être renversé que par l'Assemblée nationale.

Une certaine ambiguïté existait déjà sous la IIIe République : bien que les lois constitutionnelles aient prévu que les ministres étaient responsables « devant les chambres », la pratique, qui a peu à peu confirmé la responsabilité des gouvernements devant le Sénat, a été plutôt analysée comme une déviation du régime. Une responsabilité devant les deux assemblées est considérée depuis lors comme le spectre de l'instabilité (le régime italien a d'ailleurs confirmé cette crainte). Cela explique que les constituants de 1946, puis ceux de 1958, aient voulu réserver à la chambre basse la possibilité de provoquer la chute du gouvernement.

Dès lors, on peut s'interroger sur le sens de l'article 49, alinéa 4 : lorsque le Premier ministre use de la faculté qui lui est reconnue de demander au Sénat l'approbation d'une déclaration de politique générale, la Constitution ne prévoit aucune conséquence en cas de vote défavorable de la chambre haute. Il faut en déduire que cette procédure n'est qu'un geste de courtoisie à l'égard du Sénat, ou plutôt qu'elle ne fonctionne que dans un sens : le Premier ministre ne viendra devant le Sénat que s'il est assuré d'en retirer un avantage politique, la confiance de cette assemblée renforçant son action.

C'est dans cet esprit qu'il a été fait usage de cette disposition. Pendant longtemps, le Sénat ayant tenu un rôle de chambre d'opposition, aucune déclaration n'a été faite devant lui. La première application de l'alinéa 4 n'eut lieu qu'en 1975 : Jacques Chirac, sachant qu'il pouvait bénéficier de la confiance des deux assemblées, vint au Sénat le 10 juin 1975. Par la suite, il est arrivé plusieurs fois que le gouvernement se présente au vote des sénateurs dès sa constitution, en vue de faire approuver la même déclaration par les deux assemblées.

ARTICLE 50. – Lorsque l'Assemblée nationale adopte une motion de censure ou lorsqu'elle désapprouve le programme ou une déclaration de politique générale du gouvernement, le Premier ministre doit remettre au président de la République la démission du gouvernement.

Lorsque l'Assemblée nationale manifeste expressément sa défiance au gouvernement, soit par l'adoption d'une motion de censure (**art. 49, al. 2 et 3**), soit en désapprouvant son programme ou sa déclaration de politique générale (**art. 49, al. 1er**), le gouvernement est tenu de démissionner. Cette règle stricte et claire, qui n'a pas son égale dans tous les régimes parlementaires, découle de l'esprit du parlementarisme rationalisé : autant la responsabilité est difficile à engager, autant la sanction est immédiate et sans appel.

Dans la pratique de la Ve République, qui se résume à une seule application (v. **art. 49**), les choses n'ont pas été aussi claires. Alors qu'un gouvernement démissionnaire ne peut normalement, jusqu'à son remplacement, qu'expédier les « affaires courantes » (Conseil d'État, 19 octobre 1962, *Brocas*), Georges Pompidou et ses ministres ont été maintenus en fonction par le général de Gaulle pendant près de deux mois. Cela s'explique pourtant par la portée du droit de dissolution (v. **art. 12**), qui, dans la logique d'un régime parlementaire équilibré, permet au président de faire trancher par les électeurs une crise gouvernementale ouverte à la suite d'un engagement de la responsabilité.

ARTICLE 50-1. – Devant l'une ou l'autre des assemblées, le gouvernement peut, de sa propre initiative ou à la demande d'un groupe parlementaire au sens de l'article 51-1, faire, sur un sujet déterminé, une déclaration qui donne lieu à débat et peut, s'il le décide, faire l'objet d'un vote sans engager sa responsabilité.

Cette nouvelle procédure, créée en 2008, permet au gouvernement (au Premier ministre, en pratique) de faire une déclaration sans formalité (et sans les conséquences de celle de l'**article 49**) devant l'une des assemblées. La déclaration est suivie d'un débat, qui peut être conclu par un vote.

Édouard Philippe a utilisé cette procédure pour présenter le plan gouvernemental de déconfinement, le 28 avril 2020, devant l'Assemblée nationale, qui l'a approuvé, et le 4 mai, devant le Sénat, qui l'a rejeté. Ces deux votes, en application de l'article 50-1 de la Constitution, n'ont eu qu'une valeur politique, sans réelle influence sur le lancement du plan.

Le Premier ministre, Jean Castex, le 1er avril 2021, a dû affronter, dans les deux chambres du Parlement (Assemblée nationale et Sénat), l'opposition, ou plutôt les oppositions, qui ont, de façon quasi unanime, boycotté le vote organisé à la suite d'un débat sur le reconfinement de la population décidé par Emmanuel Macron.

ARTICLE 51. – La clôture de la session ordinaire ou des sessions extraordinaires est de droit retardée pour permettre, le cas échéant, l'application des dispositions de l'article 49. À cette même fin, des séances supplémentaires sont de droit.

L'article 51 a pour seul objet de protéger les droits des députés : les « délais de réflexion » prévus à l'article 49 ne doivent pas avoir pour effet d'empêcher que le vote sur la motion de censure ait lieu normalement, même en fin de session.

ARTICLE 51-1. – Le règlement de chaque assemblée détermine les droits des groupes parlementaires constitués en son sein. Il reconnaît des droits spécifiques aux groupes d'opposition de l'assemblée intéressée ainsi qu'aux groupes minoritaires.

Cet article, introduit par la révision du 23 juillet 2008, est important car il est censé traduire la volonté du gouvernement de créer un véritable « ***statut de l'opposition*** » (voir aussi, à l'**article 48**, les nouvelles règles de répartition de l'ordre du jour). L'Assemblée nationale et le Sénat ont ainsi modifié, en juin 2009, leur règlement de manière à concrétiser cette orientation constitutionnelle. Il est par exemple prévu de réserver à un membre de l'opposition la présidence de la commission des finances ou de la commission spéciale chargée de vérifier et d'apurer les comptes de l'Assemblée. En séance publique, le fait majoritaire devra se concilier avec les droits d'expression de l'opposition qui bénéficie, désormais, dans le cadre de la procédure dite de « temps législatif programmé », de règles de calcul du temps de parole plus favorables qu'auparavant.

ARTICLE 51-2. – Pour l'exercice des missions de contrôle et d'évaluation définies au premier alinéa de l'article 24, des commissions d'enquête peuvent être créées au sein de chaque assemblée pour recueillir, dans les conditions prévues par la loi, des éléments d'information.

La loi détermine leurs règles d'organisation et de fonctionnement. Leurs conditions de création sont fixées par le règlement de chaque assemblée.

Jusqu'en 2008, le texte constitutionnel lui-même ne prévoyait pas l'existence de ces commissions. Elles n'étaient pas davantage prévues par les constitutions précédentes, mais leur existence de fait remonte à la Monarchie de juillet, et elles se sont développées coutumièrement sous les IIIe et IVe Républiques.

Ces commissions sont constituées en vertu de l'ordonnance du 17 novembre 1958 (art. 6) ; on distinguait traditionnellement, jusqu'à la **loi de 1991** unifiant ces deux types de commissions, les **commissions d'enquête**, « *formées pour recueillir des éléments d'information sur des faits déterminés et soumettre leurs conclusions à l'assemblée* », des **commissions**

de contrôle, chargées d'examiner « *la gestion administrative, financière ou technique de services publics ou d'entreprises nationales en vue d'informer l'assemblée* ».
Les commissions d'enquête, qui ont ainsi été constitutionnalisées en 2008, comportent au maximum trente membres désignés à la proportionnelle des groupes. Elles ne peuvent être constituées lorsque les faits ont donné lieu à des poursuites judiciaires et que celles-ci n'ont pas atteint leur terme. Les investigations de la commission ne peuvent s'étendre au-delà d'une durée de six mois. La loi du 20 juillet 1991 a décidé le principe de la publicité des auditions. Les rapports des commissions sont également publiés, sauf si l'assemblée intéressée en décide autrement.

Parmi les commissions d'enquête constituées récemment, on peut citer celle « relative aux éventuels dysfonctionnements dans l'action du Gouvernement et des services de l'État, entre le 4 décembre 2012 et le 2 avril 2013, dans la gestion d'une affaire qui a conduit à la démission d'un membre du Gouvernement », autrement dit l'affaire *Cahuzac*, ou encore celle qui porte sur les services de renseignements français et la surveillance des mouvement radicaux armés.
En septembre 2018, la commission des lois du Sénat, constituée en commission d'enquête, a décidé de procéder à l'audition de M. Benalla, en marge de l'affaire judiciaire du même nom, sur « *les conditions dans lesquelles des personnes n'appartenant pas aux forces de sécurité intérieure ont pu ou peuvent être associées à l'exercice de leurs missions de maintien de l'ordre et de protection de hautes personnalités* », en dépit des protestations du garde des Sceaux, au nom de la séparation des pouvoirs.
Le 17 mars 2020 est créée, à l'Assemblée, une mission d'information sur la gestion et les conséquences de l'épidémie de coronavirus, dotée des prérogatives d'une commission d'enquête. Le 30 juin 2020, le Sénat décide, à l'initiative de son président Gérard Larcher, de créer une commission d'enquête pour l'évaluation des politiques publiques face aux grandes pandémies à la lumière de la crise sanitaire de la covid-19 et de sa gestion.

Titre VI
DES TRAITÉS ET ACCORDS INTERNATIONAUX

ARTICLE 52. – Le président de la République négocie et ratifie les traités.

Il est informé de toute négociation tendant à la conclusion d'un accord international non soumis à ratification.

Contrairement à une idée répandue, née d'une interprétation hâtive de l'**article 53**, ce n'est pas le Parlement qui ratifie les traités, mais le chef de l'État. Cette compétence traditionnelle remonte à l'Ancien Régime et n'a connu d'exception que pendant la Révolution. Elle découle de la personnification de l'État au plan international.

Cependant elle peut revêtir un caractère essentiellement formel, lorsque le président n'intervient que pour apposer sa signature sur un texte international qui a pu être négocié par le chef du gouvernement ou par le ministre des Affaires étrangères. Ainsi l'article 52 n'apporte-t-il guère de précisions sur les pouvoirs réels du président sur le plan international.

C'est la pratique de la Ve République qui a donné un véritable contenu à ces dispositions. Si le président de la IIIe République avait déjà une place choisie dans les relations diplomatiques, où il joua un rôle parfois notable jusqu'à la guerre de 1914, c'est sans commune mesure avec le président de la Ve. Là encore, comme dans le domaine de la défense nationale (v. **art. 15**), la personnalité du général de Gaulle a certainement marqué la fonction présidentielle. Le fondateur du régime n'a jamais manqué de rappeler les services rendus au pays lors de la guerre pour invoquer l'importance du président sur le plan diplomatique : « En vertu de la légitimité nationale que j'incarne depuis vingt ans… » (janvier 1960).

Il faut signaler le rôle du président de la République dans les conseils européens : à la différence des autres États de l'Union européenne, la France y est toujours représentée par le chef de l'État, illustrant ainsi sa prééminence sur le Premier ministre en matière de politique européenne.

En période de cohabitation, le président continue de représenter le pays dans les « sommets », même s'il est parfois accompagné par le Premier ministre. Dans un tel contexte, le président est évidemment soucieux de montrer qu'il garde le premier rôle dans les relations entre les grandes puissances (comme dans la crise ouverte par les attentats du 11 septembre 2001).

ARTICLE 53. – Les traités de paix, les traités de commerce, les traités ou accords relatifs à l'organisation internationale, ceux qui engagent les finances de l'État, ceux qui modifient des dispositions de nature législative, ceux qui sont relatifs à l'état des personnes, ceux qui comportent cession, échange ou adjonction de territoire, ne peuvent être ratifiés ou approuvés qu'en vertu d'une loi.

Ils ne prennent effet qu'après avoir été ratifiés ou approuvés.

Nulle cession, nul échange, nulle adjonction de territoire n'est valable sans le consentement des populations intéressées.

L'article 53 comporte deux types de dispositions bien différentes : il précise le rôle du Parlement en matière de traités (v. également **art. 54**) et définit les conditions de modification du territoire de la République.

LA COMPÉTENCE DU PARLEMENT

Comme le prévoit l'**article 52**, c'est au président de la République qu'il appartient de négocier et de ratifier les traités ; ceux-ci ne peuvent avoir effet qu'à compter de leur ratification et n'acquièrent une pleine valeur juridique qu'après leur publication (v. **art. 55**). Le Parlement n'est cependant pas absent de la procédure conduisant à l'engagement international de la France.

L'intervention du Parlement est prévue pour **les traités les plus importants**, et ce depuis la IIIe République (traités de paix et de commerce). La catégorie des traités « *relatifs à l'organisation internationale* » a été ajoutée en 1946.

Le Parlement est saisi également des traités correspondant à sa compétence interne : ceux qui engagent les finances de l'État ou modifient des dispositions de nature législative ; à ce titre, la supériorité du traité sur la loi antérieure, en vertu de l'**article 55**, n'a même pas lieu d'être puisque celle-ci est abrogée d'office par la loi d'autorisation. Cependant, les actes communautaires (n'étant pas des traités au sens de cet article) ne sont pas soumis au Parlement au titre de cette procédure (v. **art. 88-4**).

L'intervention d'une loi est exigée également en préalable à la ratification de tout traité emportant modification territoriale ; on doit voir là une des conséquences du principe de l'indivisibilité de la République (v. **art. 2**).

S'agissant de l'ensemble des traités visés à l'article 53, la ratification par le président ne peut intervenir « *qu'en vertu d'une loi* ». Cette formule ambiguë signifie que la loi doit approuver les stipulations de l'accord international avant que celui-ci puisse être ratifié (par le président de la République).

Faute d'une telle autorisation, le traité, qui ne peut être ni ratifié ni publié, est dépourvu de l'autorité que lui confère l'**article 55** (Conseil d'État, 18 décembre 1998, *Parc d'activités de Blotzheim*). Et le juge s'assure de la régularité de la ratification ou de l'approbation, même par voie d'exception, lorsqu'il contrôle des mesures d'application du traité (Conseil d'État, 5 mars 2003, *Aggoun*).

Le Parlement ne peut qu'autoriser ou refuser **en bloc** l'ensemble du texte : aucun amendement n'est recevable à ce stade.

Le pouvoir dévolu au Parlement n'est pas exclusif : lorsque le traité est de nature à avoir « *des incidences sur le fonctionnement des institutions* », sa ratification peut être autorisée par le peuple, s'exprimant dans le cadre de la procédure prévue à l'**article 11**.

Le juge administratif n'est pas compétent pour examiner la constitutionnalité de la loi autorisant la ratification ou l'approbation (Conseil d'État, 8 juillet 2002, *Commune de Porta*). Un cas particulier se présente pour l'adhésion d'un État dans l'Union européenne. L'autorisation de ratifier doit avoir lieu par référendum ou à la majorité des trois cinquièmes (v. **art. 88-5**).

LE CONSENTEMENT DES POPULATIONS

La portée du troisième alinéa de l'article 53 dépasse le cadre des traités internationaux passés par la France. Ses dispositions posent le principe de la consultation obligatoire, par référendum (même si le terme n'est pas utilisé), des populations d'un territoire qui serait cédé par la France à un État étranger ou, au contraire, annexé par la France. L'article 53 ne prévoit pas expressément le cas de la sécession, c'est-à-dire la perte d'un territoire devenant indépendant ; le Conseil constitutionnel l'a pourtant estimé applicable à « *l'hypothèse où un territoire cesserait d'appartenir à la République pour constituer un État indépendant* » (décision du 30 décembre 1975), officialisant ce qu'on avait appelé auparavant la « doctrine Capitant ». L'exigence du « consentement des populations intéressées » n'est que la conséquence du droit des peuples à disposer d'eux-mêmes, souvent proclamé en droit international et consacré dans le **Préambule**.

Ce principe n'a guère trouvé à s'appliquer dans les termes prévus par la Constitution, hormis certaines situations particulières comme la cession des « comptoirs » français de l'Inde ou l'adhésion des îles Wallis et Futuna.

Les principaux épisodes de la décolonisation, qui s'apparentaient davantage à une sécession, doublée de la reconnaissance d'un État nouveau, ont suivi une procédure spécifique (celle de l'ancien **article 85**), sans respecter l'obligation de consultation des populations intéressées.

Les principes de l'article 53 ont toutefois été appliqués lorsque certains territoires de la République ont accédé à l'indépendance : la population de l'Algérie a été consultée lors du « scrutin d'autodétermination » du 1er juillet 1962 ; il en a été également ainsi des populations de la Côte française des Somalis (1966), des Comores (1974) et de Djibouti (1967, puis 1977). Plus récemment, en 1987, 1998, 2018 et 2020, les habitants de la Nouvelle-Calédonie ont été interrogés sur le maintien de ce territoire au sein de la République française (v. **art. 76** et **77**). Le principe du consentement des populations (ou des électeurs inscrits) a trouvé, depuis 2003, de nouvelles illustrations outre-mer (v. **articles 72-4 et 73**).

ARTICLE 53-1. – La République peut conclure avec les États européens qui sont liés par des engagements identiques aux siens en matière d'asile et de protection des droits de l'homme et des libertés fondamentales des accords déterminant leurs compétences respectives pour l'examen des demandes d'asile qui leur sont présentées.

Toutefois, même si la demande n'entre pas dans leur compétence en vertu de ces accords, les autorités de la République ont toujours le droit de donner asile à tout

étranger persécuté en raison de son action en faveur de la liberté ou qui sollicite la protection de la France pour un autre motif.

Cet article résulte de la révision constitutionnelle du 25 novembre 1993, intervenue à la suite d'une décision du Conseil constitutionnel (du 13 août 1993) ayant émis des réserves sur la conformité d'une loi au **droit d'asile,** principe de valeur constitutionnelle consacré par le Préambule de 1946.

Or la loi en question avait été prise pour l'application de la convention de Schengen liant la France à plusieurs pays de la Communauté européenne. Cette convention, soumise au Conseil constitutionnel, ne comportait, selon celui-ci, aucune clause contraire à la Constitution (décision du 25 juillet 1991). Le gouvernement, ayant considéré que la nouvelle décision du Conseil faisait obstacle à ce que la législation française se conforme aux engagements pris par la France dans cette convention, a demandé au président de la République d'engager une révision de la Constitution. C'est la première fois qu'une déclaration de non-conformité d'une loi à la Constitution a abouti à la modification de cette dernière.

L'article 53-1 a permis d'intégrer dans le corps de la Constitution le principe du **droit d'asile**, consacré par le Préambule de la Constitution de 1946, selon lequel « *tout homme persécuté en raison de son action en faveur de la liberté a droit d'asile sur les territoires de la République* ».
La révision du 25 novembre 1993 aboutit à constitutionnaliser le contenu d'un accord international, comme celle du 25 juin 1992 (v. **art. 88-1**).

ARTICLE 53-2. – La République peut reconnaître la juridiction de la Cour pénale internationale dans les conditions prévues par le traité signé le 18 juillet 1998.

Issu de la loi constitutionnelle du 8 juillet 1999, cet article a permis à la France de ratifier le traité instituant la Cour pénale internationale.
En effet, saisi suivant la procédure de l'**article 54**, par le président de la République **et** le Premier ministre, le Conseil constitutionnel, **dans une décision du 22 janvier 1999**, a estimé que ce traité, signé à Rome le 18 juillet 1998, ne pouvait être ratifié sans révision de la constitution. Ainsi, le traité ne respecte pas les immunités prévues pour le président de la République (**art. 68**), les ministres (**art. 68-1**) et les parlementaires (**art. 26**). Par ailleurs, le traité prévoit que la Cour reste compétente pour des faits amnistiés ou prescrits et que son procureur peut enquêter sur le territoire de l'État ; ces stipulations portent « *atteinte aux conditions essentielles d'exercice de la souveraineté nationale* ».
Depuis la révision, l'article 53-2, auquel renvoie l'**article 67**, est réputé déroger aux règles constitutionnelles méconnues par le traité, qui peut donc pleinement s'appliquer. Sa ratification est intervenue le 9 juin 2000.

ARTICLE 54. – Si le Conseil constitutionnel, saisi par le président de la République, par le Premier ministre, par le président de l'une ou l'autre assemblée ou

par soixante députés ou soixante sénateurs, a déclaré qu'un engagement international comporte une clause contraire à la Constitution, l'autorisation de ratifier ou d'approuver l'engagement international en cause ne peut intervenir qu'après la révision de la Constitution.

LA SAISINE DU CONSEIL CONSTITUTIONNEL

Depuis 1992, la saisine du Conseil constitutionnel, statuant sur la **conformité d'un traité** à la Constitution a été étendue à « ***soixante députés ou soixante sénateurs*** ». Auparavant, cette saisine était réservée au président de la République, au Premier ministre et aux présidents des deux assemblées.

Alors qu'il est aujourd'hui nécessaire de réunir **soixante députés ou soixante sénateurs** pour saisir le Conseil constitutionnel – que ce soit pour qu'il juge de la constitutionnalité d'un traité international (**art. 54**) ou d'une loi (**art. 61**) , ou qu'il se prononce sur le fait de savoir si les conditions demeurent réunies pour la poursuite de la mise en œuvre de l'**article 16** de la Constitution –, aux termes du projet de révision engagé en 2018, ce seuil pourrait être ramené à **quarante députés ou quarante sénateurs**, afin de tenir compte d'une réduction du nombre de parlementaires (v. **art. 25**).

LA PORTÉE DE L'ARTICLE 54

Le contrôle de la constitutionnalité des traités revêt un aspect particulier : lorsque, saisi en application de l'**article 61**, le Conseil déclare une loi non conforme à la Constitution, celle-ci ne peut être promulguée (**art. 62**) ; en revanche, l'article 54 indique que le traité comportant une clause contraire à la Constitution ne peut être ratifié **qu'après révision de la Constitution**. Certains ont pu voir dans cette différence de formulation l'idée que, selon la Constitution, en cas de contradiction, le texte constitutionnel ***doit*** nécessairement être modifié afin de s'accorder au traité. Une telle analyse est erronée : la supériorité de la norme constitutionnelle s'exerce de la même manière sur les lois et sur les traités ; il est possible (il s'agit d'un choix politique) soit de modifier la Constitution, soit de mettre en conformité le texte déclaré inconstitutionnel, soit encore d'y renoncer. Mais, en pratique, il est souvent plus facile de refaire la loi que de remettre en cause un traité qui, négocié et signé avant d'être ratifié, engage en fait déjà le pays.
Une confusion a pu naître du fait que, de 1992 à 1999, les décisions déclarant des traités non conformes à la Constitution ont systématiquement entraîné des modifications de celle-ci. Un contre-exemple est pourtant survenu en 1999 : la décision du Conseil constitutionnel du 15 juin 1999 (v. **art. 2**) sur la Charte relative aux langues régionales a été suivie de l'abandon de la procédure de ratification de cette convention, pourtant signée auparavant par la France.

L'APPLICATION DE L'ARTICLE 54

L'article 54 a donné lieu à d'importantes décisions du Conseil constitutionnel.
▶ **Les trois premières** (19 juin 1970, sur les compétences budgétaires du Parlement européen ; 30 décembre 1976, sur l'élection au suffrage universel de cette assemblée ;

22 mai 1985, sur le protocole de la Convention européenne des droits de l'homme relatif à l'abolition de la peine de mort) n'ont relevé aucune clause contraire à la Constitution.

▶ **La décision du 9 avril 1992** sur le traité de l'Union européenne (traité de Maastricht) a, en revanche, constaté que plusieurs clauses étaient inconstitutionnelles. Souhaitant poursuivre le processus de Maastricht, le gouvernement a engagé une révision de la Constitution : la loi constitutionnelle du 25 juin 1992 y a introduit les **articles 88-1, 88-2 et 88-3**.

▶ **La décision du 2 septembre 1992**, rendue sur saisine des parlementaires, qui utilisaient pour la première fois la procédure de l'article 54, a déclaré le traité de Maastricht non contraire à la Constitution ainsi révisée.

▶ Sur saisine conjointe du président de la République et du Premier ministre, le Conseil constitutionnel a estimé, dans **une décision du 21 décembre 1997**, que la ratification du traité d'Amsterdam nécessitait une nouvelle révision de la Constitution (v. **art. 88-1 à 88-3**); il en a été de même de la ratification du traité sur la Cour pénale internationale (v. **art. 53-2**), à la suite de la **décision du 22 janvier 1999**.

▶ **La décision du 15 juin 1999** déclare non conforme à la Constitution la Charte européenne des langues régionales ou minoritaires, contraire à l'**article 2** (langue française), mais également aux **articles premier** (indivisibilité de la République) **et 3** (unicité du peuple) (v. aussi **article 75-1**).

▶ **La décision du 19 novembre 2004**, sur le traité instituant une Constitution pour l'Europe, a entraîné la révision du 1er mars 2005 (v. **art. 88-1**).

▶ **La décision du 13 octobre 2005**, à l'origine de l'**article 66-1** sur l'abolition de la peine de mort.

▶ **La décision du 20 décembre 2007**, relative au traité de Lisbonne (v. **art. 88-1**).

▶ **La décision du 9 août 2012**, relative au traité sur la stabilité, la coordination et la gouvernance au sein de l'Union économique et monétaire, signé le 2 mars 2012 à Bruxelles : le traité sur la Zone Euro ne comporte aucune clause contraire à la Constitution.

▶ **La décision du 31 juillet 2017**, relative à l'accord économique et commercial global entre le Canada, d'une part, et l'Union européenne et ses États membres, d'autre part, dit traité CETA, *idem*.

LES LIMITES DU CONTRÔLE DE L'ARTICLE 54

Le droit communautaire issu du traité de Rome pose un problème spécifique au regard de la hiérarchie des normes découlant notamment de l'article 54.

▶ Tout d'abord, le traité, conclu le 25 mars 1957, donc **antérieurement à l'entrée en vigueur de la Constitution**, n'a pu faire l'objet d'aucun contrôle de conformité aux normes constitutionnelles ; il n'est, dès lors, pas exclu que l'ordre juridique qu'il institue comporte des éléments incompatibles avec les principes constitutionnels actuellement en vigueur.

▶ Ensuite, l'institution de la Communauté européenne a entraîné l'édiction de normes communautaires : celles-ci, principalement **les règlements et les directives adoptés par le Conseil**, n'émanent pas des autorités publiques d'un seul État, mais ne sont pas non plus des engagements internationaux de type classique, comme les traités, au sens de l'article 54 de la Constitution.

Ces règles, créées par les institutions européennes, ont vocation à s'appliquer dans les États membres ; en France, elles sont assimilées, dans la hiérarchie des normes, aux traités, et bénéficient dès lors d'une « *autorité supérieure à celle des lois* » (v. **art. 55**). En principe, ni l'article 54 ni aucune autre procédure ne permet d'en vérifier la constitutionnalité. Le Conseil constitutionnel, notamment, ne se reconnaissait pas compétent pour exercer ce contrôle (décision du 30 décembre 1977), considérant que le droit dérivé n'est que « *la conséquence d'engagements internationaux souscrits par la France* » (le traité de Rome).

▶ Cependant, les jurisprudences du Conseil constitutionnel et du Conseil d'État ont évolué, dans les années récentes, vers un plus grand contrôle des directives (v. **art. 88-1**). Une solution pour combler cette faille dans l'État de droit serait d'élargir la question prioritaire de constitutionnalité (v. **art. 61-1**) aux stipulations des conventions internationales et des normes issues de l'Union européenne.

ARTICLE 55. – **Les traités ou accords régulièrement ratifiés ou approuvés ont, dès leur publication, une autorité supérieure à celle des lois, sous réserve, pour chaque accord ou traité, de son application par l'autre partie.**

Sous la Ve République, les traités, ou conventions internationales, bénéficient d'emblée d'une place privilégiée dans la hiérarchie des normes de droit, au-dessus de la loi. Cette disposition de principe, qui figurait déjà dans la Constitution de 1946, exprime l'adhésion de la France à la théorie « moniste ». Ainsi, les règles dont la France se dote en signant des accords avec d'autres États sont accueillies immédiatement dans l'ordre juridique interne, sans qu'il soit besoin qu'une norme de droit interne (une loi, par exemple) les y introduise expressément.

L'article 55 soumet la supériorité des traités sur la loi à la réalisation de certaines conditions. Il ne fixe pas, par ailleurs, de mécanisme de contrôle de cette supériorité, ce qui a entraîné des lacunes dans le respect de la règle.

LES CONDITIONS DE LA SUPÉRIORITÉ DES TRAITÉS

▶ **La ratification**. Les traités ne sont applicables dans l'ordre interne que lorsqu'ils ont été ratifiés par le président de la République, après une éventuelle autorisation législative (v. **art. 52, 53**, et également **11**). S'agissant des accords, une simple approbation par le Premier ministre (ou le ministre des Affaires étrangères) est suffisante (le président est simplement informé ; v. **art. 52**).

▶ **La publication.** Les traités doivent avoir été publiés au *Journal officiel de la République française*, tandis que les actes des institutions européennes sont publiés au *Journal officiel de l'Union européenne.*

▶ **La réciprocité.** II serait paradoxal qu'une norme internationale qui ne serait pas respectée par ses cosignataires puisse néanmoins prévaloir sur la loi française. C'est pourquoi la valeur juridique d'un traité est subordonnée « à son application par l'autre partie ». Cette règle de bon sens n'est pas sans poser de difficiles problèmes d'appréciation.

Pendant longtemps, le juge administratif ne se reconnaissait pas compétent pour apprécier si la condition de réciprocité était remplie, estimant que cette question relevait du ministre des Affaires étrangères (Conseil d'État, 9 avril 1999, *Mme Chevrol-Benkeddach*), cette solution a été jugée non conforme à la Convention européenne des droits de l'homme par un arrêt de la Cour européenne du 13 février 2003, *Chevrol c/ France*). Depuis un arrêt du 9 juillet 2010 (*Cheriet-Benseghir*), le Conseil d'État a estimé le juge administratif compétent pour vérifier si la condition de réciprocité est ou non remplie, après avoir recueilli les observations du ministre des Affaires étrangères et, le cas échéant, celles de l'État en cause.
En outre, certains traités multilatéraux ont vocation à s'appliquer dans tous les cas (malgré une méconnaissance de ses clauses par telle ou telle partie), car ils contiennent des stipulations dites « objectives » (conventions en matière de droits de l'homme, par exemple).
Le droit communautaire échappe, en principe, à la règle de la réciprocité ; lorsqu'un État ne respecte pas ses obligations, il peut faire l'objet d'un « recours en manquement » devant la Cour de justice de l'Union européenne (qui siège à Luxembourg).

LA RÉALISATION DE LA SUPÉRIORITÉ

➜ L'évolution des normes internationales

Longtemps, la supériorité des traités n'a eu que des conséquences limitées sur le droit interne, car les traités comportaient des obligations ne pesant que sur les pouvoirs publics. Aujourd'hui, de nombreuses conventions multilatérales contiennent des règles directement applicables aux personnes. Dès lors, leur supériorité revêt un contenu bien différent, puisque le législateur ne peut modifier ces règles.
Enfin, la construction européenne a donné une ampleur accrue à l'article 55 : les institutions créées par le traité de Rome édictent des normes (règlements, directives) qui bénéficient de la même valeur juridique que le traité lui-même. Le droit communautaire, dans son ensemble, issu des traités ou « droit dérivé », prévaut donc sur la loi interne (v. **art. 88-1 et 88-4**).

➜ La recherche d'un juge

Alors que le contrôle de la conformité à la Constitution des lois et des traités est expressément confié au Conseil constitutionnel par les **articles 54 et 61**, aucune disposition ne prévoit que l'on puisse déférer devant un juge une loi qui, en méconnaissance de l'article 55, serait contraire à un traité.
Le **Conseil constitutionnel**, saisi en application de l'**article 61,** s'est déclaré incompétent (décision du 15 janvier 1975) pour exercer ce contrôle (souvent appelé aujourd'hui « contrôle de conventionalité »).

Dans cette décision, le Conseil a estimé que « *la supériorité des traités sur les lois* […] *présente un caractère à la fois* ***relatif et contingent****, tenant, d'une part, à ce qu'elle est limitée au champ d'application du traité et, d'autre part, à ce qu'elle est subordonnée à une condition de réciprocité dont la réalisation peut varier* […] ».
Cette jurisprudence ne souffre qu'une exception : lorsque le Conseil constitutionnel est saisi d'une loi de transposition d'une directive communautaire, il vérifie tout de même que les dispositions de la loi « *se bornent à tirer les conséquences nécessaires des dispositions inconditionnelles et précises de la directive* » (décision du 10 juin 2004).

Aucune juridiction n'étant habilitée, dans le système français, à censurer la loi, il restait à savoir si les juridictions administrative et judiciaire accepteraient d'en écarter l'application dans le cas où elle aurait été adoptée en contradiction avec une norme internationale **déjà en vigueur**.
La Cour de cassation a rapidement pris ce parti (24 mai 1975, *Société des Cafés Jacques Vabre*), faisant prévaloir la règle internationale sur la loi.
Le Conseil d'État, au contraire, au nom du respect absolu de la règle législative, se refusait, jusqu'en 1989, à examiner la compatibilité avec un engagement international d'une loi postérieure à cet engagement. Depuis l'arrêt *Nicolo* (Conseil d'État, 20 octobre 1989), un contrôle effectif de la règle fixée par l'article 55 est assuré par les deux ordres de juridiction.
Mais il ne s'agit que d'un contrôle par **voie d'exception** de la loi, qui n'est que ponctuellement écartée par le juge et ne disparaît pas de l'ordonnancement juridique.

Le Conseil d'Etat précise ainsi que, « pour la mise en œuvre du principe de supériorité des traités sur la loi énoncé à l'article 55 de la Constitution, il incombe au juge, pour la détermination du texte dont il doit faire application, de se conformer à la règle de conflit de normes édictée par cet article » (CE, 5 janvier 2005, *Deprez*).

➜ La spécificité du droit communautaire

La jurisprudence *Nicolo* a été rapidement étendue aux normes communautaires : ainsi, un règlement communautaire ou une directive priment sur la loi postérieure (Conseil d'État, 24 septembre 1990, *Boisdet* ; 28 février 1992, *SA Rothmans*).
La spécificité du droit communautaire a, en outre, conduit à soutenir que les normes qui en relèvent auraient une autorité supérieure à **tout le droit interne**, y compris la Constitution. C'est le sens de la jurisprudence de la Cour de justice des Communautés européennes (CJCE, 1978, *Simmenthal*). Cette théorie n'est pas confirmée en droit interne français : en témoignent tant les dispositions de l'**article 54** que la jurisprudence du Conseil constitutionnel, du Conseil d'État (1998, *Sarran et Levacher*), et celle de la Cour de cassation (2000, *Fraisse*). Le Conseil d'État (21 avril 2021, *French Data Network*) l'a récemment réaffirmé : « *tout en consacrant l'existence d'un ordre juridique de l'Union européenne intégré à l'ordre juridique interne* […], *l'article 88-1 confirme la place de la Constitution au sommet de ce dernier.* […] *Dans le cas où l'application d'une directive ou d'un règlement européen, tel qu'interprété par la Cour de justice de l'Union européenne, aurait pour effet de priver de garanties effectives l'une de ces exigences constitutionnelles, qui ne bénéficierait pas, en droit de l'Union, d'une protection équivalente, le juge administratif, saisi d'un moyen en ce sens, doit l'écarter dans la stricte mesure où le respect de la Constitution l'exige* ».

Titre VII
LE CONSEIL CONSTITUTIONNEL

ARTICLE 56. – Le Conseil constitutionnel comprend neuf membres, dont le mandat dure neuf ans et n'est pas renouvelable. Le Conseil constitutionnel se renouvelle par tiers tous les trois ans. Trois des membres sont nommés par le président de la République, trois par le président de l'Assemblée nationale, trois par le président du Sénat. La procédure prévue au dernier alinéa de l'article 13 est applicable à ces nominations. Les nominations effectuées par le président de chaque assemblée sont soumises au seul avis de la commission permanente compétente de l'assemblée concernée.

En sus des neuf membres prévus ci-dessus, font de droit partie à vie du Conseil constitutionnel les anciens présidents de la République.

Le président est nommé par le président de la République. Il a voix prépondérante en cas de partage.

→ Une désignation politique

Comme c'est le cas pour la plupart des cours constitutionnelles étrangères, les membres du Conseil constitutionnel sont désignés par des personnalités politiques : le président de la République et les présidents des deux assemblées. Ce recrutement, s'il n'obéit pas nécessairement à des mobiles politiques, peut prêter à la critique et à des spéculations sur la « majorité » que certains croient pouvoir discerner, à l'occasion de commentaires des décisions rendues. On a pu ainsi estimer que « le Conseil constitutionnel n'est pas composé de manière à présenter les garanties que doit offrir une haute juridiction » (R. de Lacharrière). Dans la pratique, on constate que les membres du Conseil sont des hommes politiques ou des juristes (parfois les deux), ce qui a permis d'atteindre « un certain équilibre entre les compétences et les opinions » (M. Prélot).

C'est sans doute pour rapprocher le conseil d'une juridiction que le Sénat a proposé, en 2008, de modifier son appellation en « Cour constitutionnelle ». Cette proposition n'a pas prospéré.
Depuis 2008, les nominations sont soumises à la procédure d'avis prévue à l'**article 13**. On distingue la nomination prononcée par le président de la République, soumise aux commissions des deux assemblées, de celles de chacun des présidents de ces assemblées, soumises à la seule commission de l'assemblée qu'il préside.
La décision par laquelle le président de la République nomme un membre du Conseil ne peut être contestée devant le juge administratif (Conseil d'État, 9 avril 1999, *Mme Ba*).

→ Une anomalie : les membres de droit

Les anciens présidents de la République sont membres de droit. Cette disposition, qui semble correspondre à une conception purement honorifique de l'appartenance au Conseil (comme les anciens présidents italiens qui sont sénateurs à vie), est généralement considérée comme peu heureuse. Compte tenu de la place que tient aujourd'hui le Conseil constitutionnel, la présence d'un ancien président peut semer le doute sur l'impartialité de ses décisions, censées être dénuées de toute inspiration politique.

Déjà proposée par le comité Vedel, la suppression des membres de droit a été reprise, à l'occasion de la révision de 2008, par le comité Balladur, mais, peut-être pour ne pas se montrer désobligeant à l'égard des anciens présidents, membres de droit, le statu quo a été préféré.

Le nouveau président du Conseil nommé en février 2016, Laurent Fabius, avait alors lui aussi fait savoir qu'il était favorable à la suppression des membres de droit (pour l'avenir). Cette réforme devait intervenir dans le cadre des révisions engagées en 2018 et 2019, toujours en suspens. Elle devait épargner les « *anciens Présidents de la République qui ont siégé au Conseil constitutionnel l'année précédant la délibération en conseil des ministres du projet de la présente loi constitutionnelle* ». En fait, seul l'ancien président Valéry Giscard d'Estaing était concerné par cette exception. Le décès de ce dernier, le 2 décembre 2020, prive d'objet ce galimatias rédactionnel.

Le retour, à terme, à un Conseil constitutionnel de neuf membres lui permettra, le plus souvent, de siéger en nombre impair, comme le font en principe les juridictions, évitant ainsi le regrettable recours à la voix prépondérante du président.

On notera, enfin, qu'il y a quelque paradoxe à se plaindre de la politisation éventuelle des anciens présidents de la République, alors que l'on continue de nommer au Conseil constitutionnel une succession d'anciens Premiers ministres (L. Jospin, L. Fabius, A. Juppé).

Le général de Gaulle n'a jamais siégé. Vincent Auriol cessa rapidement de participer aux travaux du Conseil, au contraire de René Coty qui y fut assidu. Valéry Giscard d'Estaing, n'étant plus député depuis 2004, a siégé depuis cette date jusqu'à l'année de son décès, mais il s'abstenait de participer aux décisions portant sur des QPC (v. **art. 61-1**). Jacques Chirac en 2007, puis Nicolas Sarkozy en 2012, sont devenus membres de droit à l'issue de leur mandat mais, en pratique, ils ont cessé d'y siéger depuis respectivement mars 2011 et janvier 2013. Comme il l'avait annoncé dès 2014, François Hollande ne siège pas.

La composition actuelle du Conseil constitutionnel

- **nommés par le président de la République** : en 2013, Nicole Maestracci ; en 2016, Laurent Fabius (président) ; en 2019, Jacques Mézard.

- **nommés par le président de l'Assemblée nationale** : en 2013, Claire Bazy-Malaurie (déjà nommée en 2010 en remplacement de J.-L. Pezant, décédé) ; en 2016, Corinne Luquiens ; en 2019, Alain Juppé.

- **nommés par le président du Sénat** : en 2016, Michel Pinault ; en 2017, Dominique Lottin (en remplacement de Nicole Belloubet, nommée garde de Sceaux) ; en 2019, François Pillet.

- **membres de droit** : Nicolas Sarkozy, François Hollande.

→ La présidence du Conseil constitutionnel

Le président du Conseil constitutionnel est nommé par le président de la République.

S'il est habituel que le président de la République désigne une même personnalité simultanément comme membre et comme président, et ce pour neuf ans, aucune règle écrite ne l'y contraint : il peut nommer président un membre désigné par les présidents des assemblées, ou même un membre de droit (on dit que René Coty avait espéré occuper ce poste).
En outre, la durée du mandat du président du Conseil est incertaine : aucun texte n'indique qu'elle soit de neuf ans. Lorsque Daniel Mayer, nommé président en 1983, démissionna de cette fonction en 1986 (tout en restant membre du Conseil) pour être remplacé par Robert Badinter, certains dénoncèrent un « tour de passe-passe ». Pourtant, aucune disposition expresse ne fait obstacle à ce que le président de la République nomme un nouveau président, alors que le précédent n'est en place que depuis trois ou six ans. Cette constatation, qui semble résulter d'un vide juridique, est inquiétante, car elle pourrait menacer l'indépendance du président du Conseil constitutionnel. Ce qui semble certain, contrairement à l'opinion émise en 1998, de manière hasardeuse, par ceux qui souhaitaient alors le départ du Président Roland Dumas, c'est que le président de la République ne peut le révoquer.

Les présidents du Conseil constitutionnel depuis sa création en 1958

Léon Noël (1959-1965), Gaston Palewski (1965-1974), Roger Frey (1974-1983), Daniel Mayer (1983-1985), Robert Badinter (1986-1995), Roland Dumas (1995-2000), Yves Guéna (2000-2004), Pierre Mazeaud (2004-2007), Jean-Louis Debré (2007-2016), Laurent Fabius (nommé en 2016 pour 9 ans).

ARTICLE 57. – Les fonctions de membre du Conseil constitutionnel sont incompatibles avec celles de ministre ou de membre du Parlement. Les autres incompatibilités sont fixées par une loi organique.

→ Le régime des incompatibilités

Ces incompatibilités visent à assurer l'indépendance du Conseil constitutionnel, et, par suite, à renforcer l'autorité de l'institution. Les fonctions de membre du Conseil constitutionnel sont incompatibles avec la fonction de membre du gouvernement, du Parlement ou du Conseil économique, social, et environnemental. Depuis la loi organique du 19 janvier 1995, ces fonctions sont également incompatibles « *avec l'exercice de tout mandat électoral* », ainsi qu'avec l'exercice de fonctions publiques non électives. Les membres du Conseil peuvent toutefois conserver des fonctions d'enseignement, à la condition de ne pas donner de consultations sur des sujets ayant un lien avec leur activité au Conseil.
Certains membres du Conseil constitutionnel ont dû le quitter du fait d'une incompatibilité ; ce fut le cas de Georges Pompidou (nommé Premier ministre en 1962), d'Edmond Michelet (élu député en 1967) et de Nicole Belloubet (nommée garde des Sceaux en 2017).

➔ Un régime souvent critiqué

Comme on l'a vu (**art. 56**), le mode de désignation des membres du Conseil a parfois été critiqué, car il permet de prêter à certains, sinon un engagement, du moins une « sensibilité » politique. Un tel soupçon est beaucoup plus évident dans le cas où un membre du Conseil exerce des activités dans la sphère politique avant ou après son mandat (ou, comme c'était possible avant 1995, lorsqu'il restait membre d'une assemblée locale). De plus, les membres du Conseil peuvent, tout à fait régulièrement, conserver des activités professionnelles privées. Ce régime, conçu à une époque où le Conseil constitutionnel n'était pas destiné à occuper une place maîtresse dans les institutions, n'offre pas toutes les garanties d'indépendance et d'impartialité que l'on peut attendre d'une institution qui censure la loi votée par le Parlement. Les incompatibilités ont été renforcées en 1995, mais la participation de certains membres du Conseil à la campagne pour le référendum de 2005 sur le *traité établissant une Constitution pour l'Europe* a montré que le profil de certains des membres désignés peut nourrir la critique.

ARTICLE 58. – Le Conseil constitutionnel veille à la régularité de l'élection du président de la République.

Il examine les réclamations et proclame les résultats du scrutin.

ARTICLE 59. – Le Conseil constitutionnel statue, en cas de contestation, sur la régularité de l'élection des députés et des sénateurs.

ARTICLE 60. – Le Conseil constitutionnel veille à la régularité des opérations de référendum prévues aux articles 11 et 89 et au Titre XV. Il en proclame les résultats.

➔ L'élection présidentielle

Au-delà des compétences fixées par l'**article** 7, le Conseil intervient dans plusieurs étapes de l'élection :

- il est consulté sur les mesures d'organisation de l'élection ;
- il arrête la liste des candidats, après avoir vérifié la régularité des présentations et statué sur les réclamations ;

Le candidat doit obtenir le parrainage de **500 élus nationaux ou locaux** : parlementaires, conseillers régionaux ou départementaux, maires…, mais non les conseillers municipaux ; soit, au total, plus de 40 000 présentateurs possibles. Deux conditions supplémentaires **garantissent l'audience nationale du candidat** : les « parrains » doivent venir de *30 départements différents au moins, et ceux d'un même département ne doivent pas dépasser 10 %* des 500 signataires requis. Chaque présentateur ne peut parrainer qu'un seul candidat et la liste des parrains est publiée au *Journal officiel* pour permettre aux citoyens de savoir à quel candidat leurs élus apportent leur caution. Sur ce point, on rappellera qu'en 2012, le Conseil constitutionnel, saisi par Marine Le Pen d'une question prioritaire de constitutionnalité, a refusé de censurer la publication des noms des « citoyens élus habilités » à parrainer les candidats à l'élection présidentielle, en estimant « qu'en instaurant une telle publicité, le législateur a entendu favoriser la transparence de la procédure de présentation des candidats à l'élection présidentielle ».

- à l'issue du scrutin, il se prononce sur les réclamations dont il est saisi dans les quarante-huit heures : il peut annuler certains résultats partiels lorsque leur sincérité est douteuse (et même, s'il y a lieu, annuler l'ensemble de l'élection) ;
- il proclame les résultats de l'élection, et déclare le président élu.

Alors que le Conseil avait toujours considéré sa compétence comme limitativement définie par le texte constitutionnel, il a pourtant, le 24 mai 1974, « *estimé de sa responsabilité de rendre publique* » une déclaration portant sur les **difficultés constatées au cours des trois élections précédentes** : ces réflexions, portant sur les règles de présentation des candidats, sur l'absence de réglementation des sondages d'opinion et sur l'éventualité du décès d'un candidat, ont donné lieu à des réformes et à la révision constitutionnelle du 18 juin 1976 (v. **art.** 7). Il a préconisé de nouvelles réformes en 1995, puis plus récemment, l'intervention d'une loi en matière de sondages électoraux.

➜ L'élection des députés et des sénateurs

La compétence du Conseil constitutionnel à l'égard des élections législatives a permis de mettre fin à la situation choquante des régimes précédents, où les assemblées elles-mêmes procédaient à l'**invalidation** des parlementaires considérés par elles comme irrégulièrement élus ; en 1956, plusieurs députés poujadistes ont ainsi été invalidés, ce qui n'a pas contribué à réduire l'antiparlementarisme…

En matière d'élections législatives, le Conseil n'a qu'une compétence juridictionnelle : il statue sur les réclamations, dont il peut être saisi dans un délai de dix jours. Les annulations restent rares, car bien souvent les irrégularités constatées sont, du fait des écarts de voix entre les candidats, « *sans influence sur le résultat du scrutin* ». Là encore, le Conseil constitutionnel était intervenu pour recommander un nouveau découpage des circonscriptions qui a été effectué par une ordonnance du 29 juillet 2009 (v. art. 25), le précédent découpage ayant été réalisé en 1986, d'après le recensement de 1982.

➜ Les opérations référendaires

Comme pour l'élection présidentielle, le Conseil est investi de pouvoirs assez larges : outre l'examen des réclamations et la proclamation des résultats, il est consulté sur l'organisation du référendum et veille au bon déroulement de la consultation. Il n'est pas habilité, en revanche, à se prononcer sur la constitutionnalité du texte soumis au référendum, sauf lorsqu'il s'agit d'un référendum d'initiative partagée, dont le texte est, cette fois, obligatoirement soumis au Conseil (v. **art. 11**).

On notera que, depuis la révision du 28 mars 2003, l'article 60 est expressément limité aux référendums des **articles 11 et 89**, et ne s'applique pas à ceux prévus par les **articles 72-1, 72-4 et 73**.

ARTICLE 61. – Les lois organiques, avant leur promulgation, les propositions de loi mentionnées à l'article 11 avant qu'elles ne soient soumises au référendum, et les règlements des assemblées parlementaires, avant leur mise en application, doivent être soumis au Conseil constitutionnel, qui se prononce sur leur conformité à la Constitution.

Aux mêmes fins, les lois peuvent être déférées au Conseil constitutionnel, avant leur promulgation, par le président de la République, le Premier ministre, le président de l'Assemblée nationale, le président du Sénat ou soixante députés ou soixante sénateurs.

Dans les cas prévus aux deux alinéas précédents, le Conseil constitutionnel doit statuer dans le délai d'un mois. Toutefois, à la demande du gouvernement, s'il y a urgence, ce délai est ramené à huit jours.

Dans ces mêmes cas, la saisine du Conseil constitutionnel suspend le délai de promulgation.

Le fait de doter un État d'une constitution écrite n'a pas historiquement eu pour conséquence nécessaire de consacrer la suprématie de cette norme, ni *a fortiori* d'organiser les modalités de contrôle de la supériorité de la Constitution sur les normes inférieures, à commencer par la loi.

Même aux États-Unis, le contrôle de la constitutionnalité des lois n'a pas été institué par la Constitution américaine de 1787 ; c'est un arrêt de la Cour suprême de 1803, *Marbury v. Madison*, qui a imposé le principe qu'une loi ne peut continuer à s'appliquer lorsqu'elle est contraire à la Constitution.

En France, le mouvement constitutionnaliste qui a imposé la première constitution (celle de 1791) s'est accompagné d'une sacralisation des représentants de la Nation et, par suite, de la loi comme norme émanant des dépositaires de la souveraineté nationale. Sur un plan plus philosophique, la loi est considérée comme « *l'expression de la volonté générale* », selon la formule de la Déclaration de 1789. Ces principes vont entraîner une quasi-souveraineté de la loi, faisant obstacle à tout contrôle de conformité à une norme supérieure.

Le contrôle de constitutionnalité, tel qu'il s'exerce aujourd'hui, obéit à deux types de procédures biens différents : un contrôle *a priori*, créé en 1958, organisé **obligatoirement** pour certains textes et **facultativement** pour les lois ordinaires, est prévu à l'**article 61** ; un contrôle *a posteriori* est ajouté depuis 2008 et concerne les lois déjà promulguées, à l'**article 61-1**.

LE CONTRÔLE SYSTÉMATIQUE DES LOIS ORGANIQUES, DES PROPOSITIONS DE LOI RÉFÉRENDAIRE ET DES RÈGLEMENTS DES ASSEMBLÉES

Comme le prévoit également l'**article 46**, les lois organiques doivent nécessairement être soumises au Conseil constitutionnel, qui contrôle leur conformité à la Constitution.

Il en est de même des règlements des assemblées. Ce contrôle revêt une certaine importance, car il permet d'éviter que le Parlement ne soit tenté de contourner, par l'intermédiaire de ces règlements, les limites apportées au pouvoir législatif par la Constitution de 1958 (v. **art. 48 et 88-4**).
S'y ajoutent, depuis 2008, les propositions de loi référendaire, qui ne pourront être soumises à référendum que si elles ont été déclarées conformes à la Constitution (v. **art. 11 et 62**).

LE CONTRÔLE FACULTATIF DES LOIS ORDINAIRES

▶ La possibilité ouverte au Conseil constitutionnel de s'opposer à la promulgation d'une loi, en la déclarant contraire à la Constitution, **a été conçue initialement de manière restrictive** : la saisine du Conseil était réservée à quatre personnalités politiques (le président de la République, qui, en vertu de l'**article 5**, veille au respect de la Constitution, le Premier ministre, les présidents de l'Assemblée nationale et du Sénat) ; le rôle du Conseil était envisagé comme celui d'un organe chargé de faire respecter les compétences et les procédures définies par le texte de 1958, et notamment de veiller à contenir le Parlement dans les limites fixées par la Constitution (v. aussi **art. 37 et 41**).
Au cours des années 1970, cette conception va être rapidement dépassée.

- D'abord, **un tournant jurisprudentiel se produit en 1971**. Par une décision du 16 juillet, le Conseil constitutionnel déclare une loi non conforme à la Constitution, non parce qu'elle en viole le texte même, mais parce qu'elle méconnaît un « ***principe fondamental reconnu par les lois de la République*** », la liberté d'association (consacrée par la loi du 1er juillet 1901). La décision se fonde sur le **Préambule**, qui se réfère à la Déclaration de 1789 et au Préambule de la Constitution de 1946 ; ce dernier texte « *réaffirme les droits* [...] *consacrés* [...] *par les principes fondamentaux reconnus par les lois de la République* ». Ainsi, le Conseil constitutionnel incorpore dans le « bloc de constitutionnalité » (v. *infra*) de nombreux principes dont il décide d'imposer le respect à la loi. Cette décision va bouleverser les conditions du contrôle de constitutionnalité, qui devient un contrôle « substantiel », c'est-à-dire que le Conseil est amené désormais beaucoup plus fréquemment à statuer sur le fond (ou le contenu) de la loi.
- **Une réforme importante intervient en 1974 :** la saisine du Conseil est étendue à **soixante députés ou soixante sénateurs**. Cette révision, réalisée à l'initiative du Président Giscard d'Estaing, modifie l'esprit et la fréquence de la saisine du Conseil. Celle-ci devient l'apanage de l'opposition parlementaire, qui défère systématiquement les textes qui lui déplaisent sur le plan politique ; à partir de cette date, la politique est « saisie par le droit », selon l'expression de Louis Favoreu. En outre, les décisions du Conseil vont se multiplier, permettant le développement d'une jurisprudence constructive établissant fermement les nouveaux principes auxquels se réfère le Conseil.

Aux termes du projet de révision engagé en 2018, ce seuil pourrait être ramené à **quarante députés ou quarante sénateurs**, afin de tenir compte d'une réduction du nombre de parlementaires (v. **art. 25**).

▶ **La jurisprudence du Conseil constitutionnel a dégagé un « bloc de constitutionnalité »**, c'est-à-dire l'ensemble des normes de valeur constitutionnelle dont le respect s'impose au législateur. Il est ainsi composé :

- de la Constitution de 1958 ;
- de la Déclaration des droits de l'homme de 1789 (avec notamment la liberté individuelle, l'égalité, la propriété) ;
- du Préambule de la Constitution de 1946 (les principes politiques, économiques et sociaux « particulièrement nécessaires à notre temps », comme le droit de grève, le droit à la santé, le droit d'asile) ;
- de la Charte de l'environnement de 2004 ; ces trois derniers textes sont reproduits en annexe du **Préambule** ;
- des « principes fondamentaux reconnus par les lois de la République » (on peut citer, outre la liberté d'association, la liberté de l'enseignement, les droits de la défense, l'indépendance de la juridiction administrative) ;
- des « principes à valeur constitutionnelle » dégagés par le Conseil constitutionnel (par exemple, le principe de continuité des services publics).

Ainsi le Conseil a-t-il mis en place et précisé la portée juridique d'un grand nombre de normes de référence qui lui permettent d'exercer un contrôle très serré des lois votées par le Parlement.

▶ Outre ce large domaine de référence, **la conception extensive du contrôle de constitutionnalité** se manifeste par certains apports de la jurisprudence. C'est ainsi que le Conseil constitutionnel a estimé qu'il pouvait statuer sur l'ensemble du texte de loi qui lui est déféré, même si les auteurs de la saisine n'ont contesté que certaines dispositions (c'est une forme d'autosaisine sur les autres dispositions de la loi). Il a mis également en place des techniques de contrôle lui permettant d'appréhender la matière qui lui est soumise (erreur manifeste d'appréciation, strictes réserves d'interprétation ; v. **art. 62**).
Jusqu'à la révision de 2008, le contrôle de la constitutionnalité des lois s'exerçait uniquement avant leur promulgation : c'était un contrôle *a priori* ; une fois la loi promulguée, sa conformité à la Constitution ne pouvait plus être mise en cause (devant aucune juridiction).

Cette règle, qui découlait du texte même de l'article 61, a été rappelée par le Conseil, notamment dans une décision du 27 juillet 1978. Cependant, en 1985 (décision du 25 janvier), le Conseil constitutionnel ouvre une brèche importante dans le principe de l'immunité de la loi promulguée : celle-ci peut être « *contestée à l'occasion de l'examen des dispositions législatives qui la modifient, la complètent ou affectent son domaine* ». Cette jurisprudence a été appliquée par le Conseil dans une décision du 15 mars 1999 : pour la première fois, des dispositions législatives d'une loi en vigueur ont été déclarées contraires à la Constitution (décision n° 99410 DC, loi organique relative à la Nouvelle-Calédonie).
Selon le Conseil d'État, « *il ressort des débats tant du Comité consultatif constitutionnel que du Conseil d'État lors de l'élaboration de la Constitution que les modalités ainsi adoptées* [l'article 61] *excluent un contrôle de constitutionnalité de la loi au stade de son application* » (CE, 5 janvier

2005, *Deprez*). Ce n'est plus le cas depuis 2008 : le Conseil constitutionnel exerce désormais un nouveau contrôle par voie d'exception, prévu à l'**article 61-1**.

Le contrôle de constitutionnalité connaît cependant une limite notable : les lois adoptées par référendum ne peuvent être soumises au Conseil constitutionnel ; celui-ci se refuse à les contrôler, après leur adoption, du fait qu'elles émanent directement du peuple (v. **art. 11**). En revanche, depuis 2008, s'agissant du nouveau référendum d'initiative partagée, c'est un contrôle préventif, organisé avant le référendum, qu'exerce désormais le Conseil constitutionnel.

▶ La jurisprudence du Conseil constitutionnel, qui exerce pleinement depuis cinquante ans le contrôle des lois votées par le Parlement, a suscité **des commentaires contrastés.**
Nombreux sont ceux qui se félicitent de la jurisprudence du Conseil constitutionnel. Celui-ci, de manière audacieuse, a édifié un ensemble de règles constitutionnelles permettant de contenir l'élan législatif dans les limites des principes auxquels les Français sont attachés depuis toujours. L'État de droit en sort renforcé, car le législateur lui-même est soumis à un corpus de règles dont il ne peut s'affranchir. En outre, le Conseil (que la presse appelle souvent « les Sages ») exerce une fonction de modérateur, et tempère opportunément la fougue de certaines majorités parlementaires, évitant ainsi que ne soient adoptées certaines lois « liberticides ».
En revanche, certains commentateurs ont vivement critiqué le Conseil constitutionnel. Le principe même du contrôle de constitutionnalité peut être contesté : on peut y voir un « extravagant veto » (R. de Lacharrière), car le mode de désignation des membres du Conseil constitutionnel (v. **art. 56**) ne confère à ces derniers qu'une légitimité très réduite au regard de celle des parlementaires. En vertu de la théorie de la souveraineté, la loi, expression de la volonté générale, ne doit pas être entravée par un organe qui n'émane d'aucune désignation populaire. Un autre type de critique s'est fait jour : le Conseil constitutionnel fonderait ses décisions sur des principes dont le contenu juridique reste imprécis ; en sanctionnant la loi au regard de ces principes, il est conduit à substituer son appréciation à celle des élus. Le reproche porte sur la subjectivité du contrôle, qui pourrait permettre au Conseil constitutionnel de déclarer contraires à la Constitution les textes auxquels il est opposé.

ARTICLE 61-1. – Lorsque, à l'occasion d'une instance en cours devant une juridiction, il est soutenu qu'une disposition législative porte atteinte aux droits et libertés que la Constitution garantit, le Conseil constitutionnel peut être saisi de cette question sur renvoi du Conseil d'État ou de la Cour de cassation qui se prononce dans un délai déterminé.
Une loi organique détermine les conditions d'application du présent article.

Après un premier projet présenté par F. Mitterrand, qui avait échoué devant le Sénat, c'est la révision constitutionnelle du 23 juillet 2008 qui a introduit cette procédure d'exception d'inconstitutionnalité, dont la portée s'est avérée considérable.

Comme on l'a vu *supra* (v. **art. 61**), le système français de contrôle de constitutionnalité des lois s'est construit notamment à partir des années 1970, sur le principe du contrôle *a priori*, la loi devenant incontestable dès sa promulgation. Le dispositif prévu par l'article 61-1 institue un contrôle *a posteriori*, proche de celui que connaissent les États-Unis : il s'agit d'un contrôle *in concreto*, lorsque, dans le cadre d'un litige soumis au juge ordinaire (judiciaire ou administratif), une partie soutient que la loi qu'on lui applique est inconstitutionnelle.

Le système adopté par la France organise une procédure de filtre, car seules les juridictions suprêmes (Conseil d'État, Cour de cassation) peuvent renvoyer la question de constitutionnalité au Conseil constitutionnel.

Il faut néanmoins préciser que ce contrôle *a posteriori* ne s'exerce qu'au regard des droits et libertés que la Constitution garantit et non de l'ensemble des règles constitutionnelles.

Le contrôle spécifique prévu à l'article 61-1 de la Constitution prend la forme d'une « ***question prioritaire de constitutionnalité*** ». La procédure applicable a été précisée par la loi organique du 10 décembre 2009 et le règlement intérieur du Conseil constitutionnel du 4 février 2010.

Au cours d'une instance devant une juridiction (judiciaire ou administrative), tout justiciable peut, au moyen d'un écrit distinct et motivé, soulever une exception d'inconstitutionnalité en soutenant que la loi – quelle que soit sa date – dont il lui est fait application est contraire à un des droits et libertés garantis par la Constitution. Le juge doit alors examiner, sans délai et en priorité, cette exception. Dans le cas où la disposition législative litigieuse est bien applicable au litige, qu'elle n'a pas déjà été déclarée conforme à la Constitution dans les motifs et le dispositif d'une décision du Conseil et que la question soulevée n'est pas dépourvue de caractère sérieux, la juridiction sursoit à statuer et la question est transmise au Conseil d'État ou à la Cour de cassation, qui, à leur tour, disposent de trois mois pour jouer leur rôle de filtre et se prononcer sur le caractère nouveau ou sérieux de la question justifiant la transmission au Conseil constitutionnel.

La question prioritaire de constitutionnalité a permis de renforcer le caractère juridictionnel qui manquait auparavant au Conseil constitutionnel. Le règlement intérieur prévoit l'application en son sein des garanties procédurales inhérentes à toute juridiction : principe du contradictoire, publicité des audiences, règle du déport et mécanisme de récusation visant à assurer l'impartialité du juge constitutionnel.

Le Conseil constitutionnel, après avoir informé les quatre plus hautes autorités de l'État et recueilli, le cas échéant, leurs observations ainsi que celles des parties, se prononce, au terme d'une procédure écrite contradictoire, et à l'issue d'une audience publique (au contraire de la procédure de **l'article 61**).

S'il déclare la loi inconstitutionnelle, celle-ci est alors abrogée et non pas seulement écartée au seul cas d'espèce. L'effet abrogatif *erga omnes* donne ainsi à la question prioritaire de constitutionnalité des effets bien plus radicaux que ceux découlant du contrôle de conventionalité.

D'après la loi organique, le contrôle de constitutionnalité de la loi s'exerce prioritairement, c'est-à-dire nécessairement avant celui de la conventionalité. Cette disposition organique, qui ne figure pas dans la Constitution, a donné lieu à des débats nourris entre les juridictions concernées, sur la question de sa contradiction éventuelle avec la primauté du droit communautaire. Il résulte des décisions du Conseil constitutionnel (12 mai 2010) et du Conseil d'État (14 mai 2010, *Rujevic*) que la possibilité de saisir d'une question préjudicielle la Cour de justice de l'Union européenne (CJUE) à tout moment, voire simultanément à la transmission de la QPC, s'accorde avec le droit communautaire. La Cour de cassation, après avoir saisi la CJUE de la compatibilité de la QPC, et notamment de son caractère prioritaire, avec le droit de l'Union, décide, au contraire, d'écarter cette priorité lorsqu'une question parallèle de « communautarité » est soulevée devant elle (29 juin 2010, *Melki*).

Il faut noter l'ampleur considérable prise par cette procédure de QPC. En onze ans, de 2010 à 2021, le Conseil constitutionnel a rendu plus de 900 décisions sur des QPC. Environ un tiers de ces décisions ont abouti à l'abrogation de dispositions législatives jugées contraires aux droits et libertés que la Constitution garantit.

ARTICLE 62. – Une disposition déclarée inconstitutionnelle sur le fondement de l'article 61 ne peut être promulguée ni mise en application.

Une disposition déclarée inconstitutionnelle sur le fondement de l'article 61-1 est abrogée à compter de la publication de la décision du Conseil constitutionnel ou d'une date ultérieure fixée par cette décision. Le Conseil constitutionnel détermine les conditions et limites dans lesquelles les effets que la disposition a produits sont susceptibles d'être remis en cause.

Les décisions du Conseil constitutionnel ne sont susceptibles d'aucun recours. Elles s'imposent aux pouvoirs publics et à toutes les autorités administratives et juridictionnelles.

Cet article précise la portée des décisions du Conseil constitutionnel et l'autorité qui doit leur être reconnue par les pouvoirs constitués.

LA PORTÉE DES DÉCISIONS DU CONSEIL CONSTITUTIONNEL

Lorsqu'une disposition de la loi est déclarée « contraire » ou « non conforme » à la Constitution, sur le fondement de l'article 61, elle ne peut être promulguée.

▶ Cette règle est simple à appliquer quand c'est l'ensemble des dispositions de la loi qui est contraire à la Constitution : la loi n'est pas promulguée. En revanche, si seules certaines dispositions sont inconstitutionnelles, le Conseil constitutionnel recherchera si elles sont **séparables** de l'ensemble de la loi ; dans l'affirmative, il s'agit d'une « invalidation partielle » et le reste du texte est promulgué ; si les dispositions non conformes sont inséparables, c'est la loi tout entière qui est rejetée.
Si le législateur (et le gouvernement) veut reprendre son texte, il devra recommencer l'ensemble de la procédure, à moins d'avoir recours à la nouvelle délibération de l'**article 10**.

▶ Souvent, les décisions du Conseil constitutionnel peuvent avoir une portée juridique et des effets contraignants **sans pour autant aller jusqu'à la déclaration de non-conformité**. C'est le cas lorsque le Conseil constitutionnel interprète le texte qui lui est soumis de manière à exclure toute contrariété avec la Constitution, selon la technique dite de « l'interprétation neutralisante ». Également, le Conseil exprime parfois des « strictes réserves d'interprétation » qui sont en fait adressées au gouvernement et aux juges, qui auront à appliquer la loi. Le Conseil utilise notamment cette technique dans le cadre du contrôle des lois d'habilitation (v. **art. 38**), ce qui lui permet d'influer sur le contenu juridique des ordonnances prises par le gouvernement.

▶ Complété par la révision constitutionnelle du 23 juillet 2008, l'article 62 traite des conséquences des décisions d'inconstitutionnalité prononcées par le Conseil.
Curieusement, le cas des propositions de loi de l'**article 11** (pourtant ajouté à l'**article 61**) n'est pas évoqué ; on peut supposer que, si elles ont été déclarées inconstitutionnelles, elles ne sont pas soumises à référendum.
S'agissant des dispositions des lois existantes, déjà en vigueur, soumises à l'exception d'inconstitutionnalité prévue à l'article 61-1, elles sont abrogées, ou font l'objet d'un régime prévu spécialement par la décision du Conseil (abrogation différée ou effets rétroactifs).

L'AUTORITÉ DES DÉCISIONS DU CONSEIL CONSTITUTIONNEL

La question de l'autorité de la jurisprudence du Conseil constitutionnel vis-à-vis des juridictions administrative et judiciaire ne peut être résolue par un mécanisme de sanction, comme ce serait le cas pour une Cour suprême. Le Conseil constitutionnel n'a aucun pouvoir lui permettant de casser ou de réformer les arrêts du Conseil d'État ou de la Cour de cassation. Ainsi, la règle fixée par l'article 62, alinéa 3 doit être appliquée par les juridictions elles-mêmes. On a, dans le passé, souvent insisté sur les divergences de jurisprudence, du reste peu nombreuses, entre le Conseil constitutionnel, d'une part, et les deux juridictions suprêmes, d'autre part ; ces divergences pouvaient être présentées comme une méconnaissance de l'article 62.

Dans une décision du 20 décembre 1985, *SA Établissements Outters*, le Conseil d'État se réfère expressément à une décision du Conseil constitutionnel et modifie sa jurisprudence antérieure en application de l'interprétation donnée par ce dernier. La même année, la Cour de cassation (25 février 1985, *Bogdan* et *Vukovic*) tire les conséquences d'une décision du Conseil relative à la sauvegarde de la liberté individuelle par l'autorité judiciaire (v. **art. 66**).
Dans son arrêt du 10 octobre 2001, rendu sur le statut pénal du chef de l'État (v. **art. 68**), la Cour de cassation a minimisé la portée de la jurisprudence du Conseil constitutionnel, en précisant que ses décisions « *ne s'imposent aux pouvoirs publics et aux autorités administratives et juridictionnelles qu'en ce qui concerne le texte soumis à l'examen du Conseil* ».

Dans la période récente, le Conseil d'État et la Cour de cassation se réfèrent fréquemment aux solutions jurisprudentielles retenues par le Conseil constitutionnel. En outre, par le biais de la procédure de QPC, le Conseil constitutionnel accepte (décision du 20 sept. 2013) de se prononcer sur la constitutionnalité de la loi telle qu'elle est interprétée, selon une jurisprudence constante, par le Conseil d'État ou la Cour de cassation. Il ne peut statuer que sur renvoi de l'une de ces cours suprêmes, mais il est alors conduit à juger de la constitutionnalité de ces solutions jurisprudentielles.

ARTICLE 63. – Une loi organique détermine les règles d'organisation et de fonctionnement du Conseil constitutionnel, la procédure qui est suivie devant lui, et notamment les délais ouverts pour le saisir de contestations.

➔ Les principales règles d'organisation et de fonctionnement (v. également *art. 56 et 61*)

L'organisation du Conseil constitutionnel, très légère depuis l'origine, du fait du rôle limité que les constituants entendaient lui confier dans le système institutionnel, s'est étoffée depuis 2008, c'est-à-dire l'ouverture de la saisine du Conseil constitutionnel, par voie d'exception, aux justiciables, qui a particulièrement accru la charge de travail du Conseil (v. **art. 61-1**).

➔ La procédure suivie devant le Conseil

Les lois déférées au Conseil constitutionnel en application de l'**article 61** doivent l'être dans le délai qui court entre leur adoption et leur promulgation ; ce délai ne peut, aux termes de l'**article 10**, excéder quinze jours.

En matière de contrôle de constitutionnalité, la procédure est définie sommairement : le Conseil dispose d'une saisine à l'encontre d'un texte adopté par le Parlement et doit statuer dans le délai d'un mois (huit jours en cas d'urgence). Dans la pratique, le Conseil tente d'organiser un débat contradictoire ; le Secrétariat général du gouvernement est traditionnellement chargé de défendre le texte contesté, mais son intervention est contestable car le gouvernement n'est pas l'auteur de la loi. Depuis peu, les observations des présidents des assemblées peuvent être recueillies par le Conseil constitutionnel.

Cet état de fait a suscité des critiques : on a proposé de juridictionnaliser les débats (contradiction, ministère d'avocat, procédure orale) ou encore de personnaliser les positions des membres du Conseil (publication du nom du rapporteur, des débats, et éventuellement des opinions dissidentes).

En effet, l'absence de publicité des débats pourrait poser un problème de conformité à la Convention européenne des droits de l'homme. Depuis 1995, les requérants peuvent demander à être entendus en matière de contentieux des élections législatives.

Comme on l'a vu (art. 61-1), l'examen des questions prioritaires de constitutionnalité (QPC) obéit à des règles très proches de celles applicables devant les juridictions.

Titre VIII
DE L'AUTORITÉ JUDICIAIRE

ARTICLE 64. – Le président de la République est garant de l'indépendance de l'autorité judiciaire.
Il est assisté par le Conseil supérieur de la magistrature.
Une loi organique porte statut des magistrats.
Les magistrats du siège sont inamovibles.

➜ L'autorité judiciaire

Il faut noter que le texte de la Constitution ne consacre pas de « pouvoir judiciaire », mais seulement une « autorité judiciaire ». Cette expression est conforme à la **conception française de la séparation des pouvoirs**. Alors que, selon la théorie classique des trois pouvoirs, « il n'y a point de liberté si la puissance de juger n'est pas séparée de la puissance législative et de l'exécutrice » (Montesquieu), ces principes ont été mis à mal dès la Révolution. La loi des 16 et 24 août 1790, en imposant une séparation stricte des autorités administratives et judiciaires, et en interdisant aux juridictions de critiquer la loi, a assigné à la justice une place subordonnée ; la désignation des juges par le pouvoir exécutif, à partir de l'an VIII, a résolument dénié à la justice la qualité de « pouvoir ».
Si la justice ne participe plus de la définition de la séparation des pouvoirs, la question de son indépendance reste essentielle pour qualifier le régime. Il faut rappeler que cette indépendance était l'une des conditions posées par la loi constitutionnelle du 3 juin 1958 (v. p. 5).

➜ La garantie du chef de l'État

Le président de la République exerce ainsi une nouvelle compétence propre en matière judiciaire (le droit de grâce, v. **art. 17**) ; le Conseil supérieur de la magistrature ne fait que l'assister dans cette tâche (v. **art. 65**). Si le rôle du chef de l'État est significatif d'une certaine dépendance de l'institution judiciaire, il est également révélateur de la conception arbitrale de la fonction présidentielle (v. **art. 5**), qui se veut au-dessus des pouvoirs. Le quinquennat de N. Sarkozy s'est caractérisé par des relations difficiles entre le chef de l'État et l'autorité judiciaire. Le président s'étant alors, en 2009, constitué partie civile dans le procès intenté à l'ancien Premier ministre D. de Villepin, on a pu s'interroger sur la portée de l'**article 64**.

➜ Le statut des magistrats

Les magistrats voient leur statut fixé par la loi organique (l'ordonnance du 22 décembre 1958). Alors que seules « *les garanties fondamentales accordées aux fonctionnaires* » sont du domaine de la loi (v. **art. 34**), c'est l'ensemble du statut des magistrats qui, non seulement,

échappe au pouvoir réglementaire, mais relève de la loi organique, elle-même protégée par le contrôle du Conseil constitutionnel (v. **art. 61, al. 1er**).
La première garantie des magistrats est d'ailleurs de valeur constitutionnelle, puisqu'elle figure expressément à l'article 64 : il s'agit de la règle de l'**inamovibilité des magistrats du siège**. Ceux-ci ne peuvent, selon cette règle, « *recevoir une affectation nouvelle, même en avancement, sans leur consentement* ». Ce principe fondamental constitue une garantie effective. Il n'est cependant pas applicable aux magistrats du parquet, qui, s'ils bénéficient de la liberté de parole, sont soumis à l'autorité hiérarchique dans leurs réquisitions. En outre, l'inamovibilité connaît des limites dans la pratique, car la carrière des magistrats du siège dépend du pouvoir exécutif.

On notera que ni le Conseil d'État ni les juridictions administratives qui en relèvent ne disposent de telles garanties constitutionnelles et organiques, ni même d'une reconnaissance explicite – fût-elle sommaire – du statut constitutionnel de l'ordre juridictionnel administratif. Celui-ci n'est garanti que par la jurisprudence du Conseil constitutionnel, selon lequel « *en ce qui concerne, depuis la loi du 24 mai 1872, la juridiction administrative,* […] *l'indépendance des juridictions est garantie ainsi que le caractère spécifique de leurs fonctions sur lesquelles ne peuvent empiéter ni le législateur ni le Gouvernement* » (décision du 22 juillet 1980).

ARTICLE 65. – Le Conseil supérieur de la magistrature comprend une formation compétente à l'égard des magistrats du siège et une formation compétente à l'égard des magistrats du parquet.

La formation compétente à l'égard des magistrats du siège est présidée par le premier président de la Cour de cassation. Elle comprend, en outre, cinq magistrats du siège et un magistrat du parquet, un conseiller d'État désigné par le Conseil d'État, un avocat ainsi que six personnalités qualifiées qui n'appartiennent ni au Parlement, ni à l'ordre judiciaire, ni à l'ordre administratif. Le président de la République, le président de l'Assemblée nationale et le président du Sénat désignent chacun deux personnalités qualifiées. La procédure prévue au dernier alinéa de l'article 13 est applicable aux nominations des personnalités qualifiées. Les nominations effectuées par le président de chaque assemblée du Parlement sont soumises au seul avis de la commission permanente compétente de l'assemblée intéressée.

La formation compétente à l'égard des magistrats du parquet est présidée par le procureur général près la Cour de cassation. Elle comprend, en outre, cinq magistrats du parquet et un magistrat du siège, ainsi que le conseiller d'État, l'avocat et les six personnalités qualifiées mentionnés au deuxième alinéa.

La formation du Conseil supérieur de la magistrature compétente à l'égard des magistrats du siège fait des propositions pour les nominations des magistrats du siège à la Cour de cassation, pour celles de premier président de cour d'appel et pour celles de président de tribunal de grande instance. Les autres magistrats du siège sont nommés sur son avis conforme.

• • •

La formation du Conseil supérieur de la magistrature compétente à l'égard des magistrats du parquet donne son avis sur les nominations qui concernent les magistrats du parquet.

La formation du Conseil supérieur de la magistrature compétente à l'égard des magistrats du siège statue comme conseil de discipline des magistrats du siège. Elle comprend alors, outre les membres visés au deuxième alinéa, le magistrat du siège appartenant à la formation compétente à l'égard des magistrats du parquet.

La formation du Conseil supérieur de la magistrature compétente à l'égard des magistrats du parquet donne son avis sur les sanctions disciplinaires qui les concernent. Elle comprend alors, outre les membres visés au troisième alinéa, le magistrat du parquet appartenant à la formation compétente à l'égard des magistrats du siège.

Le Conseil supérieur de la magistrature se réunit en formation plénière pour répondre aux demandes d'avis formulées par le président de la République au titre de l'article 64. Il se prononce, dans la même formation, sur les questions relatives à la déontologie des magistrats ainsi que sur toute question relative au fonctionnement de la justice dont le saisit le ministre de la justice. La formation plénière comprend trois des cinq magistrats du siège mentionnés au deuxième alinéa, trois des cinq magistrats du parquet mentionnés au troisième alinéa, ainsi que le conseiller d'État, l'avocat et les six personnalités qualifiées mentionnés au deuxième alinéa. Elle est présidée par le premier président de la Cour de cassation, que peut suppléer le procureur général près cette cour.

Sauf en matière disciplinaire, le ministre de la Justice peut participer aux séances des formations du Conseil supérieur de la magistrature.

Le Conseil supérieur de la magistrature peut être saisi par un justiciable dans les conditions fixées par une loi organique.

Une loi organique détermine les conditions d'application du présent article.

Le texte actuel de l'article 65 résulte de la loi constitutionnelle du 23 juillet 2008. Une nouvelle réforme du Conseil supérieur de la magistrature, qui devait intervenir en 2013 mais qui a été reportée, figure dans *le projet de révision en cours* d'examen. Il s'agit de modifier l'article 65 de la Constitution afin que les **magistrats du parquet** soient dorénavant nommés sur avis conforme de la formation compétente du Conseil supérieur de la magistrature, et non plus sur avis simple. Dans le même esprit, cette formation statuera comme **conseil de discipline** des magistrats du parquet, à l'instar de ce qui est prévu aujourd'hui pour ceux du siège, et ne se bornera plus à donner simplement un avis.

➜ Le rôle du président de la République

De 1958 à 2008, « garant de l'indépendance de l'autorité judiciaire » (aux termes de l'**article 64**), le chef de l'État présidait dans le même temps le Conseil supérieur de la

magistrature. Il appartenait aux deux formations du CSM (statuant ainsi sur les magistrats du siège et du parquet). Le ministre de la Justice était vice-président du CSM et pouvait le présider en remplacement du président de la République.
Ce temps est révolu : le CSM est désormais placé sous la présidence du premier président de la Cour de cassation, que peut suppléer le procureur général près cette cour. Ces deux magistrats assurent la présidence respective des formations compétentes à l'égard des magistrats du siège et du parquet. Le président de la République ne peut plus que formuler des demandes d'avis, tandis que le Garde des Sceaux se borne à participer aux séances du CSM. Le lien est bel et bien rompu.

➜ La composition du Conseil supérieur

Alors qu'avant 1993, les membres du CSM étaient tous nommés par le président de la République, ce qui prêtait évidemment à la critique, l'article 65, complété par la loi organique du 22 juillet 2010, organise la nouvelle composition du CSM. Dorénavant, les formations ne comprennent plus que six magistrats sur quatorze membres, les magistrats étant minoritaires, du fait de la place donnée aux personnalités qualifiées qui ne peuvent appartenir ni au Parlement, ni à l'ordre judiciaire, ni à l'ordre administratif.

➜ Les attributions du Conseil supérieur

▶ Tout d'abord, les **magistrats du siège** voient leur carrière largement confiée au Conseil supérieur, qui fait des propositions pour les nominations les plus importantes. Toutes les autres nominations doivent recueillir son **avis conforme**.
Ensuite, le Conseil supérieur étend sa compétence aux **magistrats du parquet**, sur la nomination desquels il donne un avis.

▶ Le Conseil supérieur exerce ses attributions en **matière disciplinaire** (qui concernent également les magistrats du parquet). Dans ce cas, il n'était déjà (de 1993 à 2008) plus présidé par le chef de l'État.

Le Conseil constitutionnel, dans sa décision du 19 juillet 2010, a estimé non conforme à la Constitution un article de la loi organique qui prévoyait une formation paritaire (nombre égal de magistrats et de non-magistrats) lorsque le CSM siégeait en matière disciplinaire, l'article 65 ne prévoyant pas une telle règle qui pourrait conduire à écarter certains membres du Conseil supérieur.

Deux aspects nouveaux de l'article 65 sont précisés par la loi organique du 22 juillet 2010 :
- le CSM, en formation plénière, peut être saisi de demandes d'avis par le président de la République ;

Le Conseil constitutionnel (décision du 19 juillet 2010) a estimé que le CSM ne pouvait s'autosaisir de questions relatives à la déontologie des magistrats, la formation plénière du Conseil supérieur n'ayant compétence que pour connaître des demandes formulées soit par le président de la République, au titre de l'article 64 de la Constitution, soit par le garde des Sceaux, ministre de la Justice. Emmanuel Macron a demandé, le 19 juin 2020, au Conseil supérieur de la magistrature de vérifier que le parquet national financier (PNF) avait bien mené, en « *toute sérénité, sans pression* » de l'exécutif, son enquête sur les époux Fillon pendant la campagne présidentielle de 2017.

– le CSM peut désormais être directement saisi par un justiciable, dans les conditions fixées par la loi organique du 22 juillet 2010 : « Tout justiciable qui estime qu'à l'occasion d'une procédure judiciaire le concernant le comportement adopté par un magistrat du siège dans l'exercice de ses fonctions est susceptible de recevoir une qualification disciplinaire peut saisir le Conseil supérieur de la magistrature ».

ARTICLE 66. – Nul ne peut être arbitrairement détenu.
L'autorité judiciaire, gardienne de la liberté individuelle, assure le respect de ce principe dans les conditions prévues par la loi.

L'article 66, au contraire de la plupart des dispositions du corps de la Constitution, énonce deux principes constitutionnels « de fond », pouvant donner lieu à un contrôle « substantiel » de constitutionnalité.

▶ **Le principe de l'interdiction de la détention arbitraire** trouve sa source dans l'article 7 de la Déclaration de 1789, selon lequel « *nul homme ne peut être accusé, arrêté ni détenu que dans les cas déterminés par la loi et selon les formes qu'elle a prescrites* ». C'est en quelque sorte la version française de l'*Habeas Corpus* anglais. On trouve des applications de ce principe dans les règles qui interdisent de retenir une personne plus de quarante-huit heures sans la déférer devant un juge.

▶ **Le principe selon lequel l'autorité judiciaire est la gardienne de la liberté individuelle.** Le Conseil constitutionnel a eu l'occasion d'appliquer à plusieurs reprises ce principe constitutionnel, « *qui confie à l'autorité judiciaire la sauvegarde de la liberté individuelle sous tous ses aspects* » (décision du 23 décembre 1983).

Ainsi, récemment, le Conseil constitutionnel a censuré les dispositions d'une ordonnance prolongeant de plein droit les détentions provisoires durant la première période de l'état d'urgence sanitaire, comme prises en violation de l'article 66 (décision du 29 janvier 2021).
Il résulte de l'article 66 de la Constitution que la police judiciaire doit être placée sous la direction et le contrôle de l'autorité judiciaire. En confiant des pouvoirs généraux d'enquête criminelle ou délictuelle aussi étendus aux agents de police municipale et gardes champêtres, sans les mettre à disposition d'officiers de police judiciaire, le législateur a violé la Constitution (décision du 20 mai 2021).

ARTICLE 66-1. – Nul ne peut être condamné à la peine de mort.

Cet article a été créé par la loi constitutionnelle du 23 février 2007. Il a certes une portée symbolique, vingt-cinq ans après la loi Badinter d'abolition de la peine de mort du 9 octobre 1981, mais il a surtout pour objet de faire obstacle, sauf révision constitutionnelle, au rétablissement de la peine de mort par une simple loi. Dans le même esprit, la France peut désormais souscrire aux exigences européennes et internationales en matière d'abolition de la peine de mort. Elle a ainsi décidé de ratifier, dès 2007, le protocole n° 13 de la Convention européenne de sauvegarde des droits de l'homme et des libertés fondamentales relatif à l'abolition de la peine de mort en toutes circonstances, ainsi que le deuxième protocole facultatif du Pacte international relatif aux droits civils et politiques, visant à abolir la peine de mort, adopté à New York le 15 décembre 1989.

Par une décision du 13 octobre 2005 (Engagements internationaux relatifs à l'abolition de la peine de mort), le Conseil constitutionnel avait jugé que la ratification de ce dernier protocole ne pouvait intervenir qu'après révision de la Constitution.

Titre IX
LA HAUTE COUR

ARTICLE 67. – **Le président de la République n'est pas responsable des actes accomplis en cette qualité, sous réserve des dispositions des articles 53-2 et 68.**

Il ne peut, durant son mandat et devant aucune juridiction ou autorité administrative française, être requis de témoigner non plus que faire l'objet d'une action, d'un acte d'information, d'instruction ou de poursuite. Tout délai de prescription ou de forclusion est suspendu.

Les instances et procédures auxquelles il est ainsi fait obstacle peuvent être reprises ou engagées contre lui à l'expiration d'un délai d'un mois suivant la cessation des fonctions.

Un nouveau régime de responsabilité du chef de l'État a été institué par la loi constitutionnelle du 23 février 2007. Il se substitue au dispositif antérieur qui attribuait compétence à la Haute Cour de justice pour juger le président, mais seulement **en cas de haute trahison**. L'article 67 conserve l'esprit du système antérieur : immunité pénale et irresponsabilité politique.

▶ **Il s'agit, en premier lieu, d'une immunité pénale.**

La portée de cette immunité a été précisée par le Conseil constitutionnel, dans sa **décision du 22 janvier 1999** : « *le président de la République, pour les actes accomplis dans l'exercice de ses fonctions et hors le cas de haute trahison, bénéficie d'une immunité* ; [...] *au surplus, pendant la durée de ses fonctions, sa responsabilité pénale ne peut être mise en cause que devant la Haute Cour de justice* ». Cette interprétation conférait au président, pendant la durée de ses fonctions, sinon une irresponsabilité, du moins une « immunité de juridiction » (Michel Troper).

Ainsi, la mise en cause du président pour des faits commis antérieurement à son entrée en fonctions ne pouvait intervenir que devant la Haute Cour de justice. C'est pourquoi la convocation par un juge, en mars 2001, du Président Chirac, sous peine d'être contraint de comparaître par la force publique, a été vivement rejetée par la présidence, qui l'a jugée « contraire au principe de la séparation des pouvoirs comme aux exigences de la continuité de l'État ». Lors de son intervention du 14 juillet 2001, Jacques Chirac avait d'ailleurs résumé la question en affirmant que « la responsabilité pénale du président de la République ne peut être mise en cause que par le Parlement ».

Dans un arrêt du 10 octobre 2001, la Cour de cassation s'est toutefois démarquée de la décision du Conseil constitutionnel du 22 janvier 1999, en estimant « *qu'étant élu directement par le peuple pour assurer, notamment, le fonctionnement régulier des pouvoirs publics ainsi que la continuité de l'État, le président de la République ne peut, pendant la durée de son mandat, être entendu comme témoin assisté, ni être mis en examen, cité ou renvoyé pour une infraction quelconque devant une juridiction pénale de droit commun* ». La Haute Cour de justice n'est, selon elle, « *compétente que pour connaître des actes de haute trahison du président de la République commis dans l'exercice de ses fonctions* ». L'immunité du président n'est que **temporaire** : « *les poursuites pour tous les autres actes devant les juridictions pénales de droit commun ne peuvent être exercées pendant la durée du mandat présidentiel, la prescription de l'action publique étant alors suspendue* ».

L'article 67 nouveau tente de dépasser ces contradictions. Issue du rapport Avril, rendu en décembre 2002, la procédure de destitution prévue à l'**article 68** se substitue à la condamnation pour haute trahison.

▶ **Une irresponsabilité politique** : contrairement aux membres du gouvernement, responsables collectivement devant l'Assemblée nationale (v. **art. 49**), le chef de l'État n'a pas, comme le veut la tradition des régimes parlementaires, à répondre politiquement de ses actes.
Cette irresponsabilité politique devant le Parlement implique, par exemple, qu'aucun débat ne puisse suivre la déclaration du président aux assemblées et que le message au Congrès puisse être suivi d'un débat, mais hors la présence du président (v. **art. 18**).

C'est ce principe qui, en septembre 1984, a fait obstacle à ce qu'une commission d'enquête parlementaire entende M. Giscard d'Estaing, en tant qu'ancien président de la République, sur l'affaire dite des « avions renifleurs », M. Mitterrand étant, sur la demande de son prédécesseur, intervenu pour s'y opposer.

Cependant, tandis que l'irresponsabilité de ses prédécesseurs se justifiait par les seuls pouvoirs d'une « magistrature d'influence » ou d'un arbitrage neutre, et par un contreseing apposé obligatoirement sur tous leurs actes, le président de la Ve République dispose de pouvoirs propres (v. **art. 19**), dont il use effectivement, dans le sens d'un arbitrage actif (v. **art. 5**), voire davantage, lorsqu'il se comporte comme le véritable chef de l'exécutif. Son irresponsabilité politique apparaît alors peu légitime ; il est vrai qu'une responsabilité d'un autre type peut surgir, cette fois directement devant le peuple. Cette responsabilité prend alors la forme d'une question de confiance au peuple (référendums de la période gaullienne, dissolution) ou d'une défiance émanant de celui-ci (non-réélection, situation de « cohabitation » à l'issue d'élections législatives). La mise en jeu de la responsabilité présidentielle a ainsi causé le départ du général de Gaulle. Valéry Giscard d'Estaing n'a pas obtenu sa réélection en 1981, non plus que Nicolas Sarkozy en 2012. Un échec aux élections législatives pourrait provoquer la démission du président, sa responsabilité étant mise en cause.

ARTICLE 68. – Le président de la République ne peut être destitué qu'en cas de manquement à ses devoirs manifestement incompatible avec l'exercice de son mandat. La destitution est prononcée par le Parlement constitué en Haute Cour.

La proposition de réunion de la Haute Cour adoptée par une des assemblées du Parlement est aussitôt transmise à l'autre qui se prononce dans les quinze jours.

La Haute Cour est présidée par le président de l'Assemblée nationale. Elle statue dans un délai d'un mois, à bulletins secrets, sur la destitution. Sa décision est d'effet immédiat.

Les décisions prises en application du présent article le sont à la majorité des deux tiers des membres composant l'assemblée concernée ou la Haute Cour. Toute délégation de vote est interdite. Seuls sont recensés les votes favorables à la proposition de réunion de la Haute Cour ou à la destitution.

Une loi organique fixe les conditions d'application du présent article.

La tradition républicaine française, dont on peut voir l'origine dans la condamnation à mort de Louis XVI (le 17 janvier 1793) par la Convention, confie au Parlement, ou à une instance désignée par lui, le soin de juger les gouvernants. Sous la IIIe République, c'était le Sénat qui siégeait en Haute Cour, sur le renvoi de la Chambre des députés. La Haute Cour de la IVe était désignée et saisie par l'Assemblée nationale.

La Haute Cour de justice instituée en 1958 (et supprimée par la loi constitutionnelle du 23 février 2007) était composée de vingt-quatre parlementaires, désignés par moitié par chacune des assemblées. Elle n'a jamais siégé.

La Haute Cour créée en 2007, à partir des propositions du rapport Avril, est la réunion des deux assemblées (comme le Congrès de l'**article 89**).

Afin qu'il ne soit pas fait un usage abusif de cette nouvelle disposition, le législateur constitutionnel a prévu des contraintes fortes, en exigeant une majorité des deux tiers à tous les stades de la procédure. Certains (comme le sénateur Badinter) ont souligné le risque d'une utilisation politique, à l'encontre par exemple d'un président de gauche, de cet « *impeachment* » à la française.

La réforme de 2007 créant la Haute Cour n'est entrée en vigueur qu'avec la loi organique du 24 novembre 2014. Selon le Conseil constitutionnel (déc. du 19 nov. 2014), la Haute Cour « ne constitue pas une juridiction », mais « une assemblée parlementaire compétente pour prononcer la destitution » du président en cas de manquement à ses devoirs, au sens de l'article 68.

La disparition de la « haute trahison », aux contours incertains, au profit du « manquement (du président) à ses devoirs manifestement incompatible avec l'exercice de son mandat » ne lève pas toute incertitude sur la portée du texte. On en est réduit à raisonner à partir d'hypothèses : un abus caractérisé de l'usage de l'**article 16**, une défaillance grave dans la garantie de l'indépendance nationale et du respect des traités, consacrée à l'**article 5**, des faits qualifiés de « forfaiture » pourraient conduire à la destitution (v. **art. 10 et 11**).

Cette procédure de destitution est à rapprocher de la procédure d'*impeachment* aux États-Unis, mise en œuvre en 1974 contre Richard Nixon pour obstruction à la justice à la suite de l'affaire du Watergate, puis contre Bill Clinton, poursuivi pour parjure et obstruction à la justice dans l'affaire *Lewinski*, en octobre 1998. Plus près de nous, en décembre 2019, la Chambre des représentants vote l'*impeachment* de Donald Trump, mais, en février 2020, il est acquitté par le Sénat des chefs d'accusation d'abus de pouvoir et d'obstruction au Congrès. En janvier-février 2021, il est à nouveau mis en accusation pour « incitation à l'insurrection », puis acquitté. La question s'est posée de la possibilité de destituer un président dont le mandat est achevé.
La présidente du Brésil, Dilma Rousseff, a été destituée le 31 août 2016 par le Sénat pour avoir manipulé les comptes publics en vue de sa réélection ; elle a dénoncé un *« coup d'État parlementaire »*.

La définition de ce manquement est donc empirique, mais, en tout état de cause, seuls les parlementaires sont habilités à déclencher la procédure et à juger le président, et donc à qualifier les faits de nature à justifier la destitution.

Titre X
DE LA RESPONSABILITÉ PÉNALE DES MEMBRES DU GOUVERNEMENT

ARTICLE 68-1. – Les membres du gouvernement sont pénalement responsables des actes accomplis dans l'exercice de leurs fonctions et qualifiés crimes ou délits au moment où ils ont été commis.

Ils sont jugés par la Cour de justice de la République.

La Cour de justice de la République est liée par la définition ainsi que par la détermination des peines telles qu'elles résultent de la loi.

Les dispositions constitutionnelles relatives à la responsabilité pénale des ministres ont fait l'objet d'une réforme importante le 27 juillet 1993 : auparavant soumis, comme l'était le chef de l'État jusqu'en 2007 (v. **art. 67 et 68**), à la compétence de la Haute Cour de justice, les membres du gouvernement relèvent désormais de la Cour de justice de la République. Le titre X (composé des articles 68-1 à 68-3) fixe le régime de leur responsabilité pénale.

LES LACUNES DU SYSTÈME ANTÉRIEUR

Dans le texte constitutionnel de 1958, la responsabilité pénale des membres du gouvernement relevait de la Haute Cour de justice, comme pour le président de la République (v. **art. 68**). Cependant, les ministres étaient déjà soumis aux mêmes lois que les autres justiciables, qu'il s'agisse de la définition des infractions commises ou des peines applicables.

La justice politique appliquée aux ministres ne s'est jamais exercée effectivement, malgré quelques tentatives ; en 1980, une résolution est déposée, visant Michel Poniatowski ; en 1987, en revanche, la mise en accusation de Christian Nucci, ancien ministre de la Coopération, est adoptée par l'Assemblée ; mais aucune de ces deux tentatives n'a abouti, démontrant ainsi que les parlementaires ne sont guère enclins à juger leurs collègues et que, sauf exception, la logique majoritaire risque de prévaloir sur l'étude sereine du comportement délictueux des hommes politiques (v. aussi l'**article 26** sur les immunités parlementaires).

LA RÉFORME DE LA CONSTITUTION

C'est l'affaire dite « du sang contaminé » qui a brusquement remis en cause le système de la justice politique appliquée aux ministres.

Les deux assemblées ont voté la mise en accusation de Laurent Fabius, Georgina Dufoix et Edmond Hervé (respectivement Premier ministre, ministres des Affaires sociales et de la Santé en 1985, date des faits litigieux), mais, certains faits étant prescrits, la commission d'instruction n'a pas renvoyé les accusés devant la Haute Cour. Le Président Mitterrand avait alors (nov. 1992) vivement critiqué le dispositif constitutionnel de mise en jeu de la responsabilité pénale des ministres, estimant que ce « privilège de juridiction » aboutissait dans les faits à une totale « impunité ».

La loi constitutionnelle du 27 juillet 1993 a profondément modifié le dispositif, en instituant la Cour de justice de la République (v. **art. 68-2**).

On rappellera que la compétence de la Haute Cour de justice s'étendait exceptionnellement aux complices des ministres, lorsque ces derniers avaient comploté contre la sûreté de l'État ; cette disposition a disparu.

ARTICLE 68-2. – La Cour de justice de la République comprend quinze juges : douze parlementaires élus, en leur sein et en nombre égal, par l'Assemblée nationale et par le Sénat après chaque renouvellement général ou partiel de ces assemblées et trois magistrats du siège à la Cour de cassation, dont l'un préside la Cour de justice de la République.

Toute personne qui se prétend lésée par un crime ou un délit commis par un membre du gouvernement dans l'exercice de ses fonctions peut porter plainte auprès d'une commission des requêtes.

Cette commission ordonne soit le classement de la procédure soit sa transmission au procureur général près la Cour de cassation aux fins de saisine de la Cour de justice de la République.

Le procureur général près la Cour de cassation peut aussi saisir d'office la Cour de justice de la République sur avis conforme de la commission des requêtes.

Une loi organique détermine les conditions d'application du présent article.

Depuis la loi constitutionnelle du 27 juillet 1993, les crimes et délits commis par les ministres sont du ressort de la Cour de justice de la République.

▶ **La composition de la Cour** est issue d'un compromis entre une justice purement politique (comme celle qui existait avant 1993) et la soumission des ministres à la justice ordinaire. La Cour est composée de quinze juges : douze parlementaires, désignés pour moitié par chacune des assemblées, et trois magistrats professionnels (issus de la Cour de cassation), dont l'un assure la présidence.

▶ Une importante innovation de cette nouvelle procédure est d'**admettre les plaintes des personnes à l'encontre des ministres.** Le régime antérieur de justice politique péchait par le fait que les ministres ne pouvaient être jugés que par des hommes politiques, mais aussi en ce que l'initiative était réservée aux seuls parlementaires. Désormais, les plaintes peuvent émaner de « *toute personne qui se prétend lésée par un crime ou un délit commis par un membre du gouvernement dans l'exercice de ses fonctions* ».

La Cour de cassation a précisé que « *les actes commis par un ministre dans l'exercice de ses fonctions sont ceux qui ont un rapport direct avec la conduite des affaires de l'État relevant de ses attributions, à l'exclusion des comportements concernant la vie privée ou les mandats électifs locaux* » (Crim., 26 juin 1995).

▶ **L'instruction des plaintes** est assurée par une commission des requêtes ; celle-ci peut transmettre la plainte au procureur général près la Cour de cassation. Ce dernier a également la faculté de saisir d'office la Cour de justice : ainsi, des poursuites peuvent être engagées contre un ministre même si aucune plainte n'a été déposée, dans le cas où le procureur général le décide.

▶ **La loi organique du 23 novembre 1993** a précisé deux points :

- Un plaignant ne peut se porter partie civile devant la Cour de justice : les actions en réparation de dommages doivent être formées devant les juridictions de droit commun.
- Les arrêts de la Cour de Justice peuvent faire l'objet de pourvois devant la Cour de cassation.

▶ Saisie, depuis janvier 1994, de l'affaire du « sang contaminé », **la Cour de justice de la République a siégé**, pour la première fois, en février-mars 1999. La Cour a rendu son arrêt le 9 mars 1999, relaxant M. Fabius et Mme Dufoix, mais déclarant M. Hervé coupable « d'atteinte involontaire à la vie », tout en le dispensant de peine.
Depuis lors, plusieurs anciens ministres ont été condamnés, comme M. Gillibert et Ch. Pasqua. L'ancienne ministre des finances Christine Lagarde, à la suite d'une enquête ouverte en 2011 au sujet de l'arbitrage rendu au profit de Bernard Tapie, est renvoyée, en décembre 2015, devant la Cour pour « *négligence d'une personne dépositaire de l'autorité publique* ». Par un arrêt du 19 décembre 2016, elle est déclarée coupable, mais dispensée de peine. Elle est présidente de la Banque centrale européenne depuis 2019. Dans l'affaire dite « de Karachi », par un arrêt du 4 mars 2021, la Cour a relaxé E. Balladur, mais condamné F. Léotard à deux ans d'emprisonnement avec sursis et 100 000 euros d'amende, pour complicité d'abus de biens sociaux.
Critiquée de tous bords, la « juridiction d'exception » qu'est la Cour de justice de la République devrait être supprimée, si le projet de révision constitutionnelle engagée en 2018 prospère. Le projet procède ainsi à la suppression pure et simple de la Cour de justice de la République, et prévoit que les ministres soient jugés par une juridiction judiciaire de droit commun : la Cour d'appel de Paris. Toutefois, comme précédemment, une commission des requêtes exercera un filtrage « *permettant d'écarter les procédures judiciaires abusives n'ayant pour seul but que de porter atteinte à cette fonction* ».
Dans l'attente d'une telle réforme constitutionnelle, c'est pourtant la Cour de justice de la République qui aura à traiter les quelques 155 plaintes qui concernent la gestion de la pandémie de covid-19 par Édouard Philippe, Olivier Véran et Agnès Buzyn. De nouvelles plaintes ont été déposées contre des membres du gouvernement, en juin 2021, pour « carences fautives » dans la lutte contre le réchauffement climatique, à la suite de la condamnation de l'État par le juge administratif.

ARTICLE 68-3. - Les dispositions du présent titre sont applicables aux faits commis avant son entrée en vigueur.

De manière exceptionnelle, la compétence de la Cour de justice de la République rétroagit à la réforme de 1993, les dispositions relatives à cette Cour étant applicables aux faits antérieurs à sa création. Cela se justifie par les raisons mêmes de la révision de 1993 (v. **art. 68-1** et **art. 68-2**).

Titre XI
LE CONSEIL ÉCONOMIQUE, SOCIAL ET ENVIRONNEMENTAL

ARTICLE 69. – Le Conseil économique, social et environnemental, saisi par le gouvernement, donne son avis sur les projets de loi, d'ordonnance ou de décret ainsi que sur les propositions de loi qui lui sont soumis.

Un membre du Conseil économique, social et environnemental peut être désigné par celui-ci pour exposer devant les assemblées parlementaires l'avis du Conseil sur les projets ou propositions qui lui ont été soumis.

Le Conseil économique, social et environnemental peut être saisi par voie de pétition dans les conditions fixées par une loi organique. Après examen de la pétition, il fait connaître au gouvernement et au Parlement les suites qu'il propose d'y donner.

ARTICLE 70. – Le Conseil économique, social et environnemental peut être consulté par le gouvernement et le Parlement sur tout problème de caractère économique, social ou environnemental. Le gouvernement peut également le consulter sur les projets de loi de programmation définissant les orientations pluriannuelles des finances publiques. Tout plan ou tout projet de loi de programmation à caractère économique, social ou environnemental lui est soumis pour avis.

ARTICLE 71. – La composition du Conseil économique, social et environnemental, dont le nombre de membres ne peut excéder deux cent trente-trois, et ses règles de fonctionnement sont fixées par une loi organique.

L'institution d'une **assemblée représentative des intérêts économiques et sociaux** est issue d'une réflexion née dans l'entre-deux-guerres. Un Conseil national économique avait été mis en place dès 1925. La crise du parlementarisme sous la IIIe République est attribuée largement aux défauts de la représentation politique ; ainsi prend naissance un des thèmes des promoteurs de la « réforme de l'État » : la représentation économique et professionnelle donnerait une image plus réaliste et plus responsable de la volonté nationale.

▶ La Constitution de 1958, en prévoyant dans ses articles 69 à 71 la **création du Conseil économique et social**, institue une assemblée purement consultative, chargée de donner des avis au gouvernement, et relativement marginale dans le système institutionnel de 1958.

Cependant, la perspective d'une évolution de l'institution vers une assemblée aux compétences plus politiques était régulièrement évoquée sous le mandat du général de Gaulle. « Sans doute l'évolution de la société française nous amènera-t-elle, en notre temps de progrès, de développement et de planification, à reconsidérer [...] le rôle et la composition du Conseil économique et social » (conférence de presse du 31 janvier 1964). Cette volonté de transformer l'institution fut réaffirmée à plusieurs reprises, jusqu'au projet de révision soumis au référendum du 27 avril 1969 (v. **art. 11**). Le projet, outre la création des régions, réalisait sous le terme de « rénovation du Sénat » une fusion de celui-ci avec le Conseil économique : la nouvelle assemblée devenait consultative, ce qui entraînait la disparition du bicamérisme en France. Cette réforme constitutionnelle aurait sans doute, en dépit de ses inconvénients, eu le mérite d'attribuer à la représentation économique une place qui ne lui a jamais été faite. Le refus populaire (à 52,4 %) enterra pour longtemps toute volonté d'évolution de cette assemblée.

Le président Macron avait annoncé, dès le début de son mandat (v. art. **18**), qu'il souhaitait procéder à une refondation de cette assemblée.
À cette fin, le projet de loi constitutionnelle déposé en 2018 proposait de substituer au Conseil économique, social et environnemental une « ***Chambre de la société civile*** », appelée ensuite « *Chambre de la participation citoyenne* », aux termes d'un nouveau projet de loi constitutionnelle en 2019. La révision constitutionnelle étant impraticable (v. **art. 89**), **le CESE a finalement été réformé par la loi organique du 15 janvier 2021**. Dès lors, **il conserve son nom**.

▶ Le CESE est une assemblée **représentative des forces économiques, sociales et environnementales**. C'est en 2008 qu'a été ajouté l'adjectif « environnemental ». Depuis 2021, il ne comporte plus que **175 membres** (au lieu de 233 auparavant), qui représentent la société civile et sont désignés par les organisations professionnelles (syndicats ouvriers, entreprises privées et publiques, organismes agricoles, associations familiales, de défense de l'environnement, etc.). Les « personnalités qualifiées », qui étaient auparavant nommées par décret, ont été supprimées.
Les nouveaux membres ont été désignés en avril 2021 pour 5 ans ; ils ont élu en mai leur nouveau président, Thierry Beaudet, président de la Mutualité française.

▶ Le Conseil rend, pour l'essentiel de ses compétences, **des avis** qui lui sont demandés par le gouvernement et le Parlement, sur des textes en préparation, ou sur toute question qui lui est soumise dans le domaine économique et social. Il est obligatoirement consulté sur les projets de Plan et de lois de programmation (mais non sur le projet de loi de finances).

▶ Le **droit de pétition** prévu à l'article 69 a été assoupli par la loi organique du 15 janvier 2021 : le Conseil économique, social et environnemental peut être saisi par voie de pétition de toute question à caractère économique, social ou environnemental. La pétition est rédigée en français et adressée par écrit, par voie postale ou par voie électronique, au CESE. Elle est présentée dans les mêmes termes par au moins **150 000 personnes âgées de seize ans et plus** (le seuil était auparavant de 500 000 personnes majeures), de nationalité française ou résidant régulièrement en France. La période de recueil des signatures est d'un an à compter du dépôt de la pétition. Si elle est déclarée recevable par le bureau du CESE, elle fait l'objet d'un avis en assemblée plénière sur les questions soulevées par les pétitions recevables et sur les suites que le Conseil propose de leur donner dans le délai de six mois ; cet avis est adressé au Premier ministre, au président de l'Assemblée nationale et au président du Sénat, et publié au *Journal Officiel*.

Dans le cadre du CESE et en attendant sa prochaine réforme, le Président Macron a décidé, le 25 avril 2019, en réponse au mouvement des « Gilets jaunes », de réunir une **Convention citoyenne pour le climat**, composée de **150 personnes tirées au sort**, dont les travaux se sont déroulés d'octobre 2019 à juin 2020 et ont abouti à proposer une série de **149 mesures pour lutter contre le réchauffement climatique**. Le 29 juin 2020, le président de la République a indiqué qu'il retenait 146 propositions de la Convention (sur 149), qu'il s'était engagé auparavant à soumettre « sans filtre » soit à référendum, soit au vote du Parlement, soit à application réglementaire directe. L'une des propositions tend à modifier l'**article premier** de la Constitution, par référendum, en y ajoutant une phrase ainsi rédigée : « Elle garantit la préservation de l'environnement et de la diversité biologique et lutte contre le dérèglement climatique. » Des mesures de nature législative ont constitué l'ossature du projet de loi « Climat et résilience », adopté par l'Assemblée nationale en avril 2021.

Pour donner un fondement juridique plus solide à cette expérience novatrice de « convention citoyenne », la loi organique du 15 janvier 2021 organise les conditions dans lesquelles, pour l'exercice de ses missions, le Conseil économique, social et environnemental peut, à son initiative ou à la demande du Premier ministre, du président de l'Assemblée nationale ou du président du Sénat, recourir à la **consultation du public** dans les matières relevant de sa compétence. Il peut organiser une procédure **de tirage au sort** pour déterminer les participants de la consultation. La procédure de tirage au sort assure une représentation équilibrée du territoire de la République, notamment des outre-mer, et garantit la parité entre les femmes et les hommes parmi les participants. Le hasard tempéré par les algorithmes : la loi organique secoue sérieusement les principes de la démocratie représentative.

Titre XI BIS
LE DÉFENSEUR DES DROITS

ARTICLE 71-1. – Le Défenseur des droits veille au respect des droits et libertés par les administrations de l'État, les collectivités territoriales, les établissements publics, ainsi que par tout organisme investi d'une mission de service public, ou à l'égard duquel la loi organique lui attribue des compétences.

Il peut être saisi, dans les conditions prévues par la loi organique, par toute personne s'estimant lésée par le fonctionnement d'un service public ou d'un organisme visé au premier alinéa. Il peut se saisir d'office.

La loi organique définit les attributions et les modalités d'intervention du Défenseur des droits. Elle détermine les conditions dans lesquelles il peut être assisté par un collège pour l'exercice de certaines de ses attributions.

Le Défenseur des droits est nommé par le président de la République pour un mandat de six ans non renouvelable, après application de la procédure prévue au dernier alinéa de l'article 13. Ses fonctions sont incompatibles avec celles de membre du gouvernement et de membre du Parlement. Les autres incompatibilités sont fixées par la loi organique.

Le Défenseur des droits rend compte de son activité au président de la République et au Parlement.

La loi constitutionnelle du 23 juillet 2008 a introduit dans la Constitution une nouvelle autorité, le **Défenseur des droits**. Elle est qualifiée, par la loi organique du 29 mars 2011, d'**autorité constitutionnelle indépendante**. Le Conseil constitutionnel, dans une décision du même jour, a précisé qu'il s'agissait d'une « *autorité administrative dont l'indépendance trouve son fondement dans la constitution* » et que cette disposition n'avait « *pas pour effet de faire figurer le Défenseur des droits au nombre des pouvoirs publics constitutionnels* ».

Le Défenseur des droits a succédé au médiateur de la République, au Défenseur des enfants, à la commission de déontologie de la sécurité et à la Haute autorité de lutte contre les discriminations (HALDE). Le contrôleur général des lieux privatifs de liberté, qui devait à l'origine être également absorbé, a été maintenu.

La saisine directe du Défenseur des droits par les citoyens et des moyens renforcés à l'égard des administrations devrait permettre à l'institution d'aller plus loin dans la défense des droits que les quatre autorités auxquelles elle succède.

Claire Hédon, 57 ans, ancienne présidente d'ATD Quart Monde, a succédé, comme Défenseur des droits, à Jacques Toubon, ancien ministre de la Justice, dont le mandat s'est achevé en 2020.

Titre XII
DES COLLECTIVITÉS TERRITORIALES

ARTICLE 72. – Les collectivités territoriales de la République sont les communes, les départements, les régions, les collectivités à statut particulier et les collectivités d'outre-mer régies par l'article 74. Toute autre collectivité territoriale est créée par la loi, le cas échéant en lieu et place d'une ou de plusieurs collectivités mentionnées au présent alinéa.

Les collectivités territoriales ont vocation à prendre les décisions pour l'ensemble des compétences qui peuvent le mieux être mises en œuvre à leur échelon.

Dans les conditions prévues par la loi, ces collectivités s'administrent librement par des conseils élus et disposent d'un pouvoir réglementaire pour l'exercice de leurs compétences.

Dans les conditions prévues par la loi organique, et sauf lorsque sont en cause les conditions essentielles d'exercice d'une liberté publique ou d'un droit constitutionnellement garanti, les collectivités territoriales ou leurs groupements peuvent, lorsque, selon le cas, la loi ou le règlement l'a prévu, déroger, à titre expérimental et pour un objet et une durée limités, aux dispositions législatives ou réglementaires qui régissent l'exercice de leurs compétences.

Aucune collectivité territoriale ne peut exercer une tutelle sur une autre. Cependant, lorsque l'exercice d'une compétence nécessite le concours de plusieurs collectivités territoriales, la loi peut autoriser l'une d'entre elles ou un de leurs groupements à organiser les modalités de leur action commune.

Dans les collectivités territoriales de la République, le représentant de l'État, représentant de chacun des membres du gouvernement, a la charge des intérêts nationaux, du contrôle administratif et du respect des lois.

Entièrement réécrit par la loi constitutionnelle du 28 mars 2003, cet article ajoute au droit antérieur de nouveaux principes de décentralisation, en application de la nouvelle rédaction de l'**article premier** de la Constitution.

LES COLLECTIVITÉS TERRITORIALES PRÉVUES PAR LA CONSTITUTION

Les collectivités qui figurent expressément dans la Constitution sont les **communes**, les **départements**, les **régions**, les **collectivités à statut particulier** et les **collectivités d'outre-mer de l'article 74**.

Cette énumération est l'aboutissement de plusieurs étapes : aux collectivités locales régies traditionnellement par la loi (les départements, par la loi du 10 août 1871, et les communes, par celle du 5 avril 1884), la Constitution de 1958 avait déjà offert un statut constitutionnel ; depuis la nouvelle rédaction de l'article 72 en 2003, s'ajoutent désormais de nouvelles catégories : les régions (qui avaient été créées par les lois du 2 mars 1982 et du 16 mars 1986, mais n'étaient pas encore constitutionnellement reconnues), les collectivités à statut particulier (comme la Corse) et les collectivités d'outre-mer de l'**article 74**.

LES PRINCIPES RÉGISSANT LES COLLECTIVITÉS TERRITORIALES

→ La subsidiarité

Ainsi dénommé parce que sa logique s'inspire du principe de subsidiarité du droit communautaire, ce principe totalement nouveau dans la Constitution résulte en fait d'un raisonnement différent : l'État unitaire ayant vocation à se décentraliser, il y a lieu de confier les compétences à la collectivité qui s'avérera la plus adéquate pour les exercer ; il s'agit donc plutôt d'un objectif, celui de **l'adéquation des compétences à l'échelon le mieux adapté**. Ce principe s'applique dans la répartition des compétences entre l'État et les collectivités territoriales, et également entre celles-ci.

Le projet de loi constitutionnelle en cours introduit, à l'article 72, un droit à la différenciation entre collectivités territoriales : la loi pourra autoriser certaines collectivités à exercer des compétences dont les autres ne disposent pas. Il s'agit de tenir compte des spécificités de cette collectivité territoriale et des enjeux qui lui sont propres.

→ La libre administration

Les collectivités territoriales ***s'administrent librement***. Le terme d'administration, volontairement modeste, rappelle que la France est un État unitaire (v. **art. 2**), dans lequel, à la différence d'un État fédéral, il n'existe pas de « souveraineté locale » (v. **art. 3** : « *Aucune section du peuple* [...] *ne peut s'en attribuer l'exercice* »). Il en résulte que l'administration locale est ***subordonnée à la loi***. En revanche, et dans ce cadre légal, les collectivités se voient attribuer de larges compétences.

→ L'élection des conseils

Sous réserve des possibilités nouvelles de consultation des électeurs prévues, depuis 2003, à l'**article 72-1**, les compétences des collectivités territoriales s'exercent **par des conseils élus**. Il s'agit d'une condition nécessaire puisque (avant même qu'elles ne figurent dans la Constitution) **les régions** n'ont été considérées juridiquement comme des collectivités territoriales que lorsque les conseils régionaux ont été élus au suffrage universel, en 1986. Le maintien de cette condition s'oppose à ce que les groupements de collectivités puissent bénéficier du statut constitutionnel de collectivité territoriale, dès lors que les assemblées délibérantes de ces groupements sont composées de représentants désignés par celles des collectivités (donc au suffrage indirect). Ces groupements peuvent, en revanche, participer à la nouvelle procédure d'expérimentation ou devenir « chef de file » (v. *infra*) ; ils bénéficient donc déjà d'une reconnaissance constitutionnelle à ces deux titres.

➜ Le pouvoir réglementaire

Bien que nouvelle, la consécration constitutionnelle du pouvoir réglementaire des collectivités territoriales ne modifie pas fondamentalement l'ordonnancement juridique : ce **pouvoir réglementaire local** ne peut s'exercer que dans le respect des dispositions législatives et réglementaires en vigueur ; notamment, il n'est pas de nature à faire concurrence au « *pouvoir réglementaire d'exécution des lois que l'article 21 de la Constitution attribue au Premier ministre* » (Conseil constitutionnel, décision du 17 janvier 2002).

➜ L'expérimentation locale

Parallèlement aux expérimentations qui seront directement décidées par la loi ou le règlement (v. **art. 37-1**), des dérogations peuvent intervenir, à titre expérimental, à l'initiative des collectivités territoriales.

> Cette disposition vise à donner un cadre juridique satisfaisant à de telles expérimentations, alors qu'à la suite de la décision du Conseil constitutionnel du 17 janvier 2002, la loi du 22 janvier 2002 relative à la Corse n'a pu autoriser cette collectivité qu'à déroger aux règlements, et non à prendre des mesures relevant du domaine de la loi.

Le régime des expérimentations a été récemment réorganisé par la **loi organique du 19 avril 2021** relative à la simplification des expérimentations.

> La loi peut autoriser une collectivité locale à déroger à des dispositions législatives, mais pour un objet défini et une durée précisée, qui ne peut excéder cinq ans. Les actes pris à cette fin sont publiés au *Journal officiel*. Ils peuvent être suspendus, à la demande du préfet, lorsque celui-ci les défère au tribunal administratif. Au terme de l'expérimentation, une évaluation est effectuée par le gouvernement et c'est à la loi qu'il revient de déterminer s'il y a lieu de maintenir et de généraliser les mesures prises à titre expérimental, de prolonger l'expérimentation ou, au contraire, d'y renoncer.
> La nouvelle loi organique consacre le droit à la différenciation territoriale. Les collectivités locales pourront appliquer, dans un cadre expérimental puis, dans certaines conditions, de façon pérenne, des règles relatives à l'exercice de leurs compétences différentes pour tenir compte de leurs spécificités.

LE CONTRÔLE DES COLLECTIVITÉS TERRITORIALES

➜ La tutelle et le « chef de file »

Déjà prévue par la loi, la proscription de toute tutelle d'une collectivité territoriale sur une autre avait été consacrée au niveau constitutionnel par la jurisprudence (Conseil constitutionnel, décision du 17 janvier 2002, loi sur la Corse).
Ce rappel d'un principe général de la décentralisation, qui est d'ailleurs le corollaire nécessaire du principe de libre administration, semble avoir pour objet de servir de contrepoint au nouveau dispositif permettant à la loi de désigner (la Constitution a échappé à l'expression) une collectivité comme **chef de file** lorsque, comme c'est souvent le cas, une compétence implique l'intervention de plusieurs collectivités.

➜ Le contrôle du représentant de l'État

Au prix d'une modification terminologique (le délégué du gouvernement devenant le **représentant de l'État,** dont on précise désormais qu'il représente « *chacun des membres du gouvernement* » ; il s'agit en pratique du **préfet**), la Constitution exige toujours que soit assurée la ***charge*** **des intérêts nationaux, du contrôle administratif et du respect des lois**. Cette obligation constitutionnelle, largement assurée jusqu'en 1982, a été interprétée de manière limitative à partir de l'intervention des lois de décentralisation (initiée par la loi du 2 mars 1982).

Dans une décision du 25 février 1982, le Conseil constitutionnel, saisi de la conformité de cette loi à la Constitution, a admis une interprétation de ces dispositions permettant la suppression de la tutelle et son remplacement par un « *contrôle de légalité* » : lorsqu'une collectivité prend une décision, elle doit la transmettre au préfet, qui peut, s'il l'estime illégale, la déférer au tribunal administratif. Le Conseil a, en revanche, censuré une disposition rendant exécutoires les actes des collectivités avant cette transmission au préfet.
Ce contrôle de légalité permet ainsi d'assurer le « *respect des lois* ». La « *sauvegarde des intérêts nationaux* » est maintenue, grâce aux pouvoirs de substitution d'office ou de crise conservés par le préfet. Seul le « *contrôle administratif* » a perdu une partie de son contenu, dès lors que le préfet ne peut plus remettre en cause l'**opportunité** des décisions des collectivités territoriales.

Il reste que la mission confiée au préfet est fondamentale. Le contrôle de légalité a pu être qualifié, par comparaison avec le rôle du parquet dans la justice répressive, de « ministère public » (Georges Vedel). Quant à l'autorité du préfet et à sa place dans l'organisation administrative, elles restent essentielles.

ARTICLE 72-1. – La loi fixe les conditions dans lesquelles les électeurs de chaque collectivité territoriale peuvent, par l'exercice du droit de pétition, demander l'inscription à l'ordre du jour de l'assemblée délibérante de cette collectivité d'une question relevant de sa compétence.

Dans les conditions prévues par la loi organique, les projets de délibération ou d'acte relevant de la compétence d'une collectivité territoriale peuvent, à son initiative, être soumis, par la voie du référendum, à la décision des électeurs de cette collectivité.

Lorsqu'il est envisagé de créer une collectivité territoriale dotée d'un statut particulier ou de modifier son organisation, il peut être décidé par la loi de consulter les électeurs inscrits dans les collectivités intéressées. La modification des limites des collectivités territoriales peut également donner lieu à la consultation des électeurs dans les conditions prévues par la loi.

Introduit par la loi constitutionnelle du 28 mars 2003, cet article ajoute au droit de la décentralisation de nouvelles dispositions destinées à **associer les électeurs** à l'exercice des compétences des collectivités territoriales.

➜ Le droit de pétition

On notera que le Parlement a modifié le projet du gouvernement, dans lequel l'exercice du droit de pétition aboutissait à « *obtenir* l'inscription à l'ordre du jour », ce qui aurait placé la collectivité en situation de compétence liée. Ce nouveau dispositif est ainsi, sur ce point, aligné sur le droit de pétition au niveau national (prévu à l'article 4 de l'ordonnance du 17 novembre 1958).

➜ Le référendum local

Jusqu'à la révision constitutionnelle de 2003, le principe de l'administration des collectivités territoriales par des conseils élus avait semblé faire obstacle à toute forme de référendum local, à l'exception du **référendum purement consultatif prévu par la loi du 6 février 1992** dans le cadre de la commune.
L'introduction, dans le deuxième alinéa de l'article, d'un **référendum local décisionnel** constitue une étape majeure vers la démocratie locale. **La loi organique du 1er août 2003 relative au référendum local** en précise les conditions d'exercice. L'initiative du référendum appartient à la collectivité elle-même ; l'État ne peut, même par la loi, consulter les électeurs de la collectivité, hormis dans les cas prévus au troisième alinéa. Les partisans de l'initiative populaire auront noté que la combinaison de cet alinéa avec le précédent, sur le droit de pétition, peut permettre, lorsque le climat politique s'y prête, qu'un référendum local puisse être organisé à la suite d'une pétition.
Le référendum peut porter sur un projet de délibération de l'assemblée locale ou sur un projet d'acte relevant des compétences de l'exécutif de la collectivité (à l'exception des projets d'actes individuels). C'est à l'assemblée délibérante qu'il appartient de décider du référendum. Cette décision peut être suspendue par le tribunal administratif à la demande du préfet. Pour être adopté, le projet doit, non seulement avoir recueilli la majorité des suffrages exprimés, mais également remplir une condition liée à la participation : la moitié au moins des électeurs inscrits doit avoir pris part au scrutin.
Le troisième alinéa de l'article concerne au contraire deux possibilités de **consulter les électeurs**, dans les conditions prévues par la loi, pour créer une collectivité territoriale à statut particulier ou en modifier les limites. Juridiquement, le référendum n'est que consultatif ; mais dans les faits, on imagine que ce type de consultation facultative ne sera organisé que si l'on entend se ranger à l'avis des électeurs...

Cette disposition a été mise en œuvre pour la première fois le 6 juillet 2003, lorsqu'un référendum consultatif a été organisé ***en Corse***. Un nouveau statut de la collectivité territoriale de Corse était proposé aux électeurs, comportant notamment la suppression des départements actuels. Ce référendum, s'étant soldé par un résultat négatif, a entraîné le maintien du *statu quo*. La loi du 7 août 2015 procède à cette fusion, pour 2018, sans recours au référendum.
Le 7 avril 2013, un projet de collectivité unique d'Alsace a été soumis aux électeurs, à l'initiative des trois collectivités concernées, sur le fondement de la loi du 16 décembre 2010 ; il n'a pas été adopté, faute d'avoir été approuvé par au moins 25 % des inscrits.

La consultation des électeurs de Loire-Atlantique le 26 juin 2016, qui a approuvé le projet d'aéroport de Notre-Dame des Landes à 55 %, ne relève pas de ce fondement constitutionnel. Il s'agit de la première application de l'article L. 123-20 du code de l'environnement, issu de l'ordonnance du 21 avril 2016, qui prévoit que « *L'État peut consulter les électeurs d'une aire territoriale déterminée afin de recueillir leur avis sur un projet d'infrastructure ou d'équipement susceptible d'avoir une incidence sur l'environnement* ». En dépit de cette franche approbation populaire, le projet de construction du nouvel aéroport est définitivement abandonné le 17 janvier 2018.

ARTICLE 72-2. – Les collectivités territoriales bénéficient de ressources dont elles peuvent disposer librement dans les conditions fixées par la loi.

Elles peuvent recevoir tout ou partie du produit des impositions de toutes natures. La loi peut les autoriser à en fixer l'assiette et le taux dans les limites qu'elle détermine.

Les recettes fiscales et les autres ressources propres des collectivités territoriales représentent, pour chaque catégorie de collectivités, une part déterminante de l'ensemble de leurs ressources. La loi organique fixe les conditions dans lesquelles cette règle est mise en œuvre.

Tout transfert de compétences entre l'État et les collectivités territoriales s'accompagne de l'attribution de ressources équivalentes à celles qui étaient consacrées à leur exercice. Toute création ou extension de compétences ayant pour conséquence d'augmenter les dépenses des collectivités territoriales est accompagnée de ressources déterminées par la loi.

La loi prévoit des dispositifs de péréquation destinés à favoriser l'égalité entre les collectivités territoriales.

L'article 72-2, issu de la loi constitutionnelle du 28 mars 2003, a pour objet d'inscrire dans la Constitution le principe de **l'autonomie financière des collectivités territoriales.** Celles-ci doivent désormais bénéficier de ressources propres (notamment de recettes fiscales) représentant une part **déterminante** de leurs ressources. La règle selon laquelle tout transfert (ou toute création) de compétences doit s'accompagner de ressources équivalentes se voit conférer valeur constitutionnelle, ce qui ouvre un nouveau champ au contrôle du Conseil constitutionnel dans le domaine des finances locales.

ARTICLE 72-3. – La République reconnaît, au sein du peuple français, les populations d'outre-mer, dans un idéal commun de liberté, d'égalité et de fraternité.

La Guadeloupe, la Guyane, la Martinique, La Réunion, Mayotte, Saint-Barthélemy, Saint-Martin, Saint-Pierre-et-Miquelon, les îles Wallis et Futuna et la Polynésie française sont régis par l'article 73 pour les départements et les régions d'outre-mer, et pour les collectivités territoriales créées en application du dernier alinéa de l'article 73, et par l'article 74 pour les autres collectivités.

• • •

Le statut de la Nouvelle-Calédonie est régi par le titre XIII.

La loi détermine le régime législatif et l'organisation particulière des Terres australes et antarctiques françaises et de Clipperton.

Introduit par la loi constitutionnelle du 28 mars 2003, l'article 72-3 présente l'architecture générale des nouvelles dispositions constitutionnelles sur l'outre-mer, clarifiant ainsi une matière qui devient de plus en plus complexe, tant elle s'efforce de concilier l'appartenance entière à la République avec la diversité des territoires et les aspirations des populations à la prise en compte de leur spécificité et de leur identité.

L'article comporte d'abord ***la reconnaissance, au sein du peuple français, des populations d'outre-mer***. Cette formulation se substitue avantageusement à celle de l'ancien article premier, supprimée en 1995, qui évoquait les « *peuples des territoires d'outre-mer* ». Elle revient, en tout cas, sur les termes de la décision du Conseil constitutionnel du 9 mai 1991 sur la Corse, selon laquelle « *la Constitution de 1958 distingue le peuple français des peuples d'outre-mer auxquels est reconnu le droit à la libre détermination* ». La notion en sort réunifiée, au sens de la même décision du Conseil constitutionnel, qui disposait par ailleurs que la Constitution « *ne connaît que le peuple français, composé de tous les citoyens français sans distinction d'origine, de race ou de religion* ».

L'article énumère ensuite les collectivités d'outre-mer, pour les répartir entre les différents régimes constitutionnels prévus par les articles suivants.

Chacune des collectivités d'outre-mer fait désormais l'objet d'une **mention nominative dans la Constitution**, qui constitue une consécration solennelle de son appartenance à la République. Une révision constitutionnelle serait en tout état de cause nécessaire pour y mettre fin. Cela vient au renfort des dispositions de l'**article 53** (al. 3), qui, conformément à la doctrine Capitant, exigeaient déjà « *le consentement des populations intéressées* ».

La Guadeloupe, la Guyane, la Martinique, La Réunion et Mayotte relèvent de l'**article 73**, tandis que **Saint-Barthélemy, Saint-Martin, Saint-Pierre-et Miquelon, les îles Wallis et Futuna et la Polynésie française** sont régies par l'**article 74**.

Les **Terres australes et antarctiques françaises et l'île de Clipperton** sont soumises à un régime purement législatif (loi du 6 août 1955, modifiée par la loi du 21 février 2007). Clipperton, qui fait son entrée dans la Constitution en 2008, est, depuis 2007, placée sous l'autorité directe du Gouvernement. Dépourvues de population permanente, elles ne sont pas administrées par un conseil élu (v. **art. 72**).

ARTICLE 72-4. – Aucun changement, pour tout ou partie de l'une des collectivités mentionnées au deuxième alinéa de l'article 72-3, de l'un vers l'autre des régimes prévus par les articles 73 et 74, ne peut intervenir sans que le consentement des électeurs de la collectivité ou de la partie de collectivité intéressée

• • •

ait été préalablement recueilli dans les conditions prévues à l'alinéa suivant. Ce changement de régime est décidé par une loi organique.

Le président de la République, sur proposition du gouvernement pendant la durée des sessions ou sur proposition conjointe des deux assemblées, publiées au *Journal officiel*, peut décider de consulter les électeurs d'une collectivité territoriale située outre-mer sur une question relative à son organisation, à ses compétences ou à son régime législatif. Lorsque la consultation porte sur un changement prévu à l'alinéa précédent et est organisée sur proposition du gouvernement, celui-ci fait, devant chaque assemblée, une déclaration qui est suivie d'un débat.

Créé en 2003, cet article revêt une importance considérable : si des évolutions au sein de la République peuvent intervenir, notamment pour faire passer une collectivité (ou une partie de collectivité) d'un régime à un autre, aucun changement de statut ne peut avoir lieu sans que **le consentement des électeurs** de la collectivité intéressée ait été préalablement recueilli. Il s'agit d'un véritable **droit de veto** conféré aux électeurs de la collectivité intéressée. L'article prévoit également la possibilité d'organiser un **référendum, consultatif** cette fois, sur l'organisation ou les compétences de la collectivité. La procédure utilisée s'inspire de celle de l'**article 11**. Ces dispositions ont été utilisées pour la première fois le 7 décembre 2003, aux Antilles : les électeurs de la Martinique et de la Guadeloupe ont rejeté le principe de la création d'une collectivité unique se substituant au département et à la région ; en revanche, les électeurs des îles de Saint-Martin et de Saint-Barthélemy ont très largement approuvé la transformation de ces deux communes, auparavant rattachées à la Guadeloupe, en collectivités d'outre-mer régies par l'**article 74** (v. *infra*, cet article).

Le projet de loi constitutionnelle en cours introduit, après l'article 72-4, un nouvel **article 72-5**, selon lequel **la Corse** pourrait devenir le premier territoire de la métropole à figurer nommément dans le texte de la Constitution. Et cela, « *afin de reconnaître la spécificité de la seule île du territoire européen de la France aux dimensions d'une région* », selon l'exposé des motifs du projet de loi constitutionnelle. Ce nouvel article 72-5 fait de la Corse une collectivité à statut particulier au sens du premier alinéa de l'**article 72** et « *procède à la reconnaissance constitutionnelle des spécificités de la Corse. Par conséquent, les lois et les règlements pourront comporter des règles adaptées aux spécificités liées à son insularité ainsi qu'à ses caractéristiques géographiques, économiques ou sociales* ».
On notera l'évolution des esprits depuis l'époque de la loi portant statut de la collectivité territoriale de Corse, qui avait été censurée par le Conseil constitutionnel, au motif que « *la mention faite par le législateur du "peuple corse, composante du peuple français" est contraire à la Constitution, laquelle ne connaît que le peuple français, composé de tous les citoyens français sans distinction d'origine, de race ou de religion* » (Décision du 9 mai 1991).

ARTICLE 73. – Dans les départements et les régions d'outre-mer, les lois et règlements sont applicables de plein droit. Ils peuvent faire l'objet d'adaptations tenant aux caractéristiques et contraintes particulières de ces collectivités.

• • •

Ces adaptations peuvent être décidées par ces collectivités dans les matières où s'exercent leurs compétences et si elles y ont été habilitées selon le cas, par la loi ou par le règlement.

Par dérogation au premier alinéa et pour tenir compte de leurs spécificités, les collectivités régies par le présent article peuvent être habilitées, selon le cas, par la loi ou par le règlement, à fixer elles-mêmes les règles applicables sur leur territoire, dans un nombre limité de matières pouvant relever du domaine de la loi ou du règlement.

Ces règles ne peuvent porter sur la nationalité, les droits civiques, les garanties des libertés publiques, l'état et la capacité des personnes, l'organisation de la justice, le droit pénal, la procédure pénale, la politique étrangère, la défense, la sécurité et l'ordre publics, la monnaie, le crédit et les changes, ainsi que le droit électoral. Cette énumération pourra être précisée et complétée par une loi organique.

La disposition prévue aux deux précédents alinéas n'est pas applicable au département et à la région de La Réunion.

Les habilitations prévues aux deuxième et troisième alinéas sont décidées, à la demande de la collectivité concernée, dans les conditions et sous les réserves prévues par une loi organique. Elles ne peuvent intervenir lorsque sont en cause les conditions essentielles d'exercice d'une liberté publique ou d'un droit constitutionnellement garanti.

La création par la loi d'une collectivité se substituant à un département et une région d'outre-mer ou l'institution d'une assemblée délibérante unique pour ces deux collectivités ne peut intervenir sans qu'ait été recueilli, selon les formes prévues au second alinéa de l'article 72-4, le consentement des électeurs inscrits dans le ressort de ces collectivités.

Relèvent ainsi de l'**article 73, la Guadeloupe, la Guyane, la Martinique et La Réunion**, qui constituaient déjà des départements d'outre-mer avant la réforme de 2003. L'article s'applique également désormais aux **régions d'outre-mer**.

S'y ajoute, depuis le 31 mars 2011, **Mayotte**, devenue un département d'outre-mer et une région d'outre-mer à assemblée délibérante unique à la suite de la consultation du 29 mars 2009 des électeurs de Mayotte (95,2 % de votes favorables).

Une collectivité territoriale qui serait créée par la fusion d'un département et d'une région d'outre-mer deviendrait une collectivité d'outre-mer, régie par l'**article 74** (comme la Polynésie, Saint-Pierre-et-Miquelon, etc.). C'est dans cette perspective qu'ont été organisés, le 10 janvier 2010, des référendums en Martinique et en Guyane. Le passage en collectivité d'outre-mer de l'article 74 ayant été repoussé (par, respectivement, 79 % et 70 % des voix), une question subsidiaire était posée aux électeurs deux semaines plus tard (le 24 janvier 2010) portant sur la fusion des assemblées délibérantes (conseil régional et conseil

général) en une assemblée unique (admise par 68 % et 57 % de oui). C'est la première fois qu'était organisé un référendum à deux tours.
Le principe d'assimilation législative, c'est-à-dire l'applicabilité de plein droit des lois et règlements, demeure la règle applicable aux départements et régions d'outre-mer. Mais la novation majeure introduite par la réforme de 2003 consiste à permettre à ces collectivités de déroger à certaines de ces règles lorsqu'elles y sont habilitées par la loi. Il s'agit de la reconnaissance, même s'il est strictement encadré, d'un véritable **pouvoir législatif local**, les règles adoptées demeurant toutefois des actes administratifs.

Le projet de loi constitutionnelle en cours propose de modifier l'article 73 : les départements et régions d'outre-mer (DROM) pourront « *être habilités, par décret en conseil des ministres après avis du Conseil d'État, à fixer elles-mêmes les règles applicables sur leur territoire dans un nombre limité de matières pouvant relever du domaine de la loi ou du règlement* ».
Le projet fait donc disparaître l'intervention préalable du Parlement, au profit d'une condition de ratification ultérieure des normes adoptées sur habilitation : le législateur est ainsi écarté de la décision d'habiliter une collectivité territoriale à intervenir dans le domaine de la loi.

ARTICLE 74. – Les collectivités d'outre-mer régies par le présent article ont un statut qui tient compte des intérêts propres de chacune d'elles au sein de la République.

Ce statut est défini par une loi organique, adoptée après avis de l'assemblée délibérante, qui fixe :

– les conditions dans lesquelles les lois et règlements y sont applicables ;

– les compétences de cette collectivité ; sous réserve de celles déjà exercées par elle, le transfert de compétences de l'État ne peut porter sur les matières énumérées au quatrième alinéa de l'article 73, précisées et complétées, le cas échéant, par la loi organique ;

– les règles d'organisation et de fonctionnement des institutions de la collectivité et le régime électoral de son assemblée délibérante ;

– les conditions dans lesquelles ses institutions sont consultées sur les projets et propositions de loi et les projets d'ordonnance ou de décret comportant des dispositions particulières à la collectivité, ainsi que sur la ratification ou l'approbation d'engagements internationaux conclus dans les matières relevant de sa compétence.

La loi organique peut également déterminer, pour celles de ces collectivités qui sont dotées de l'autonomie, les conditions dans lesquelles :

– le Conseil d'État exerce un contrôle juridictionnel spécifique sur certaines catégories d'actes de l'assemblée délibérante intervenant au titre des compétences qu'elle exerce dans le domaine de la loi ;

– l'assemblée délibérante peut modifier une loi promulguée postérieurement à l'entrée en vigueur du statut de la collectivité, lorsque le Conseil constitutionnel,

saisi notamment par les autorités de la collectivité, a constaté que la loi était intervenue dans le domaine de compétence de cette collectivité ;

– des mesures justifiées par les nécessités locales peuvent être prises par la collectivité en faveur de sa population, en matière d'accès à l'emploi, de droit d'établissement pour l'exercice d'une activité professionnelle ou de protection du patrimoine foncier ;

– la collectivité peut participer, sous le contrôle de l'État, à l'exercice des compétences qu'il conserve, dans le respect des garanties accordées sur l'ensemble du territoire national pour l'exercice des libertés publiques.

Les autres modalités de l'organisation particulière des collectivités relevant du présent article sont définies et modifiées par la loi après consultation de leur assemblée délibérante.

Saint-Pierre-et-Miquelon, les îles Wallis et Futuna et la Polynésie française sont, depuis la réforme de 2003, placées sous le régime de l'**article 74**, avec l'appellation nouvelle de ***« collectivités d'outre-mer »*** (qui s'est ainsi substituée à celle de « *territoire d'outre-mer* »).
S'y ajoutent, depuis le référendum du 7 décembre 2003, **Saint-Martin** et **Saint-Barthélemy**, dont la mention expresse figure dans la constitution depuis 2008 (v. **art. 72-3**).
Le statut de chacune de ces collectivités est fixé par **la loi organique** qui détermine ainsi, pour chaque collectivité, les matières dans lesquelles les lois et règlements y sont applicables de plein droit, et celles dans lesquelles une mention expresse d'application locale est nécessaire. La loi organique peut également habiliter les collectivités à adopter des mesures qui relèvent en métropole du domaine de la loi (ces actes conservant toutefois valeur réglementaire, ce qui les rend justiciables du juge administratif).
Autre originalité du régime de l'article 74 : les institutions locales sont consultées, avant leur adoption définitive, sur les textes nationaux (projet et propositions de loi, projets d'ordonnance et de décret) qui comportent des dispositions particulières à la collectivité ; le non-respect de cette obligation peut entraîner la censure de l'acte en cause devant le juge compétent (le Conseil constitutionnel pour la loi, le juge administratif pour les règlements).
L'article 74 distingue, au sein des collectivités, celles qui sont dotées de l'**autonomie** : on relèvera en particulier, la possibilité pour une collectivité autonome de saisir le Conseil constitutionnel en vue de la « délégalisation » d'une loi intervenue dans le domaine de compétence reconnu la collectivité par la loi organique, afin que cette dernière puisse la modifier (cette procédure s'apparente à celle de l'article 37, alinéa 2).

Ces dispositions font du Conseil constitutionnel le juge du respect, par le législateur ordinaire, de la répartition des compétences entre l'État et les collectivités d'outre-mer fixée par la loi organique. Ce rôle rappelle celui des cours constitutionnelles dans les États fédéraux ou autonomiques. Les lois organiques fixant le statut de la Polynésie française, de Saint-Barthélemy et de Saint-Martin ont attribué la compétence pour saisir le Conseil constitutionnel à ce titre, non seulement aux assemblées territoriales – et, en Polynésie française, au conseil des ministres de la collectivité – mais aussi au Premier ministre, au président de l'Assemblée nationale et au président du Sénat. Le Conseil constitutionnel a rendu 11 décisions (répertoriées « LOM ») à ce titre, toutes sur saisine de la Polynésie française, entre 2007 et 2011. Il a constaté, dans huit décisions, plusieurs incursions du législateur ordinaire dans les compétences locales.

En outre, une collectivité peut prendre en faveur de sa population des mesures spécifiques de protection, qui peuvent donc déroger au principe d'égalité.
La loi organique du 27 février 2004 a fixé le statut de la **Polynésie française**, désormais dotée d'une très large autonomie et bénéficiant de l'ensemble des dispositions de l'**article 74**.

ARTICLE 74-1. – Dans les collectivités d'outre-mer visées à l'article 74 et en Nouvelle-Calédonie, le gouvernement peut, par ordonnances, dans les matières qui demeurent de la compétence de l'État, étendre, avec les adaptations nécessaires, les dispositions de nature législative en vigueur en métropole ou adapter les dispositions de nature législative en vigueur à l'organisation particulière de la collectivité concernée, sous réserve que la loi n'ait pas expressément exclu, pour les dispositions en cause, le recours à cette procédure.

Les ordonnances sont prises en Conseil des ministres après avis des assemblées délibérantes intéressées et du Conseil d'État. Elles entrent en vigueur dès leur publication. Elles deviennent caduques en l'absence de ratification par le Parlement dans le délai de dix-huit mois suivant cette publication.

Cet article, introduit par la réforme de 2003, habilite le gouvernement de manière permanente à étendre par voie d'ordonnances aux collectivités d'outre-mer de l'article 74 et à la Nouvelle-Calédonie les dispositions législatives applicables en métropole, sous réserve des adaptations nécessaires. Ce dispositif permettra une actualisation plus simple et rapide du droit applicable outre-mer.

Ces ordonnances sont soumises à un régime juridique propre et diffèrent de celles prévues à l'**article 38** : elles ne requièrent pas de loi d'habilitation (c'est la Constitution qui prévoit une habilitation permanente) et elles sont frappées de caducité, si elles n'ont pas été ratifiées au terme d'un délai de dix-huit mois.

ARTICLE 75. – Les citoyens de la République qui n'ont pas le statut civil de droit commun, seul visé à l'article 34, conservent leur statut personnel tant qu'ils n'y ont pas renoncé.

L'**article 75** permet (dans les collectivités territoriales d'outre-mer) aux personnes qui étaient soumises à un « statut personnel » dérogatoire, de conserver celui-ci, échappant ainsi aux règles du code civil (notamment en matière de famille et de propriété). On trouve ainsi un droit musulman à Mayotte et un droit coutumier à Wallis. Celui en vigueur en Nouvelle-Calédonie figure dans la loi organique prévue à l'**article 77**.

Le Conseil constitutionnel a jugé, le 17 juillet 2003, que le législateur, dès lors qu'il ne remet pas en cause l'existence même du statut civil de droit local, peut en faire évoluer les règles dans le but de les rendre compatibles avec les principes et droits constitutionnellement protégés. C'est ainsi que la loi de programme pour l'outre-mer du 21 juillet 2003 a prévu la disparition à Mayotte, pour l'avenir (pour les personnes qui accèdent à l'âge du mariage à partir de 2005), de la polygamie, de la répudiation unilatérale et de l'inégalité des femmes et des hommes devant l'héritage.

ARTICLE 75-1. – Les langues régionales appartiennent au patrimoine de la France.

Cette disposition introduite en juillet 2008 a fait l'objet de vifs débats. Placée initialement à l'article 1er (soit avant l'article 2 qui mentionne le français, langue de la République), elle a été déplacée dans un nouvel article 75-1. En 1999, le Conseil constitutionnel avait estimé que la ratification de la Charte européenne sur les langues régionales ou minoritaires aurait méconnu la Constitution (v. **art. 54**). Un projet de loi constitutionnelle a été adopté par l'Assemblée nationale en janvier 2014, puis repoussé par le Sénat en octobre 2015 : un nouvel article 53-3 tendait à autoriser la ratification de la Charte, en l'assortissant toutefois d'une déclaration interprétative, visant à assurer le respect du principe d'égalité et de l'usage du français dans la sphère publique.

À défaut de ratification de la Charte, une proposition de loi relative à la protection patrimoniale et à la promotion des langues régionales a été adoptée le 14 avril 2021. Le Conseil constitutionnel a censuré plusieurs de ses dispositions, relatives à l'« enseignement immersif » de ces langues et à l'utilisation de signes diacritiques dans les actes de l'état civil (décision du 21 mai 2021).

Titre XIII
DISPOSITIONS TRANSITOIRES RELATIVES À LA NOUVELLE-CALÉDONIE

ARTICLE 76. – Les populations de la Nouvelle-Calédonie sont appelées à se prononcer avant le 31 décembre 1998 sur les dispositions de l'accord signé à Nouméa le 5 mai 1998 et publié le 27 mai 1998 au *Journal officiel* de la République française.

Sont admises à participer au scrutin les personnes remplissant les conditions fixées à l'article 2 de la loi n° 88-1028 du 9 novembre 1988.

Les mesures nécessaires à l'organisation du scrutin sont prises par décret en Conseil d'Etat délibéré en conseil des ministres.

ARTICLE 77. – Après approbation de l'accord lors de la consultation prévue à l'article 76, la loi organique, prise après avis de l'assemblée délibérante de la Nouvelle-Calédonie, détermine, pour assurer l'évolution de la Nouvelle-Calédonie dans le respect des orientations définies par cet accord et selon les modalités nécessaires à sa mise en œuvre :

– les compétences de l'État qui seront transférées, de façon définitive, aux institutions de la Nouvelle-Calédonie, l'échelonnement et les modalités de ces transferts, ainsi que la répartition des charges résultant de ceux-ci ;

– les règles d'organisation et de fonctionnement des institutions de la Nouvelle-Calédonie et notamment les conditions dans lesquelles certaines catégories d'actes de l'assemblée délibérante de la Nouvelle-Calédonie pourront être soumises avant publication au contrôle du Conseil constitutionnel ;

– les règles relatives à la citoyenneté, au régime électoral, à l'emploi et au statut civil coutumier ;

– les conditions et les délais dans lesquels les populations intéressées de la Nouvelle-Calédonie seront amenées à se prononcer sur l'accession à la pleine souveraineté.

Les autres mesures nécessaires à la mise en œuvre de l'accord mentionné à l'article 76 sont définies par la loi.

Pour la définition du corps électoral appelé à élire les membres des assemblées délibérantes de la Nouvelle-Calédonie et des provinces, le tableau auquel se réfèrent l'accord mentionné à l'article 76 et les articles 188 et 189 de la loi organique n° 99-209 du 19 mars 1999 relative à la Nouvelle-Calédonie est le tableau dressé à l'occasion du scrutin prévu audit article 76 et comprenant les personnes non admises à y participer.

Les anciens articles 76 à 87 ont été abrogés par la loi constitutionnelle du 4 août 1995, leurs dispositions n'ayant plus d'objet depuis la disparition de la Communauté (v. **art. premier**).

En application de l'« **accord de Nouméa** » **signé le 5 mai 1998**, la Nouvelle-Calédonie doit être dotée d'un statut de transition, dans l'attente d'une éventuelle « *accession à la pleine souveraineté* » (**art. 77**).

À la suite de la révision constitutionnelle du 20 juillet 1998, qui a introduit les nouveaux **articles 76 et 77**, et du référendum local du 8 novembre 1998, le statut proprement dit de la Nouvelle-Calédonie a été adopté par deux lois (organique et ordinaire) du 19 mars 1999. Ce statut déroge largement aux règles de l'Etat unitaire, comme l'y autorise l'**article 77** : citoyenneté calédonienne, compétences partagées entre l'État et la Nouvelle-Calédonie (y compris au plan international), Congrès désignant un gouvernement et adoptant des « lois du pays » qui pourront être soumises au contrôle du Conseil constitutionnel.

Des règles particulières, qui dérogent évidemment aux règles constitutionnelles de droit commun (v. **art. 3**), concernent le corps électoral : une **liste électorale spéciale** en vue de la consultation sur l'accession de la Nouvelle-Calédonie à la pleine souveraineté est restreinte aux personnes nées en Nouvelle-Calédonie et à celles qui y résident depuis 1994.

Le **référendum** prévu par l'accord de Nouméa du 5 mai 1998, qui devait obligatoirement se dérouler entre 2014 et 2018, a eu lieu le 4 novembre 2018. À la question : « *Voulez-vous que la Nouvelle-Calédonie accède à la pleine souveraineté et devienne indépendante ?* », la réponse a été ***non*** pour 56,7 % des suffrages exprimés (taux de participation de 80,6 %).

La loi organique du 19 mars 1999 relative à la Nouvelle-Calédonie prévoit alors un mécanisme où le tiers des membres du Congrès de la Nouvelle-Calédonie peut, à compter du 6e mois suivant la consultation (soit le 5 mai 2019), demander l'organisation de deux nouvelles consultations dans les 2 et 4 ans après le premier référendum. Au sein du Congrès élu pour la période 2019-2024, les indépendantistes détiennent ensemble 26 sièges sur 54, soit un peu plus de 48 % de ses membres.

À la demande d'une majorité des membres du Congrès, un nouveau référendum sur l'indépendance a eu lieu le 4 octobre 2020, le « non » l'emportant à 53,26 %. En vertu de l'accord de Nouméa, un troisième référendum a été demandé, qui aura lieu le 12 décembre 2021.

Titre XIV
DE LA FRANCOPHONIE ET DES ACCORDS D'ASSOCIATION

ARTICLE 87. – La République participe au développement de la solidarité et de la coopération entre les États et les peuples ayant le français en partage.

Introduite dans la Constitution par la révision du 23 juillet 2008, cette disposition consacre au niveau constitutionnel l'attachement de la République à la francophonie. Il s'agit également de montrer un autre aspect de la politique extérieure de la France et son appartenance à d'autres entités que l'Union européenne.

ARTICLE 88. – La République peut conclure des accords avec des États qui désirent s'associer à elle pour développer leurs civilisations.

L'article 88, prévu pour permettre de nouer des liens privilégiés avec les anciennes colonies devenues indépendantes avant 1958, n'a jamais été utilisé.

Titre XV
DE L'UNION EUROPÉENNE

ARTICLE 88-1. – La République participe à l'Union européenne constituée d'États qui ont choisi librement d'exercer en commun certaines de leurs compétences en vertu du traité sur l'Union européenne et du traité sur le fonctionnement de l'Union européenne, tels qu'ils résultent du traité signé à Lisbonne le 13 décembre 2007.

Le processus de la construction européenne, consacré dès avant 1958 par le **traité de Rome** (25 mars 1957), a été longtemps ignoré par les constituants. De 1958 à 1992, les Communautés européennes ont connu un développement considérable et leur influence sur l'ordre juridique français s'est accrue régulièrement. Pourtant, il a fallu attendre 1992 pour que le texte constitutionnel prenne en compte les évolutions des trente-cinq années passées, et consacre, d'une manière encore timide, les transferts de compétences qui avaient été, en fait, déjà consentis.

LE TRAITÉ DE MAASTRICHT

Signé à Maastricht (Pays-Bas) le 7 février 1992, le **traité de l'Union européenne**, conclu entre les douze États membres de la Communauté européenne, vise à une plus grande intégration de ces pays, qui décident de renforcer et de développer les compétences exercées au niveau européen, et de modifier les règles de prise de décision dans certaines matières.
Saisi par le président de la République, le Conseil constitutionnel, dans une décision du 9 avril 1992, a constaté que le traité comportait plusieurs clauses contraires à la Constitution.
Une révision de la Constitution fut acquise le 25 juin 1992 (par le Congrès, selon la procédure de l'**article 89**) : les articles 88-1 à 88-4 se trouvèrent ajoutés à la Constitution. Par la suite, l'autorisation de ratifier le traité fut adoptée par référendum, en application de l'**article 11**, le 20 septembre 1992 (le « oui » l'emportant par 51 % des suffrages).
L'article 88-1 a, tout d'abord, une **portée générale** : l'ensemble de la construction européenne est enfin consacré par la Constitution, alors que la participation de la France aux institutions européennes et l'exercice « en commun de certaines compétences » date de longtemps.
Il met fin, pour l'avenir, aux incertitudes juridiques qui pouvaient naître du phénomène de la construction européenne. Le principe de la souveraineté nationale, affirmé par la Constitution (v. **art. 3**), peut-il s'accommoder des compétences transférées aux Communautés, puis à l'Union européenne ? La seule base juridique de nature à limiter la souveraineté se trouve dans le Préambule de 1946, selon lequel, « *sous réserve de réciprocité, la France consent aux* ***limitations de souveraineté*** *nécessaires à l'organisation et à la défense de la paix* ».
La jurisprudence du Conseil constitutionnel illustre cette difficulté.

Dans sa décision du 9 avril 1992 (rendue à propos du traité de Maastricht), le Conseil relève que « *le respect de la souveraineté nationale ne fait pas obstacle à ce que* [...] *la France puisse conclure, sous réserve de réciprocité, des engagements internationaux en vue de participer à la création ou au développement d'une organisation internationale permanente, dotée de la personnalité juridique et investie de pouvoirs de décision par l'effet de transferts de compétences consentis par les États membres* ». Ces principes étant posés, le Conseil considère tout de même qu'une révision constitutionnelle est nécessaire lorsque « *des engagements internationaux souscrits à cette fin contiennent une clause contraire à la Constitution ou portent atteinte aux conditions essentielles d'exercice de la souveraineté* ».

Les versions successives de l'article 88-1 tirent les conséquences de la jurisprudence fixée par la décision du 9 avril 1992 : il affirme le choix solennellement effectué par la France d'exercer ses compétences en commun avec les autres membres de l'Union européenne.

LE TRAITÉ D'AMSTERDAM

L'introduction de la mention d'un traité international dans la Constitution était, en 1992, inédite ; elle devait rapidement se révéler obsolète, l'approfondissement de la construction européenne ne pouvant guère s'accommoder de la « cristallisation » des transferts de compétences opérée en 1992.
Le problème est apparu concrètement avec la signature du **traité d'Amsterdam**, le 2 octobre 1997. Selon le Conseil constitutionnel (décision du 21 décembre 1997), une nouvelle révision de la Constitution était nécessaire (v. **art. 54**).
Elle est intervenue le 25 janvier 1999.

En effet, ce traité comportait de nouveaux « *transferts de compétences qui mettent en cause les conditions essentielles d'exercice de la souveraineté* », soit dans des domaines non encore prévus à l'article 88-2, soit selon des modalités autres que celles fixées par le traité de Maastricht (notamment lorsque la règle du vote à la majorité qualifiée prive l'État français de toute possibilité d'imposer sa volonté dans ces domaines de compétences).

LE TRAITÉ INSTITUANT « UNE CONSTITUTION POUR L'EUROPE »

La ratification, envisagée alors, du Traité conclu le 29 octobre 2004, a été précédée d'une saisine du Conseil constitutionnel. Celui-ci a rendu une importante décision le 19 novembre 2004 ; il se fonde désormais, outre la Déclaration de 1789, le Préambule de 1946 et l'article 53 de la Constitution, sur l'article 88-1 pour estimer que « *ces textes de valeur constitutionnelle permettent à la France de participer à la création et au développement d'une organisation européenne permanente, dotée de la personnalité juridique et investie de pouvoirs de décision par l'effet de transferts de compétences consentis par les États membres* ». Il affirme aussi que, par l'article 88-1, le constituant a « *consacré l'existence d'un ordre juridique communautaire intégré à l'ordre juridique interne et distinct de l'ordre juridique international* ». Après avoir précisé qu'en dépit de l'expression utilisée parfois de « Constitution européenne », le « *Traité établissant une Constitution pour l'Europe* [...] *conserve le* ***caractère***

d'un traité international », le Conseil constitutionnel relève, comme il l'avait fait pour les traités de Maastricht et d'Amsterdam, les matières faisant l'objet de compétences nouvelles pour l'Union ou de modes de décision différents.
L'échec du référendum en France (l'autorisation de ratifier le traité ayant été repoussée par près de 55 % des suffrages le 29 mai 2005) et dans d'autres pays signataires a compromis définitivement les chances de voir ce traité entrer en vigueur.

LE TRAITÉ DE LISBONNE

Ce traité, qui modifie le traité sur l'Union européenne et le traité instituant la Communauté européenne, a été signé le 13 décembre 2007. Le Conseil constitutionnel ayant estimé qu'une nouvelle modification de la Constitution était nécessaire en vue de sa ratification (décision du 20 décembre 2007), une révision est intervenue par la loi constitutionnelle du 4 février 2008.
Pour ne pas rééditer l'échec du référendum de 2005 (et au prix d'interrogations sur sa portée), le président Sarkozy a préféré soumettre au Parlement la loi autorisant la ratification du traité de Lisbonne (loi du 13 février 2008).
Après un premier résultat négatif en **Irlande** (seul pays d'Europe où le peuple doit être obligatoirement consulté) le 12 juin 2008, les Irlandais ont dû se prononcer à nouveau ; ils l'ont fait positivement, cette fois (2 octobre 2009). L'entrée en vigueur du Traité, prévue initialement pour le 1er janvier 2009, n'a pu intervenir qu'après ratification de la République tchèque, soit le 1er décembre 2009.

> La loi constitutionnelle du 4 février 2008 avait prévu que les dispositions du titre XV (composée des articles 88-1 à 88-5) soient remplacées par de nouvelles (les articles 88-1, 88-2, 88-4, 88-5 étant modifiés, et deux nouveaux articles 88-6 et 88-7 étant créés), à la date de l'entrée en vigueur du Traité de Lisbonne.
> Ainsi, d'une manière insolite, le titre XV a connu deux rédactions successives, à près de deux ans d'intervalle, par l'effet de la même loi constitutionnelle.
> C'est pourquoi, *ipso facto*, les nouvelles dispositions du titre XV, qui figurent au présent chapitre, sont entrées en vigueur le **1er décembre 2009**.

LES NORMES COMMUNAUTAIRES

L'article 88-1 a donné lieu à d'importants développements jurisprudentiels quant à la valeur des directives communautaires et à leur contrôle juridictionnel.
Dans sa décision du 30 novembre 2006 sur la loi relative au secteur de l'énergie, le Conseil constitutionnel a rappelé qu'en vertu de cet article, « *la transposition en droit interne d'une directive communautaire résulte d'une exigence constitutionnelle* ». Il exerce dès lors un double contrôle :

- s'agissant de la **constitutionnalité de la directive**, il veille au respect du principe selon lequel « *la transposition d'une directive ne saurait aller à l'encontre d'une règle ou d'un principe inhérent à l'identité constitutionnelle de la France, sauf à ce que le constituant y ait consenti* » ;

- s'agissant de la **conventionalité de la loi** de transposition (dont il est saisi), il lui appartient de « *déclarer non conforme à l'article 88-1 de la Constitution* » une disposition législative qui serait « *manifestement incompatible avec la directive qu'elle a pour objet de transposer* ».

Le Conseil d'État a adopté une jurisprudence (assemblée, 8 février 2007, *Arcelor Atlantique*) qui s'accorde avec celle du Conseil constitutionnel, lorsque l'inconstitutionnalité d'une directive est invoquée, dans le cadre du contrôle qu'il exerce sur un décret de transposition. Si les griefs d'inconstitutionnalité trouvent leur équivalent dans le droit communautaire « originaire » et que s'élève une difficulté sérieuse, le Conseil d'État renvoie la question, à titre préjudiciel, à la CJUE (Cour de Luxembourg), comme le suggérait le Conseil constitutionnel. Dans les autres cas, lorsque les principes invoqués sont étrangers au droit communautaire ou que leur respect n'est pas effectif dans le cadre juridique communautaire, le Conseil d'État se prononce directement sur la constitutionnalité du décret de transposition.
Le contrôle de légalité des actes administratifs au regard des directives communautaires s'étend depuis peu aux **décisions individuelles**, par l'abandon de la jurisprudence *Cohn-Bendit* (1978). L'on savait déjà que « tout justiciable peut demander l'annulation des dispositions réglementaires qui seraient contraires aux objectifs définis par les directives », le Conseil d'État a jugé « *qu'en outre, tout justiciable peut se prévaloir, à l'appui d'un recours dirigé contre un acte administratif non réglementaire, des dispositions précises et inconditionnelles d'une directive, lorsque l'État n'a pas pris, dans les délais impartis par celle-ci, les mesures de transposition nécessaires* » (CE, Assemblée, 30 octobre 2009, Mme Perreux).

ARTICLE 88-2. – La loi fixe les règles relatives au mandat d'arrêt européen en application des actes pris par les institutions de l'Union européenne.

L'article 88-2, dans sa rédaction antérieure, comportait deux premiers alinéas, visant à remédier à deux des inconstitutionnalités relevées par le Conseil constitutionnel dans sa décision de 1992.

> A d'abord été jugée inconstitutionnelle « *la mise en œuvre d'une politique monétaire et d'une politique de changes uniques suivant des modalités telles qu'un État membre se trouvera privé de compétences propres dans un domaine où sont en cause les conditions essentielles d'exercice de la souveraineté nationale* » ; le second point, concernait les règles de franchissement des frontières extérieures des États membres.

En prévoyant expressément que « *la France consent aux transferts de compétences nécessaires* » dans ces matières, ces dispositions mettaient le traité de Maastricht (et celui d'Amsterdam) en conformité avec la Constitution. Elles ont été supprimées en 2009.
L'**article 88-2** ne comporte plus qu'un seul alinéa, issu de la révision constitutionnelle du 25 mars 2003, qui habilite le législateur à fixer les règles relatives au mandat d'arrêt européen. Mis en place par une décision-cadre du Conseil de l'Union européenne du 13 juin 2002, le mandat d'arrêt européen met en œuvre le principe de reconnaissance mutuelle des

décisions de justice rendues en matière pénale au sein de l'espace judiciaire européen. Les poursuites pénales, ainsi que l'exécution des condamnations, sont facilitées et accélérées à l'encontre des personnes se trouvant sur le territoire d'un autre État de l'Union. Le mandat d'arrêt européen a pour objet de supprimer entre les États membres la procédure formelle d'extradition, qui impliquait en droit français une décision du pouvoir exécutif, au profit d'une procédure entièrement judiciaire, pour toute une série d'infractions graves (terrorisme, traite des êtres humains, pornographie pédophile, trafic de drogue, corruption...).

C'est ainsi que Carles Puigdemont, président catalan destitué réfugié en Belgique, a fait l'objet d'un mandat d'arrêt européen délivré le 3 novembre 2017 par le gouvernement espagnol. Il n'a pas été suivi d'effet, l'intéressé étant couvert, depuis 2019, par son immunité de parlementaire européen.

ARTICLE 88-3. – Sous réserve de réciprocité, et selon les modalités prévues par le traité sur l'Union européenne signé le 7 février 1992, le droit de vote et d'éligibilité aux élections municipales peut être accordé aux seuls citoyens de l'Union résidant en France. Ces citoyens ne peuvent exercer les fonctions de maire ou d'adjoint ni participer à la désignation des électeurs sénatoriaux et à l'élection des sénateurs. Une loi organique votée dans les mêmes termes par les deux assemblées détermine les conditions d'application du présent article.

L'article 88-3 concerne une autre clause jugée inconstitutionnelle par le Conseil constitutionnel, dans sa décision du 9 avril 1992. Le traité prévoit que ***les citoyens de l'Union ont le droit de vote et d'éligibilité aux élections municipales*** dans l'État membre où ils résident. Le Conseil constitutionnel a jugé cette clause contraire à la Constitution, en déduisant des dispositions de l'**article 3**, (qui dispose que seuls les citoyens français peuvent être électeurs) et de l'**article 24** (le Sénat, indirectement issu des élections municipales, participe à l'exercice de la souveraineté nationale), que le droit de vote et d'éligibilité pour l'élection des conseils municipaux est réservé par la Constitution aux nationaux français. L'article 88-3 est censé lever cet obstacle ; l'ouverture du droit de vote aux ressortissants européens est entourée de précautions : ils ne peuvent être maire (ou adjoint), ni participer à l'élection des sénateurs.

À la suite de la loi organique du 25 mai 1998, les citoyens de l'Union ont pu voter en France pour la première fois aux élections municipales de 2001, puis en 2008 , en 2014 et en 2020, cette dernière fois sans les électeurs de Grande-Bretagne.
Curieusement, c'est ce même collège, comprenant des électeurs non nationaux, qui a approuvé le projet d'aéroport de Notre-Dame des Landes, lors de la consultation des électeurs de Loire-Atlantique le 26 juin 2016 (v. art. **72-1**).

ARTICLE 88-4. – **Le Gouvernement soumet à l'Assemblée nationale et au Sénat, dès leur transmission au Conseil de l'Union européenne, les projets d'actes législatifs européens et les autres projets ou propositions d'actes de l'Union européenne.**

Selon des modalités fixées par le règlement de chaque assemblée, des résolutions européennes peuvent être adoptées, le cas échéant en dehors des sessions, sur les projets ou propositions mentionnés au premier alinéa, ainsi que sur tout document émanant d'une institution de l'Union européenne.

Au sein de chaque assemblée parlementaire est instituée une commission chargée des affaires européennes.

LE PRINCIPE DE LA SOUMISSION AU PARLEMENT

Cette disposition, introduite en trois étapes (1992, 1999 et 2008), vise à doter le Parlement de pouvoirs de contrôle sur les normes élaborées par les institutions européennes. Les textes sont soumis avant leur adoption aux assemblées, qui peuvent adopter des résolutions les concernant. Les parlementaires se sont ainsi dotés d'un véritable droit de regard sur l'activité normative européenne.

Cette procédure, instituée sur l'initiative des parlementaires, vise à compenser le dessaisissement progressif, par les institutions européennes, du Parlement national dans ses attributions législatives. Le domaine de la loi, consacré notamment par l'**article 34**, a été peu à peu rogné par l'expansion considérable de la réglementation communautaire ; les **règlements** et **directives** européens, pris en application du traité de Rome, se sont en effet vu attribuer la même valeur juridique que le traité lui-même, c'est-à-dire une valeur supérieure à celle des lois, en vertu des dispositions de l'**article 55**. La hiérarchie des normes, aujourd'hui appliquée par l'ensemble des juridictions, oblige la loi à respecter les actes communautaires, qui sont de plus en plus nombreux et couvrent un champ toujours plus large. Les domaines d'intervention confiés par les traités aux institutions européennes ont progressivement couvert des matières réservées à la loi par la Constitution. Impuissant à enrayer ce transfert de compétences, aujourd'hui reconnu par la Constitution (**art. 88-1, 88-2 et 88-3**), le Parlement obtient en contrepartie ce droit de regard sur les actes communautaires.

LES MODALITÉS DE CONSULTATION DES ASSEMBLÉES

Alors qu'avant 2008, seules les propositions d'actes communautaires comportant des dispositions de nature législative (le Conseil d'État était systématiquement consulté pour avis sur la nature juridique de ces actes) étaient transmises aux assemblées, ce sont désormais tous les projets d'actes qui sont transmis à la commission chargée des affaires européennes de chaque assemblée, créée par la révision de 2008, qui s'ajoute aux commissions existantes (v. **art. 43**).

Lorsqu'une proposition de résolution (qui peut être déposée par chacun des députés ou sénateurs) est émise, elle peut être inscrite à l'ordre du jour de l'assemblée considérée. En l'absence de demande d'inscription, la résolution adoptée par la commission est considérée comme définitive.

ARTICLE 88-5. – Tout projet de loi autorisant la ratification d'un traité relatif à l'adhésion d'un État à l'Union européenne est soumis au référendum par le président de la République.

Toutefois, par le vote d'une motion adoptée en termes identiques par chaque assemblée à la majorité des trois cinquièmes, le Parlement peut autoriser l'adoption du projet de loi selon la procédure prévue au troisième alinéa de l'article 89.

Cet article, introduit par la loi constitutionnelle du 1er mars 2005, puis modifié par celle du 23 juillet 2008, a pour objet de rendre obligatoire la soumission au référendum de tout nouveau traité comportant l'adhésion d'un nouvel État dans l'Union européenne.

Son champ d'application dans le temps est défini par la loi constitutionnelle qui prévoit que l'article 88-5 n'est pas applicable « *aux adhésions faisant suite à une conférence intergouvernementale dont la convocation a été décidée par le Conseil européen avant le 1er juillet 2004* ».

Les pays concernés sont la Bulgarie, la Roumanie et la Croatie, dont le sort était réglé avant cette date et dont les traités d'adhésion ont pu être autorisés par le Parlement (loi du 13 octobre 2006 pour la Bulgarie et la Roumanie ; loi du 28 janvier 2013 pour la Croatie, devenue, le 1er juillet 2013, le 28e État de l'Union européenne à la suite du référendum organisé en janvier 2012), sans qu'il soit nécessaire de recourir au référendum en France.

La modification de l'article 88-5 a été au cœur des discussions qui ont précédé la révision du 23 juillet 2008. L'enjeu est, symboliquement, l'entrée de la Turquie dans l'Union européenne qui divise la classe politique française. Le premier alinéa de l'article avait été introduit en 2005 afin de rassurer les opposants à l'adhésion turque ; les partisans de l'entrée de la Turquie ont tenté de profiter de la révision de 2008 pour faire sauter ce verrou. On est finalement parvenu à une solution intermédiaire, empreinte d'une certaine mauvaise foi (serait-on obligé de faire un référendum si la Suisse voulait adhérer ?). Il en résulte une curiosité juridique : chacune des assemblées du Parlement peut autoriser le Congrès aux trois cinquièmes, à autoriser l'adhésion litigieuse aux trois cinquièmes (qui seront alors acquis sans surprise)… La procédure de l'article 89, et la réunion du Congrès ne sont donc plus réservées aux lois constitutionnelles qu'à cette exception.

ARTICLE 88-6. – **L'Assemblée nationale ou le Sénat peuvent émettre un avis motivé sur la conformité d'un projet d'acte législatif européen au principe de subsidiarité. L'avis est adressé par le président de l'assemblée concernée aux présidents du Parlement européen, du Conseil et de la Commission européenne. Le Gouvernement en est informé.**

Chaque assemblée peut former un recours devant la Cour de justice de l'Union européenne contre un acte législatif européen pour violation du principe de subsidiarité. Ce recours est transmis à la Cour de justice de l'Union européenne par le Gouvernement.

À cette fin, des résolutions peuvent être adoptées, le cas échéant en dehors des sessions, selon des modalités d'initiative et de discussion fixées par le règlement de chaque assemblée. À la demande de soixante députés ou de soixante sénateurs, le recours est de droit.

Cet article organise la participation du Parlement français au contrôle de subsidiarité prévu par l'article 12 du traité sur l'Union européenne, tel que modifié par le traité de Lisbonne, qui stipule que les parlements nationaux contribuent activement au bon fonctionnement de l'Union « *en veillant au respect du* ***principe de subsidiarité*** *conformément aux procédures prévues par le protocole sur l'application des principes de subsidiarité et de proportionnalité* ». La définition du principe se trouve à l'article 5, paragraphe 3, du traité sur l'Union européenne : « *en vertu du principe de subsidiarité, dans les domaines qui ne relèvent pas de sa compétence exclusive, l'Union intervient seulement si, et dans la mesure où, les objectifs de l'action envisagée ne peuvent pas être atteints de manière suffisante par les États membres, tant au niveau central qu'au niveau régional et local, mais peuvent l'être mieux, en raison des dimensions ou des effets de l'action envisagée, au niveau de l'Union* » et que « *les institutions de l'Union appliquent le principe de subsidiarité conformément au protocole sur l'application des principes de subsidiarité et de proportionnalité. Les parlements nationaux veillent au respect de ce principe conformément à la procédure prévue dans ce protocole* ».

L'article 8 du protocole sur l'application des principes de subsidiarité et de proportionnalité prévoit ainsi que « la Cour de justice de l'Union européenne est compétente pour se prononcer sur les recours pour violation, par un acte législatif, du principe de subsidiarité formés, conformément aux modalités prévues à l'article 263 du traité sur le fonctionnement de l'Union européenne, par un État membre ou transmis par celui-ci conformément à son ordre juridique au nom de son parlement national ou d'une chambre de celui-ci ». En conséquence du renvoi à l'article 263 du traité sur le fonctionnement de l'Union européenne relatif au contrôle de légalité, le recours prévu à l'article 88-6, deuxième alinéa, devra être formé dans un délai de deux mois à compter de la publication de l'acte. Le recours serait toujours formellement présenté par le Gouvernement d'un État membre, mais le protocole relatif aux parlements nationaux ouvre la possibilité qu'il soit simplement « transmis » par ce Gouvernement, l'auteur véritable du recours étant le parlement national ou une chambre de celui-ci.

Le seuil de « *soixante députés ou de soixante sénateurs* », prévu pour permettre aux parlementaires de provoquer, de droit, un recours de leur assemblée devant la Cour de justice de l'Union européenne contre un acte législatif européen violant le principe de subsidiarité, pourrait être ramené, aux termes du projet de révision engagé en 2018, à **quarante députés ou quarante sénateurs**.

ARTICLE 88-7. – Par le vote d'une motion adoptée en termes identiques par l'Assemblée nationale et le Sénat, le Parlement peut s'opposer à une modification des règles d'adoption d'actes de l'Union européenne dans les cas prévus, au titre de la révision simplifiée des traités ou de la coopération judiciaire civile, par le traité sur l'Union européenne et le traité sur le fonctionnement de l'Union européenne, tels qu'ils résultent du traité signé à Lisbonne le 13 décembre 2007.

Ce nouvel article 88-7 prévoit l'intervention du Parlement français dans la procédure de **révision simplifiée des traités**, qui permet de les modifier sans qu'il soit nécessaire de réunir une Convention ou une conférence intergouvernementale.

Mais, novation non négligeable par rapport à la révision du 1er mars 2005, il prévoit également d'organiser une telle intervention dans le cas d'une modification des règles d'adoption d'actes de l'Union européenne en matière de **coopération judiciaire civile**, cas que le « traité constitutionnel », contrairement au traité de Lisbonne, n'envisageait pas.

Dans les deux cas, le Parlement français pourra exprimer son droit d'opposition par le biais d'une motion adoptée en termes identiques par l'Assemblée nationale et le Sénat.

Titre XVI
DE LA RÉVISION

ARTICLE 89. – L'initiative de la révision de la Constitution appartient concurremment au président de la République sur proposition du Premier ministre et aux membres du Parlement.

Le projet ou la proposition de révision doit être examiné dans les conditions de délai fixées au troisième alinéa de l'article 42 et voté par les deux assemblées en termes identiques. La révision est définitive après avoir été approuvée par référendum.

Toutefois, le projet de révision n'est pas présenté au référendum lorsque le président de la République décide de le soumettre au Parlement convoqué en Congrès ; dans ce cas, le projet de révision n'est approuvé que s'il réunit la majorité des trois cinquièmes des suffrages exprimés. Le bureau du Congrès est celui de l'Assemblée nationale.

Aucune procédure de révision ne peut être engagée ou poursuivie lorsqu'il est porté atteinte à l'intégrité du territoire.

La forme républicaine du gouvernement ne peut faire l'objet d'une révision.

Un des apports essentiels de l'époque révolutionnaire est l'apparition de **constitutions écrites et rigides**. Celles-ci, dont le principal objet est de définir l'organisation générale des institutions et des pouvoirs, ne peuvent être modifiées par une simple loi.

Cette « rigidité », qui suppose d'emblée une supériorité formelle de la Constitution sur la norme édictée par le Parlement, devait garantir une certaine permanence des choix constitutionnels. Elle a eu, en fait, longtemps pour conséquence de rendre difficile (ou impossible) l'évolution des régimes politiques et, par suite, a favorisé les crises institutionnelles : jusqu'à la IIIe République, aucune fin de régime ne s'est déroulée en conformité avec les règles établies par les Constitutions successives.

Même le respect formel des dispositions des Constitutions de 1875 et 1946 relatives à la révision cache mal une méconnaissance de l'esprit des procédures prévues (lois constitutionnelles du 10 juillet 1940 et du 3 juin 1958). Ces deux « révisions-abrogations » sont en porte-à-faux entre les deux types d'intervention du pouvoir constituant, originaire ou dérivé.

▶ Le **pouvoir constituant « originaire »** est celui qui s'exerce lors de la **fondation d'un régime**. S'il appartient tout naturellement au peuple, selon les conceptions de la souveraineté, les modalités d'exercice du pouvoir constituant originaire ont varié. La théorie de la souveraineté nationale (v. **art. 3**) a très tôt imposé l'élection d'une « assemblée constituante », chargée de rédiger la Constitution (1789, 1848, 1946), tandis que l'influence de la souveraineté populaire a permis d'y substituer le plébiscite (fondation des deux Empires), puis le référendum (1793, 1946, 1958).

▶ La notion de **pouvoir constituant « dérivé »** est un peu différente, puisqu'il s'agit de réviser ou de **modifier une Constitution, sans en bouleverser les fondements**. Cette compétence, mineure par rapport à la précédente, est généralement confiée aux **pouvoirs constitués**, c'est-à-dire ceux qui résultent de la Constitution (le plus souvent, le Parlement). Le pouvoir de réviser la Constitution se distingue pourtant de la compétence législative (du fait même de la rigidité constitutionnelle), ce qui entraîne une procédure spécifique, exigeant souvent une majorité qualifiée (des trois cinquièmes ou des deux tiers).
Sous la Ve République, le pouvoir constituant dérivé est confié, suivant le principe général de la souveraineté énoncé à l'**article 3**, aux représentants du peuple (c'est-à-dire au Parlement) et à son expression directe (par le référendum). La révision de la Constitution nécessite, en principe, à la fois l'agrément des parlementaires et l'approbation du peuple. L'article 89 ménage cependant la possibilité d'une révision soumise au seul Parlement, avec l'agrément du chef de l'État. Celui-ci a pu imposer, en sens inverse, un mode de révision faisant intervenir le peuple directement, par l'utilisation de l'**article 11** en matière constituante (v. *infra*).

L'INITIATIVE DE LA RÉVISION

Elle appartient au président de la République et aux parlementaires :

▶ **Le chef de l'État** ne peut, en principe, prendre l'initiative d'une révision de la Constitution que **sur la proposition du Premier ministre**. La révision implique donc un accord entre les deux hommes. En cas de situation de « cohabitation », principale hypothèse de désaccord de principe, une révision émanant du président ne peut intervenir qu'à la suite d'un compromis.

> En pratique, la cohabitation n'a pas empêché toute révision. Plusieurs modifications ont été acquises sous le gouvernement Balladur, puis sous le gouvernement Jospin, traduisant souvent un consensus politique (traité d'Amsterdam…).

La pratique de la Ve a souvent montré que la proposition du Premier ministre pouvait être purement formelle, car la révision provenait sans conteste d'une inspiration présidentielle. Le plus souvent, le projet a été annoncé au public par le président, puis officiellement proposé par le Premier ministre.

▶ **Chacun des parlementaires** dispose de l'initiative. Dans la pratique, de nombreuses propositions de révision ont été déposées depuis 1958, mais aucune d'elles n'a atteint le stade du vote par les deux assemblées. Cela montre la difficulté de mise en œuvre d'une révision d'origine parlementaire (v. *infra*).

LA PROCÉDURE DE DROIT COMMUN

▶ La révision nécessite, en premier lieu, l'**accord des deux assemblées** sur le texte. Cela signifie que, dans la pratique, chacune des assemblées dispose d'un véritable **droit de veto**. Dans la logique majoritaire de la Ve République, c'est le Sénat qui s'est trouvé, le plus souvent, en situation d'exercer un tel veto. Ainsi, en 1984 (sur un projet visant à étendre le champ

d'application de l'**article 11**), puis en 1990 (sur l'élargissement des modes de saisine du Conseil constitutionnel – v. **art. 61**), le Sénat s'est opposé avec succès aux projets présentés par le président de la République.
Auparavant, les référendums de 1962 et 1969 avaient été organisés suivant la procédure controversée de l'**article 11**, afin d'éviter le passage obligé par les assemblées ; en 1962, l'ensemble du Parlement était hostile au projet présidentiel ; en 1969, le Sénat ne pouvait accepter un texte qui limitait sensiblement sa place dans les institutions.

▶ En second lieu, le texte adopté en termes identiques par les assemblées **doit normalement être soumis au référendum**.
Alors qu'un texte émanant du président peut être transmis au Congrès (v. *infra*), la révision doit nécessairement recevoir la sanction du peuple lorsqu'elle est d'origine parlementaire. Les constituants ayant entendu mettre fin à la souveraineté parlementaire, ce verrou s'explique par la volonté d'interdire au Parlement de mener seul à terme une modification des institutions.
Une seule révision, celle du quinquennat (v. *infra*), a été soumise au référendum de l'article 89 (le 24 septembre 2000).

La « cohabitation » de 1993 a révélé une difficulté d'interprétation de ces dispositions. Si le Premier ministre souhaite réviser la Constitution sans l'accord du chef de l'État, il peut susciter une proposition de révision et faire en sorte qu'elle soit votée par les assemblées. À ce stade, elle doit logiquement être soumise à l'approbation du peuple : le chef de l'État ne peut s'y opposer, sauf à réduire à néant l'initiative parlementaire en matière constitutionnelle et s'attribuer un droit de veto que le texte ne lui confère pas. Le Président Mitterrand a affirmé une position différente (3 septembre 1993) : « Le référendum ne peut avoir lieu sans que je le décide. »

LA PROCÉDURE PUREMENT PARLEMENTAIRE

Lorsque l'initiative de la révision émane du président de la République sur proposition du Premier ministre (il s'agit alors d'un « **projet** de révision »), le chef de l'État peut décider d'éviter le référendum en demandant aux parlementaires de se prononcer une seconde fois, cette fois-ci réunis en Congrès.
Le Parlement se retrouve dans ce cas seul constituant, mais en vertu d'une double intervention du président.
Si elle évite d'avoir recours au référendum (ce qui se justifie sur certains sujets techniques), cette procédure requiert la **majorité qualifiée des trois cinquièmes**. Cette condition est parfois difficile à remplir. La perspective d'un échec devant le Congrès avait déjà amené le président à abandonner les projets déposés en 1973 (sur la réduction du mandat présidentiel – v. **art. 6**) et en 1974 (sur le régime de la suppléance – v. **art. 25**). Depuis la réforme de 2008, aucune révision n'a plus eu lieu pour cette raison.

On notera que l'autorisation d'adhésion d'un nouvel État de l'Union renvoie, curieusement, à la procédure parlementaire de l'article 89, là encore pour éviter le référendum (v. **art. 88-5**).

L'APPLICATION DE L'ARTICLE 89

Les deux premières révisions de la Constitution de 1958 se sont faites par d'autres procédures que celle prévue à l'article 89.

La première eut lieu par la procédure dérogatoire de l'**article 85**. L'institution de la Communauté n'ayant pu empêcher les États membres de désirer l'indépendance dès 1960, une adaptation des articles relatifs à la Communauté fut ainsi tentée, afin de concilier l'indépendance des États et le maintien des liens avec la République. La révision du 4 juin 1960 fut adoptée par un vote conforme du Parlement et du Sénat de la Communauté. L'article 85 n'autorisait d'ailleurs pas une telle révision, dès lors qu'elle ne portait pas sur « le fonctionnement des institutions communes ». **La seconde**, beaucoup plus importante, instituant l'élection du président de la République au suffrage universel direct, s'est faite au moyen du référendum de l'**article 11**.

À l'exception de celle du 2 octobre 2000, toutes les révisions abouties ont suivi la procédure du Congrès :

- La loi constitutionnelle du **30 décembre 1963** a modifié les dates des sessions ordinaires du Parlement, fixées à l'**article 28**.
- La loi constitutionnelle du **29 octobre 1974** a étendu la possibilité de saisir le Conseil constitutionnel, dans son rôle de contrôle de la constitutionnalité des lois, à 60 députés ou 60 sénateurs (v. **art. 61**).
- La loi constitutionnelle du **18 juin 1976** a ajouté à l'**article 7** des développements visant à faire face à la situation du décès d'un candidat à l'élection présidentielle.
- La loi constitutionnelle du **25 juin 1992**, adoptée en vue de rendre le traité sur l'Union européenne signé à Maastricht compatible avec la Constitution, a introduit dans cette dernière les **articles 88-1 à 88-4**.
- La loi constitutionnelle du **27 juillet 1993** est relative au Conseil supérieur de la magistrature (v. **art. 65**) et à la responsabilité pénale des ministres (v. **art. 68-1 et 68-2**).
- La loi constitutionnelle du **25 novembre 1993** a introduit dans la Constitution les engagements de la France en matière de droit d'asile, sous la forme d'un nouvel article, l'**article 53-1**.
- La loi constitutionnelle du **4 août 1995** a étendu le champ d'application du référendum (v. **art. 11**), institué une session parlementaire unique (v. **art. 28**), modifié le régime de l'inviolabilité parlementaire (v. **art. 26**), et abrogé certaines dispositions désuètes (v. **art. premier**, **titres XIII** et **XVII**).
- La loi constitutionnelle du **22 février 1996** a étendu la compétence du Parlement, qui vote désormais des « *lois de financement de la sécurité sociale* » (v. **art. 34 et 47-1**).
- La loi constitutionnelle du **20 juillet 1998** crée deux nouveaux **articles 76 et 77**, formant un titre XIII, portant « *dispositions transitoires relatives à la Nouvelle-Calédonie* ».
- La loi constitutionnelle du **25 janvier 1999** a permis à la France de ratifier le traité d'Amsterdam, en modifiant les **articles 88-2 et 88-4**, introduits pour celui de Maastricht.
- Les lois constitutionnelles du **8 juillet 1999** : la première introduit l'**article 53-2**, relatif à la Cour pénale internationale, à la suite de la décision du Conseil constitutionnel du 22 janvier 1999 ; la seconde est relative à l'égalité entre les hommes et les femmes et modifie les **articles 3 et 4**.
- La loi constitutionnelle du **2 octobre 2000**, relative à la durée du mandat du président de la République, fixe celle-ci à cinq ans au lieu de sept, à l'**article 6**.

- La loi constitutionnelle du **25 mars 2003** relative au mandat d'arrêt européen, qui ajoute un nouvel alinéa à l'**article 88-2**.
- La loi constitutionnelle du **28 mars 2003** relative à l'organisation décentralisée de la République, qui modifie ou crée de nombreux articles (**art. premier, 37-1, 39, 72, 72-1, 72-2, 72-3, 72-4, 73, 74, 74-1**).
- Les deux lois constitutionnelles du **1er mars 2005**, la première modifiant le Titre XV de la Constitution (v. **art. 88-1 et suivants**), la seconde relative à la Charte de l'environnement (v. **Préambule**).
- Les trois lois constitutionnelles du **23 février 2007**, touchant à l'interdiction de la peine de mort (v. **art. 66-1**), à la responsabilité du président de la République (v. **art. 67 et 68**) et au corps électoral de la Nouvelle Calédonie (v. **art. 77**).
- La loi constitutionnelle du **4 février 2008** a modifié l'**article 88-1**, afin de permettre la ratification du traité de Lisbonne.
- La loi constitutionnelle du **23 juillet 2008**, la plus importante, en volume au moins, depuis 1958, a créé 9 articles nouveaux et en a modifié 38 (v. *infra*).

LES LIMITES AU POUVOIR DE RÉVISER

▶ Une première série de limites est contenue dans les **procédures elles-mêmes.** Comme on l'a vu, la révision nécessite un consensus assez large : l'accord des deux assemblées est indispensable ; la volonté du président, qui, en vertu de l'**article 5**, « *veille au respect de la Constitution* », est déterminante ; le peuple est normalement appelé à trancher. Il est par conséquent très difficile de modifier la Constitution en violant la souveraineté ou la démocratie. Le général de Gaulle est pourtant parvenu à « court-circuiter » le Parlement en soumettant deux projets de révision directement au peuple (v. **art. 11**). Par-delà la controverse, une nouvelle utilisation de cette procédure apparaît peu probable.

▶ L'article 89 comporte **explicitement trois limites à la révision** : deux empêchements tenant aux circonstances et une interdiction de fond.

- D'abord, il n'est pas possible de réviser la Constitution ***« lorsqu'il est porté atteinte à l'intégrité du territoire »***. Cette précaution, inspirée évidemment par le spectre de la défaite de 1940, suivie de la loi constitutionnelle du 10 juillet 1940, avait déjà inspiré les constituants de 1946, qui avaient envisagé « l'occupation du territoire par des forces étrangères ». Le texte de l'article 89 est à la fois plus large et plus flou : il recoupe partiellement l'**article 16**, mais on ne peut en déduire que toute révision serait interdite lors de l'application de cet article.
- Ensuite, l'**article 7** interdit toute révision ***pendant la vacance de la présidence de la République***. Cette limite souligne l'importance accordée au rôle du président dans la procédure de révision.
- Enfin, l'article 89 garantit l'***intangibilité de « la forme républicaine du gouvernement »***. L'origine de cette disposition se trouve dans la loi constitutionnelle du 14 août 1884. À l'époque, il s'agissait de prévenir une restauration monarchique ; le maintien de cette interdiction en 1958 répond sans doute davantage au risque de la dictature, qui a plus particulièrement menacé les régimes européens au XXe siècle. Cette mention dans la Constitution est d'ordre symbolique, car, sur le plan juridique, la notion de règle

supraconstitutionnelle est discutable, faute notamment d'organe habilité à s'opposer à une révision de cet alinéa. D'ailleurs, la même interdiction n'a pas empêché l'intervention de la révision de 1940, qui transformait le régime en un « État français » dépouillé de toute référence à la République.

Le Conseil constitutionnel précise tout de même que le pouvoir constituant s'exerce « *sous réserve des prescriptions des articles 7, 16 et 89 de la Constitution* » (décision du 15 mars 1999).
Par une décision en date du 26 mars 2003, le Conseil s'est déclaré incompétent pour statuer sur un recours formé contre la révision constitutionnelle relative à l'organisation décentralisée de la République, adoptée par le Congrès le 17 mars précédent. Il ne tient en effet ni de l'article 61 de la Constitution (qui fixe les conditions de sa saisine), ni de l'article 89 (relatif à la révision), ni d'aucune autre disposition constitutionnelle le pouvoir de se prononcer sur une révision de la Constitution.

LA VOLONTÉ D'ACTUALISATION DE LA CONSTITUTION

Le texte constitutionnel a souvent été l'objet de critiques et de propositions d'amendement, certains constatant qu'il comporte des incohérences et des dispositions désuètes (nombre d'entre elles ont maintenant été supprimées par les révisions récentes), les autres estimant qu'il faut tirer toutes les conséquences d'une « présidentialisation » du régime, ou, en sens inverse, le rééquilibrer. C'est ainsi que, de manière récurrente, on a proposé la réduction du mandat présidentiel à cinq ans (v. **art. 6**), le développement du référendum (v. **art. 11**), la revalorisation du rôle du Parlement (v. **art. 24 et 28**), l'élargissement de la saisine ou des compétences du Conseil constitutionnel (v. **art. 61**).
Cependant, l'expérience a prouvé qu'il n'est pas facile de réviser la Constitution. D'abord, comme on l'a vu, la procédure peut se heurter à des obstacles : une assemblée hostile, une majorité trop juste pour réunir le Congrès. Ces difficultés expliquent plusieurs échecs de projets présidentiels : celui de Georges Pompidou en 1973 (sur la réduction du mandat), celui de V. Giscard d'Estaing en 1974 (sur les suppléants, v. **art. 25**), ceux de François Mitterrand en 1984 (sur la modification de l'**article 11**) et en 1990 (sur la saisine du Conseil constitutionnel) ; plus aucun des projets de révision portés par le président n'a pu être mené à son terme depuis 2008. Le choix du référendum, s'il est plus satisfaisant pour la démocratie, peut se révéler également dangereux, comme celui du 24 septembre 2000, où une abstention sans précédent (près de 70 %) a jeté le doute sur l'intérêt du peuple français pour les réformes constitutionnelles…
Ensuite, et surtout, s'il est facile de stigmatiser les défauts du régime de la Ve République, il est beaucoup plus difficile de savoir comment et à quel point il convient de le modifier, tant la pratique a permis d'atteindre un équilibre (même imparfait) qu'il apparaît dangereux de bouleverser.

Souhaitant imprimer sa marque aux institutions de la Ve République, dont il avait autrefois dénoncé les défauts avec talent (*Le coup d'État permanent*), le Président François Mitterrand décida, en octobre 1992, de réunir un « ***comité consultatif pour la révision de la Constitution*** », présidé par le doyen Georges Vedel. Le comité a rendu un avis en février 1993, qui comporte une analyse d'ensemble des institutions et des propositions de modification d'envergure. Il a donné

lieu, en mars 1993, à un vaste projet déposé par le Président Mitterrand sur le bureau du Sénat. De ce projet, seules les dispositions concernant la **magistrature** et la **responsabilité pénale des ministres** ont été adoptées, en 1993. La présidence de Jacques Chirac aura été marquée par des révisions importantes, celle du 4 août 1995, portant essentiellement sur les **articles 11 et 28**, l'instauration du quinquennat en 2000 (v. **art. 6**), suivie des révisions de 2003 sur la décentralisation (v. **art. 72**) et celle de 2005 sur la Constitution européenne (v. **art. 88-1**).
La révision du 23 juillet 2008 diffère des précédentes par son ampleur. Les travaux préparatoires (le rapport d'E. Balladur a été remis au président de la République N. Sarkozy le 29 octobre 2007), comme les débats parlementaires ont porté sur l'ensemble du texte constitutionnel. Mais le débat n'a pas été consensuel entre majorité et opposition, ce qui a abouti à un vote très serré au Congrès (539 voix pour et 357 contre, soit une seule voix de plus que la majorité exigée des trois cinquièmes ; v. **art. 32**).

Dans son discours au Congrès le **3 juillet 2017**, le président **E. Macron**, fraîchement élu, avait annoncé plusieurs projets de révision constitutionnelle et de réforme des institutions : réduction d'un tiers du nombre des députés et sénateurs (v. **art. 25**) ; introduction d'une « dose » de proportionnelle (v. **art. 24**) ; réforme du CESE et du droit de pétition (v. **art. 69**) ; suppression de la Cour de Justice de la République (v. **art. 68-3**). Cette révision a été engagée par le projet de loi constitutionnelle « *pour une démocratie plus représentative, responsable et efficace* » du 9 mai 2018. Son examen par l'Assemblée nationale a été interrompu en juillet 2018, à la suite de l'affaire *Benalla*. Après la crise des « Gilets jaunes », un nouveau projet de loi constitutionnelle « *pour un renouveau de la vie démocratique* » est déposé le 29 août 2019. L'avenir de ces réformes apparaît aujourd'hui compromis, du moins avant la fin du mandat.

Titre XVII
DISPOSITIONS TRANSITOIRES
(titre abrogé)

Les articles 90 à 93, qui formaient le titre XVII, ont été abrogés par la loi constitutionnelle du 4 août 1995.

Les **articles 90, 91 et 92** contenaient les dispositions transitoires rédigées en 1958 pour assurer la mise en place des institutions. À dater de la promulgation de la Constitution, le Parlement vit ses travaux suspendus, sous réserve d'une convocation par le gouvernement. La nouvelle Assemblée nationale fut élue par les scrutins des 23 et 30 novembre 1958.

L'élection présidentielle eut lieu le 21 décembre 1958 (78,5 % des voix se portant, dès le premier tour, sur le nom du général de Gaulle).

La Constitution accordait au Conseil des ministres des pouvoirs temporaires très considérables, puisque, dans un domaine quasi illimité, le gouvernement pouvait prendre des ordonnances ayant force de loi. Ces **ordonnances** prévues par l'**article 92** (notamment les ordonnances portant loi organique) régissent encore aujourd'hui bien des matières touchant à l'organisation des pouvoirs publics.

Le régime juridique des ordonnances de l'article 92 a été précisé par le Conseil d'État (12 février 1960, *Société Eky*) : bien que prises par le gouvernement, elles sont de nature législative (c'est le texte même de l'article 92 qui leur donnait force de loi) et ne sont, dès lors, pas soumises au contrôle du juge administratif.

Les dispositions de l'**article 93**, ajouté en 1993 et supprimé en 1995, figurent désormais à l'**article 68-3**.

Annexes

Conseils bibliographiques

SUR LA CONSTITUTION :

Carcassonne (G.) et **Guillaume** (M.), *La Constitution*, Le Seuil, 2019.

Lascombe (M.), *Code constitutionnel et des droits fondamentaux*, Dalloz, 2019.

Luchaire (F.), **Conac** (G.) et **Prétot** (X.), *La Constitution de la République française*, Economica, 3e éd., 2009.

Stirn (B.), *Les sources constitutionnelles du droit administratif*, LGDJ, 2019.

Renoux (T.) et **de Villiers** (M.), *Code constitutionnel*, Litec, 2020.

SUR LE RÉGIME DE LA Ve RÉPUBLIQUE :

Ardant (P.) et **Formery** (S.-L.), *Les Institutions de la Ve République*, Hachette, coll. « Les Fondamentaux », 2019.

Gicquel (J. et J.-E.), *Droit constitutionnel, institutions politiques*, Montchrestien, 2020-2021.

Lacharrière (R. **de**), *La Ve, quelle République ?*, PUF, 1983.

Lauvaux (P.), *Le parlementarisme*, PUF, coll. « Que sais-je ? », 1997.

SUR LE CONSEIL CONSTITUTIONNEL :

Avril (P.) et **Gicquel** (J.), *Le Conseil constitutionnel*, Montchrestien, 2011.

Favoreu (Louis) et **Philip** (Loïc), *Les grandes décisions du Conseil constitutionnel*, Dalloz, 2005.

Genevois (B.), *La jurisprudence du Conseil constitutionnel : principes directeurs*, STH, 1991.

Rousseau (Dominique), *Droit du contentieux constitutionnel*, 2 vol., Montchrestien, 2013.

Stirn (B.), *Les libertés en questions*, Montchrestien, 2021.

REVUES :

Revue *Pouvoirs* (avec la « Chronique constitutionnelle française », établie par P. Avril et J. Gicquel).

Revue française de droit constitutionnel (avec la chronique régulière de D. Maus sur « la pratique constitutionnelle française »).

SITES :

Conseil constitutionnel, Élysée, Conseil d'État, Premier ministre, Assemblée nationale, Sénat, etc.

Index

Nota :
les numéros renvoient aux articles de la Constitution.

A

adhésion (à l'Union européenne), 88-5
administration, 20.
Algérie, 35.
ambassadeurs, 13, 14.
amendement, 40, 41, 44, 45.
amnistie, 17, 34.
Amsterdam (traité d'), 88-1 à 88-3.
arbitrage, 5.
armées, 5, 15, 20.
asile (droit d'), Préambule, 53-1.
Assemblée nationale, 12, 16, 24, 25, 34, 45, 49.
autorité judiciaire, 64 à 66.

B

bicamérisme, 24.

C

calendrier électoral, 24.
censure, 49, 50.
Charte de l'environnement, Préambule, 34.
cohabitation, 5, 20, 21, 29, 30, 89.
collectivités d'outre-mer, 72-3, 72-4.
collectivités territoriales, 24, 34, 72 à 74-1.
collégialité gouvernementale, 9, 13, 19, 22, 39.
commissions parlementaires, 43, 44, 51-2.
commission mixte paritaire, 45.
Communauté, 1, 76.
commune, 72.
Congrès, 18, 88-5, 89.
Conseil constitutionnel, 7, 16, 37, 41, 46, 54, 56 à 63.
Conseil de défense, 15.
Conseil de défense sanitaire, 36.
Conseil des ministres, 9, 13, 21, 36, 38, 39, 49, 92.
Conseil d'État, 13, 37, 38, 39, 61-1, 74.
Conseil économique, social et environnemental, 69 à 71.
Conseil supérieur de la magistrature, 64, 65, 89.
Constitution européenne, 88-1.
contreseing, 19, 22.
convention citoyenne, 69.
Convention européenne des droits de l'homme, 63.
conventions internationales, 54, 55.
Corse, 72, 72-4.
Cour de cassation, 5, 55, 61-1, 65.
Cour de justice de la République, 68-1, 68-2, 68-3.
Cour de justice de l'Union européenne, 61-1, 88-6.
Cour des comptes, 47-2.
Cour européenne des droits de l'homme, 17.
Cour pénale internationale, 53-2.
cumul des mandats, 23, 25.

D

débat contradictoire, 46, 62.
déchéance de nationalité, 36.
déclaration, 49, 50-1.
déclaration (du gouvernement), 50-1.
déclaration (du Président), 18.
déclaration de guerre, 35.
découpage, 25.
décrets, 13, 37.
défense, 5, 13, 15, 16, 21, 34.
Défenseur des droits , 71-1.
département, 72, 73.
députés, 23 à 26, 59, 61.
destitution, 7, 68.
devise, 2.
dignité humaine, Préambule, 7, 8.
directive, 88-1, 88-4.
dissolution, 7, 12, 16.
domaine réservé, 5, 14, 15.
domaine de la loi, 34, 38, 41, 53, 66, 72.
domaine réglementaire, 37.
droits de l'homme, Préambule, 61.

E

élection, 6, 7, 12, 24, 25, 58 à 60.
empêchement, 7.
engagement des forces, 15, 35.
état de siège, 36.
état d'urgence, 36.
état d'urgence sanitaire, 36.
étrangers, 3.
étude d'impact, 39.
exception (d'inconstitutionnalité), 61-1.
expérimentation, 37-1, 72.

F

fête nationale, 2.
fonctionnaires, 13.
francophonie, 2, 87.
fraternité, 2, 72-3.

G

gouvernement, 8, 11, 20, 21, 38, 41 à 50.
grâce (droit de), 17, 65.
guerre, 35.

H

habilitation, 38, 74-1.
Haute Cour, 67, 68.
haute trahison, 68.
hymne national, 2.

I

immunité, 26, 68.
inamovibilité, 64.
incompatibilité, 23, 25, 57.
indemnité parlementaire, 25.
indépendance nationale, 5, 16.
inéligibilité, 25.
initiative des lois, 39 à 48.
intégrité du territoire, 5, 16, 89.
intérim, 7.
interpellation, 48.
investiture, 8, 49.
inviolabilité, 26.

L

laïcité, 1.
langue française, 2, 87.
langues régionales, 2, 54, 75-1.
législature, 32.
Lisbonne (traité de), 88-1, 88-7.
listes électorales, 3.
loi, 10, 21, 34, 37, 38, 39, 41, 53, 55, 61.
loi de financement de la sécurité sociale, 34, 47-1.
loi de finances, 34, 39, 47.
loi de programmation, 34, 70.
loi d'habilitation, 38.
loi organique, 46, 61.

M

Maastricht (traité de), 88-1 à 88-3.
magistrats, 34, 64, 65.
mandat, 6, 25, 27, 89.
mandat d'arrêt européen, 88-2.
message, 16, 18.
ministres, 8, 19, 21, 22, 23, 31.
motion, 88-5, 88-7.
motion de censure, 49 à 51.

N

navette, 45.
nationalité, 3, 34.
nominations, 13, 56.
Nouvelle-Calédonie, 11, 53, 76, 77.
nouvelle délibération (de la loi), 10.

O

opposition, 48, 49, 51-1, 61.
ordonnances, 13, 38, 47, 74-1, 92.
ordre du jour, 21, 29, 48.
outre-mer, 72-3 à 74-1.

P

parité, 1, 3.
Parlement, 16, 24 à 50, 89.
partis politiques, 4.
peine de mort, 17, 66-1.
pétition, 11, 69, 72-1.
peuple, Préambule, 2, 3, 72-3.
pluralisme, 4, 34.
politique étrangère, 5, 14, 52.
Polynésie française, 74, 77.
pouvoir réglementaire, 21, 37.
pouvoirs publics, 5, 11, 16.
Préambule, 61.
préfet, 13, 72.
Premier ministre, 8, 12, 16, 19, 21, 22, 39, 49, 54, 61, 89.
président de la République, 5 à 19, 30, 52, 54, 61, 64, 65, 68, 89.
président de l'Assemblée nationale, 12, 16, 32, 54, 56, 61.
président du Sénat, 7, 12, 16, 32, 54, 56, 61.
projet de loi, 39 à 48.
promulgation, 10, 11, 46, 47, 61, 62.
proposition de loi, 39 à 48.
publicité des débats, 33.

Q

question de confiance, 49.
question prioritaire de constitutionnalité, 61-1.
questions (des parlementaires), 48.
quinquennat, 6.

R

ratification, 11, 38, 52, 53, 54, 74-1.
référendum, 3, 11, 53, 60, 88-5, 89.
référendum d'initiative partagée, 11.
référendum local, 72-1, 72-4, 73.
région, 11, 69, 72.
règlement, 21, 37.
règle d'or budgétaire, 34, 47.
religion, Préambule, 1.
République, 1, 2, 61, 89.
résolutions, 34-1, 88-4, 88-6.
responsabilité, 49, 67, 68.
révision, 11, 54, 85, 89.
révision simplifiée (des traités), 88-7.

S

Schengen (accords de), 53-1.
scrutin (mode de), 24.
Secrétariat général du gouvernement, 9, 20.
sécurité sociale, 34, 47-1.
Sénat, 24, 25, 45, 46, 49.
sénateurs, 23 à 26, 57, 59, 61.
séparation des pouvoirs, Préambule, 1, 18, 22, 26, 64, 67.
septennat, 6.
sessions parlementaires, 12, 16, 18, 28, 29, 30, 51, 88-4.
siège (état de), 36.
souveraineté, Préambule, 3, 4, 53-2, 61, 88-1 à 88-3.
subsidiarité, 72, 88-6.
suffrage universel, 3, 4, 6, 24, 77.
suppléant, 25.

T

territoire, 5, 16, 53, 89.
territoires d'outre-mer, 72 à 77.
traités, 52 à 55.

U

urgence (état d'), 36.

V

vacance, 7.
veto, 10, 11, 38, 61, 89.
vote, 27, 44 à 49, 68, 89.
vote bloqué, 44.

Y

Yougoslavie, 15, 35.

Achevé d'imprimer en août 2021 en France par CHIRAT - 42540 Saint-Just-la-Pendue - N° 202107.0132
Dépôt légal : Août 2021 - Édition 01 - 21/3165/9